Das Gesetz für Elsaß-Lothringen,

betreffend

Wasserbenutzung und Wasserschutz,

vom 2. Juli 1891.

Im Auftrag
des Ministeriums, Abtheilung für Finanzen,
Landwirthschaft und Domänen

erläutert und herausgegeben

von den Ministerialräthen

Jacob und **Fecht.**

Mit Anhang, enthaltend die sonstigen wassergesetzlichen Vorschriften, die Ausführungsbestimmungen und eine Uebersicht über die Eintheilung der Wasser= und der Meliorationsbauverwaltung.

Straßburg.
Verlag von Karl J. Trübner.
1892.

Vorwort.

Die vorliegende Ausgabe des Gesetzes vom 2. Juli 1891, betreffend Wasserbenutzung und Wasserschutz, ist in Folge Auftrags des Leiters der Ministerialabtheilung für Finanzen, Landwirthschaft und Domänen, Herrn Unterstaatssekretär von Schraut, welchem auch das Zustandekommen des Gesetzes in erster Linie zu verdanken ist, veranstaltet worden. Es soll durch dieselbe den Verwaltungsbeamten, den Technikern, den Gerichten und den zahlreichen, an der Benutzung des Wassers und am Schutze gegen das Wasser betheiligten Bevölkerungskreisen ein Mittel zur leichteren Handhabung und zum Verständniß des Gesetzes an die Hand gegeben werden. Die Wahl zur Bearbeitung der Ausgabe fiel auf uns, weil wir bei Aufstellung des Entwurfs und bei den Verhandlungen des Landesausschusses, sowie der sonstigen bei dem Zustandekommen des Gesetzes betheiligten Körperschaften, gemeinsam thätig waren, also über die Tragweite und den Zweck der einzelnen Bestimmungen in erster Linie im Stande sind, Aufschluß zu geben. Wir haben uns jedoch bei unserer Arbeit der thätigen Mitwirkung der beiden Dezernenten für Wassersachen bei der Ministerialabtheilung des Innern, Herren Wasserbaudirektor Willgerodt und Regierungsrath Munzinger zu erfreuen gehabt, welchen wir hierfür auch an dieser Stelle unseren Dank aussprechen.

Dem Gesetzestext mit Erläuterungen haben wir eine Zusammenstellung der noch außerdem geltenden wasserpolizeilichen und auch der civilrechtlichen, auf die Wasserbenutzung bezüglichen Bestimmungen (die französischen in deutscher Uebersetzung) beigefügt, von der Annahme ausgehend, daß es für weite Kreise erwünscht sei, die gesammte das Wasser berührende Gesetzgebung in einer handlichen Ausgabe vereinigt zu finden. Außerdem sind die Ausführungsbestimmungen und ist eine Uebersicht über die Einrichtung der Wasserbauverwaltung und der Meliorationsbauverwaltung nebst den Bezirken der Bauinspektoren beigegeben. Ein ausführliches Sachregister wird die Benützung des kleinen Werkes erleichtern.

Leider konnten wir bei unserer Arbeit die neue Ausgabe von Huber, die Wassergesetze Elsaß-Lothringens, Mannheim, Bensheimer 1892, welche gleichfalls eine Erläuterung des Gesetzes vom 2. Juli 1891 enthält, nicht mehr benutzen, weil der Druck schon zu weit vorgeschritten war. Die Anführungen des Huber'schen Werkes beziehen sich daher überall nur auf die erste Auflage.

Straßburg im Mai 1892.

Die Herausgeber.

Abkürzungen.

A. Bl. Min.	Amtsblatt des Ministeriums.
Bem.	Bemerkung.
C. c.	Code civil.
D.	Dekret.
Entsch. Civ.	Entscheidungen (des Reichsgerichts) in Civilsachen.
Entsch. St.	" " " in Strafsachen.
G.	Gesetz.
G. Bl. (oder Gesetzbl.)	Gesetzblatt für Elsaß-Lothringen.
Gew. O.	Gewerbeordnung.
G. V. G.	Gerichtsverfassungsgesetz.
Jur. Ztschft.	Juristische Zeitschrift für Elsaß-Lothringen.
O.	Ordonnanz.
O. L. G.	Oberlandesgericht.
R. Ger.	Reichsgericht.
St. G. B.	Strafgesetzbuch.
V. (oder V. O.)	Verordnung.
W. G.	Wassergesetz (das vorliegende Gesetz vom 2. Juli 1891, betr. Wasserbenutzung und Wasserschutz).

Einleitung.

Der Entwurf zu dem vorliegenden Gesetze wurde, nachdem er vorher die Zustimmung des Bundesrathes gefunden hatte, bei dem Landesausschusse in der XVIII. Tagung desselben als Vorlage Nr. 6 eingebracht. Zweck und Wesen des Gesetzes waren in der Begründung wie folgt dargestellt:

„Die zur Zeit geltenden Bestimmungen über die Benutzung des Wassers und den Schutz gegen das Wasser sind in hohem Grade unübersichtlich. Sie sind zersplittert in einer Reihe von Einzelbestimmungen, welche theilweise bis auf das 17. Jahrhundert zurückgehen, schwer zugänglich und nicht immer leicht verständlich sind, und deren Verhältniß gegenüber den späteren Vorschriften zu mancherlei Zweifeln Anlaß gibt. Außerdem aber ist die Gesetzgebung unvollständig insofern, als — insbesondere bezüglich der nicht schiff- oder flößbaren Wasserläufe — viele Bestimmungen von hervorragender Wichtigkeit für Industrie und Landwirthschaft in den allgemeinen gesetzlichen Vorschriften nicht enthalten, sondern für die einzelnen Landestheile durch Polizeiverordnungen geregelt sind, und als ferner für einzelne, seit Jahrzehnten in der Praxis beobachtete Grundsätze die formale Grundlage vollständig fehlt. Gerade bei dem vorliegenden Gegenstande aber, welcher auf die täglichen Verrichtungen einer großen Anzahl von Personen von Einfluß ist, und welchem die größte Bedeutung für Landwirthschaft, Industrie und Handel zukommt, ist es nothwendig, daß die Gesetzgebung Jedermann zugänglich und leicht verständlich, sowie daß die formelle Rechtsgiltigkeit der im allgemeinen Interesse ergriffenen Maßnahmen unanfechtbar ist. Daß in allen diesen Beziehungen der geltenden Gesetzgebung große Mängel anhaften, erweist sich zur Zeit besonders fühlbar in Folge der bedeutenden Fortschritte, welche das Meliorationswesen in den letzten Jahren hinsichtlich der Wasserbenutzung wie des Wasserschutzes gemacht hat.

Diese Gesichtspunkte haben die Aufstellung des vorliegenden Entwurfes veranlaßt. Derselbe will sohin nicht neues Recht schaffen, er will nur das bestehende Recht zusammenfassen, dasselbe in eine den Anforderungen der Gegenwart mehr entsprechende Form bringen, sowie für wichtige, thatsächlich geltende Grundsätze eine unanfechtbare Grundlage schaffen. Nur in wenigen Punkten von verhältnißmäßig untergeordneter Bedeutung, in welchen die Gesetzgebung den Fortschritten der Zeit nicht genügend gefolgt ist, bezweckt der Entwurf auch eine Ergänzung des geltenden Rechts.

Gegenstand des Entwurfs soll nur das öffentliche Wasserrecht sein. Bezüglich des Privatwasserrechts, des Rechts der Einzelnen auf das Wasser, sowie auf das Bett desselben, soll es bei den geltenden Bestimmungen des Code civil sein Bewenden haben. Diese Bestimmungen stehen in engem Zusammenhange mit den übrigen Vorschriften des bürgerlichen Rechts. Eine Neuregelung, wenn vielleicht auch nur formeller Art, wird nach Inkrafttreten des bürgerlichen Gesetzbuches für das Deutsche Reich (dessen Entwurf das Wasserrecht auch in seinen privatrechtlichen Beziehungen nicht regelt) angezeigt erscheinen. Zur Zeit macht sich hierfür ein Bedürfniß noch nicht geltend, und gerade wegen der Wahrscheinlichkeit, daß in nicht zu ferner Zeit eine Neugestaltung des Privatwasserrechts nothwendig werden wird, empfiehlt es sich, von einer solchen gegenwärtig abzusehen. Allerdings ist nicht zu verkennen, daß eine Zusammenfassung aller wasserrechtlichen Bestimmungen in einem einzigen Gesetze Vorzüge besäße. Aber diese Vorzüge sind nicht so bedeutend, daß es sich empfehlen würde, auch mit der Neuregelung des öffentlichen Wasserrechts abzuwarten. Eine Verschiebung derselben bis zu einem Zeitpunkte, welcher sich gegenwärtig auch nur annähernd noch nicht bezeichnen läßt, erweist sich nach den Erfahrungen des täglichen Lebens, bei den Unklarheiten über das geltende Recht, bei der Schwierigkeit, welche hieraus sowie in Folge der formellen Mängel desselben für nothwendige Meliorationen überall entstehen, nicht als thunlich.

Uebrigens konnten nur diejenigen Bestimmungen des Privatwasserrechts unberührt bleiben, welche im Code civil enthalten sind. Die durch spätere Einzelgesetze geregelten Vorschriften über die Verpflichtungen der Grundeigenthümer, fremde Anlagen zum Zwecke der Wasserbenutzung zu dulden (Gesetz vom 29. April 1845, 11. Juli 1847, 10. Juni 1854), sollen durch den Gesetzentwurf ersetzt werden. Wenn auch privatrechtlicher Natur, sind diese Bestimmungen doch wesentlich in einem öffentlichen Interesse, zum Zwecke der Förderung der Landwirthschaft, erlassen, sie sind also als ein Theil des öffentlichen Wasserrechts anzusehen. Auch aus sachlichen Gründen empfahl sich die Neuregelung dieses Gegenstandes, weil die bisherigen Bestimmungen nicht in allen Einzelheiten als zweckmäßig zu erachten sind und theils aus diesem Grunde, theils weil sie, vereinzelt erlassen, anscheinend wenig bekannt waren, in der Praxis nicht recht zur Anwendung gelangen konnten.

Anderseits mußte ein wichtiger Theil des öffentlichen Wasserrechts von dem Gesetzentwurf ausgeschlossen bleiben. So wünschenswerth es an sich im Interesse der Vollständigkeit der Kodifikation gewesen wäre, auch das Recht der Genossenschaften für Wasserbenutzung und Wasserschutz in den Entwurf aufzunehmen, so erwies sich dies nicht als angängig, weil das durch eine Reihe späterer Gesetze ergänzte grundlegende Gesetz vom 21. Juni 1865 sich nicht auf Wassergenossenschaften allein bezieht, sondern auch die Grundlage namentlich für die wichtigen Feldweggenossenschaften bildet.

Bei der Gestaltung des Gesetzentwurfes im Einzelnen ist davon abgesehen worden, die Bestimmungen für schiff- und flößbare Wasserläufe einerseits und für nicht schiff- und nicht flößbare anderseits zu trennen. Bei den neuen Gesetzen über das Wasserrecht in den Bundesstaaten, insbesondere den süddeutschen Staaten, deren Verhältnisse mit denjenigen Elsaß-Lothringens im Allgemeinen ziemlich übereinstimmen, ist zwar überall zwischen diesen beiden Arten von Wasserläufen unterschieden. Bei der hier geltenden Gesetzgebung über die Rechtsverhältnisse der Wasserläufe erscheint dies aber nicht nothwendig. Allerdings besteht insofern ein Unterschied zwischen den schiff- und flößbaren Gewässern und denjenigen, welche diese Eigenschaft nicht besitzen, als die ersteren nach Artikel 538 Code civil als ein Bestandtheil des öffentlichen Eigenthums bezeichnet werden, an welchen private dingliche Rechte nicht bestehen können, während bezüglich der nicht schiff- und flößbaren Wasserläufe den Anliegern gewisse Privatrechte zustehen (Art. 644 Code civil).

Wie neuerdings allgemein anerkannt,* ist dies aber lediglich ein Benutzungsrecht; das Eigenthum an dem Wasserlauf gehört den Anliegern hier ebenso wenig wie an schiffbaren Flüssen; die Wasserläufe sind vielmehr res nullius, und es nimmt deshalb (Art. 713 Code civil) der Staat auch hier das Eigenthum in Anspruch. Da nun einerseits die Benutzung des Wassers der Bäche durch die Anlieger, welchen das Recht hierauf zusteht, in allen denjenigen Beziehungen, welche auf die Benutzung durch andere Personen von Einfluß sind, polizeilicher Genehmigung unterliegt, anderseits an den schiffbaren Flüssen alle von den Anliegern gewünschten Benutzungen, welche mit den öffentlichen und wichtigen Privatinteressen vereinbar sind, auch ohne einen Rechtsanspruch der Nachsuchenden genehmigt zu werden pflegen, so ist der Unterschied in dem Benutzungsrecht zwischen beiden Arten von Wasserläufen nicht ein so wesentlicher, daß eine formelle Scheidung der für die einen und die anderen erlassenen Bestimmungen nothwendig wäre; wohl aber müßten sich aus einer solchen Scheidung in größerem Umfange Wiederholungen oder das Verständniß und die Handhabung des Gesetzes erschwerende Verweisungen ergeben. Die für die einzelnen Arten von Wasserläufen allein nothwendigen Bestimmungen werden daher besonders hervorzuheben sein; alle, welche eine entsprechende Beschränkung nicht enthalten, werden für beide Arten gelten.

Bei der Aufstellung des Gesetzentwurfes haben die Wassergesetze der süddeutschen Staaten, deren thatsächliche Verhältnisse mit denen Elsaß-Lothringens viele Aehnlichkeit bieten, und deren Rechtsverhältnisse in vielen Beziehungen dem französischen Rechte nachgebildet sind, insoweit Berücksichtigung gefunden, als dies mit dem wesentlichsten Grundsatze des Entwurfs, der Beibehaltung des Bestehenden, vereinbar schien.

Diese Gesetze sind:

die bayerischen Gesetze vom 28. Mai 1852 über die Benützung des Wassers, ferner über die Bewässerungs- und Entwässerungsunternehmungen zum Zwecke der Bodenkultur, endlich über den Uferschutz und den Schutz gegen Ueberschwemmungen;

das badische Gesetz vom 25. August 1876 über die Benutzung und Instandhaltung der Gewässer;

* Zu vergl. in diesem Sinne namentlich R.-Ger. 20. Nov. 1884, Entsch. Civ. XII. 340.

die hessischen Gesetze vom 14. Juni 1887, das Dammbauwesen und das Wasserrecht in den Gebieten des Rhein, Main, Neckar und des schiffbaren Theils der Lahn betreffend, und vom 30. Juli 1887, die Bäche und die nicht ständig fließenden Gewässer betreffend."

Die erste Lesung des Gesetzentwurfs im Landesausschuß fand am 3. Februar 1891 statt. Die Verhandlungen wurden durch eine eingehende Darlegung des Zweckes der Vorlage und ihrer hauptsächlichen Bestimmungen seitens des Unterstaatssekretärs v. Schraut eingeleitet. An den Erörterungen betheiligten sich die Abgeordneten Dr. Gunzert und Frhr. Zorn v. Bulach; Ministerialrath Fecht ertheilte über einzelne Bestimmungen nähere Auskunft (Sitzungsberichte S. 66 ff.). Der Entwurf wurde alsdann an eine Spezialkommission verwiesen, welche gebildet wurde aus den Abg. Fuchs (Vorsitzender), Fürst (Schriftführer), Ruhland (Berichterstatter), Back, Ditsch, Ducharlet, Dufresne, Dr. Gunzert, Heusch-Dubrap, Hommell, Köchlin, Ostermeyer, Dr. Petri, Pierson, Frhr. Zorn v. Bulach.

Der von dem Abg. Ruhland erstattete Bericht (Sitzungsberichte S. 639 ff.) beantragte eine Anzahl Abänderungen, welche zum größten Theil lediglich die Fassung einzelner Bestimmungen betrafen, und, soweit sie sachliche Bedeutung haben, in den nachfolgenden Erläuterungen besonders besprochen werden. Von allgemeiner Bedeutung ist folgende Stelle des Berichts, auf welche in den späteren Einzeldarstellungen mehrfach zurückzukommen sein wird.

„Gegenüber verschiedenen Bemerkungen darüber, daß es zweckmäßig sei, die Wasserläufe, auf welche das Gesetz Anwendung finden solle, einzeln näher zu bezeichnen, erklärte die Regierung, daß dies als reine Thatfrage nicht möglich sei; das öffentliche Interesse, welches allein bei der vorliegenden gesetzlichen Regelung in Betracht komme, könne unter Umständen bei unbedeutenden Wasserläufen ein sehr großes und bei größeren ein sehr geringes sein, und diese Voraussetzungen können sich im Laufe der Zeit an jedem Wasserlauf ändern. Die Regierung glaubt im Allgemeinen in die bestehenden Verhältnisse nur dann eingreifen zu müssen, wenn eine Aenderung des vorhandenen Zustandes nothwendig wird in Folge eines hervorgetretenen Bedürfnisses, welches ordnungsmäßig festgestellt wurde, oder wenn die Befürchtung einer Schädigung von Interessenten im Ueberschwemmungsgebiet eines Flusses in Folge der Unsicherheit der Stauverhältnisse desselben begründet erscheint. Ein gerichtliches Einschreiten Seitens der Verwaltung wegen Vergehungen gegen die wasserpolizeilichen Vorschriften dieses Gesetzes findet nur auf Veranlassung der Behörden der Meliorations- bezw. Wasserbauverwaltung statt."

Die zweite Lesung des Entwurfs erfolgte am 21. April 1891 (Sitzungsberichte S. 625 ff.). In derselben wurden die sämmtlichen Paragraphen nach den Anträgen der Kommission angenommen. Eine eingehendere Erörterung fand hauptsächlich statt bezüglich der Bestimmungen über die Aichzeichen (§ 7), wobei der Abg. Heydt einen Abänderungsantrag einbrachte, welchen er jedoch nach Darlegungen des Ministerialraths Fecht, der Abg. Köchlin und Dr. Gunzert, ferner des Unterstaatssekretärs v. Schraut wieder zurückzog; dann bezüglich der Wasservertheilung (§ 9) (Abg. Winterer und Unterstaatssekretär v. Schraut); ferner über den Leinpfad (§§ 18, 19). Hier stellten die Abg. Heydt und Spieß Abänderungsanträge. Nach eingehender Verhandlung, an welcher die Abg. Köchlin und Dr. Gunzert, sowie Unterstaatssekretär v. Schraut Theil nahmen, wurden diese Anträge zurückgezogen unter Vorbehalt, zur dritten Lesung eine andere Fassung der fraglichen Paragraphen in Vorschlag zu bringen. Endlich kamen noch auf Anregung des Abg. Adam zu § 38 die Unterhaltungsarbeiten am Rhein zur Erörterung.

Zu der am 22. April stattgehabten dritten Lesung brachten die Abg. Heydt, Dr. Gunzert, Spieß u. Gen. einen Abänderungsantrag zu §§ 18 und 19, betreffend den Leinpfad ein, welcher ohne weitere Debatte an Stelle der Regierungsvorlage angenommen wurde. Die Annahme der übrigen Paragraphen und des ganzen Gesetzes erfolgte nach den Beschlüssen zweiter Lesung.

Der Bundesrath ertheilte den vom Landesausschuß beschlossenen Abänderungen in seiner Sitzung vom 11. Juni 1891 die Zustimmung und das am 2. Juli darauf vollzogene Gesetz wurde in Nr. 14 des Gesetzblattes von 1891 (S. 82) verkündet.

Gesetz,

betreffend Wasserbenutzung und Wasserschutz.

Vom 2. Juli 1891.

Wir Wilhelm, von Gottes Gnaden Deutscher Kaiser, König von Preußen 2c.

verordnen im Namen des Reichs, für Elsaß-Lothringen, nach erfolgter Zustimmung des Bundesraths und des Landesausschusses, was folgt:

I. Wasserbenutzung.

A. Genehmigung der Benutzung.

§ 1.

[1] An Wasserläufen jeder Art[2-4] bedürfen diejenigen Veranstaltungen, welche geeignet sind,[5] den Lauf des Wassers zu verändern, zu stauen, zu hemmen oder zu beschleunigen, der Genehmigung.[6] Insbesondere ist an eine solche Genehmigung neben der Errichtung, Beseitigung oder Abänderung von Stauanlagen für Wassertriebwerke (§§ 16, 23, 25 der Gewerbeordnung für das Deutsche Reich[7]) gebunden:

a) die Errichtung von Stauanlagen für Wässerungen und Wasseransammlungen;
b) die Anlage von Wasserableitungen und Wasserentnahmen jeder Art;
c) die Anlage von Wassereinführungen in einen Wasserlauf;
d) die Beseitigung oder Abänderung von Anlagen der in a bis c bezeichneten Art.

Gleicher Genehmigung bedürfen diejenigen Veranstaltungen, welche geeignet sind, die Eigenschaften des Wassers durch Zuleitung fremder Stoffe zu verändern[8] oder in sonstiger Weise die Benutzung des Wassers zu verhindern oder zu erschweren.

Die Genehmigung erfolgt unter Vorbehalt der Rechte Dritter.[9]

1. Der **Entwurf** war gleichlautend; die **Begründung** besagte:

„Entsprechend den Ausführungen in der allgemeinen Begründung* sind die Vorschriften des § 1 für Wasserläufe jeder Art, schiffbare und andere, bestimmt. Bisher wurde zwischen beiden Arten insofern ein Unterschied gemacht, als bei schiff- und flößbaren Flüssen die Genehmigung als Verleihung (concession) bezeichnet und dem Staatsoberhaupt vorbehalten wurde, während dieselbe bei anderen Wasserläufen als polizeiliche Erlaubniß (autorisation) den Verwaltungsbehörden zugewiesen war. Man ging hierbei von der Auffassung aus, daß bei öffentlichen Flüssen die Bewilligung der Nutzung dem Nachsuchenden neben der polizeilichen Erlaubniß, welche auch hier in der Verleihung mit enthalten ist, eine Art von Besitzrecht am öffentlichen Eigenthum verleihe, welche eine Mitwirkung des Staatsoberhauptes erforderlich mache. Zweckmäßigkeitsgründe haben jedoch längst dahin geführt, diesen Grundsatz zu durchbrechen; für einzelne Verleihungen ist durch Dezentralisationsdekret vom 25. März 1852 (Tab. D. 1 und 2) die Befugniß dem Präfekten übertragen. Es sind dies Verleihungen minder wichtiger Art. Hält man aber hierfür eine Verwaltungsbehörde für zulässig, so können keine grundsätzlichen Bedenken dagegen bestehen, die Verwaltungsbehörde allgemein mit der Bewilligung an schiff- und flößbaren Wasserläufen zu betrauen. Wenn dies aber geschieht, so erscheint es auch nicht nothwendig, formelle Unterscheidungen zwischen den Bewilligungen an öffentlichen und Privatflüssen (diese für das französische Recht nicht ganz zutreffende, aber in der Litteratur [s. Mayer, Theorie des französischen Verwaltungsrechts § 51 u. a. m.] gebräuchliche, den Gesetzen von Bayern, Baden u. s. w. entnommene Bezeichnung soll der Einfachheit wegen hier gebraucht werden) beizubehalten. Der Entwurf sieht daher lediglich die „Genehmigung" der Anlagen vor. — Die Gleichheit der Behandlung der öffentlichen und Privatflüsse muß sich jedoch auf das formelle Verfahren beschränken. Die aus der Verschiedenheit der Rechtsansprüche der Privaten auf die Benutzung des Wassers sich ergebenden Folgen sind in den weiteren Paragraphen berücksichtigt, indem für schiff- und flößbare Wasserläufe der Kreis der genehmigungspflichtigen Benutzungen weiter als für Privatflüsse gefaßt ist (§ 3), indem bei ersteren außerdem die Zulässigkeit einer Gegenleistung vorgesehen ist (§ 4), indem endlich die Widerrufung oder Beschränkung der Genehmigung verschiedenartige Folgen hat (§ 5).

* S. oben Seite 3.

Die Anlagen, zu welchen § 1 bei Wasserläufen jeder Art Genehmigung erfordert, sind im Wesentlichen auch gegenwärtig von der Bewilligung der Behörde abhängig; es wird sohin sachlich nur das geltende Recht wiederholt. So sind diejenigen Veranstaltungen, welche Einfluß auf den Lauf des Wassers ausüben, bei schiffbaren Flüssen durch Art. 42—44 des Tit. 27 der Ordonnanz vom August 1669 ohne Genehmigung untersagt, bei nicht schiffbaren Wasserläufen ist das Verbot in den von den Bezirkspräsidenten im Jahre 1880 im Wesentlichen gleichlautend erlassenen Polizeiverordnungen enthalten. Die Zuleitung fremder Stoffe ist durch § 9 derselben Verordnungen für Wasserläufe jeder Art untersagt. Die Wassergesetze der Bundesstaaten enthalten gleichfalls in der Hauptsache die gleichen Verbote, so Bayern, Wasserbenützung Art. 10, 40, 58, 73; Baden, Art. 1, 23; Hessen, Flüsse Art. 1, Bäche, Art. 13. — Die Anlage von Stauvorrichtungen für Wassertriebwerke ist schon in der Gewerbeordnung an die Genehmigung der Verwaltungsbehörde gebunden (§ 16). Hiernach hat die Landesgesetzgebung die Genehmigungspflicht für diese Anlagen nicht besonders auszusprechen. Die Regelung im Einzelnen ist aber (unter Berücksichtigung der Grundsätze der Gewerbeordnung) der Landesgesetzgebung nicht entzogen (§ 23 daselbst). — Die unter a—d enthaltene Aufzählung ist, wie aus dem Worte „insbesondere“ hervorgeht, nur beispielsweise gegeben; hier nicht genannte Anlagen sind, wenn die Voraussetzung eines Einflusses der in Abs. 1 bezeichneten Art zutrifft, der Genehmigung gleichfalls unterworfen.“

2. Zu vgl. die allg. Bemerkung des Kommissionsberichts oben S. 5. Dieselbe ist veranlaßt worden durch Bedenken, welche in der Kommission dagegen geltend gemacht wurden, daß § 1 auf alle Wasserläufe unterschiedslos Anwendung finden solle, so daß beispielsweise die mancherorts übliche vorübergehende Anstauung eines kleinen durch Wiesen hinziehenden Baches mittels Einlegens von Steinen zum Zwecke der Wiesenbewässerung eine mit Weiterungen und Kosten verbundene Genehmigung erfordere und, wenn ohne solche vorgenommen, strafbar sei (§ 42). Hierauf gab der Regierungsvertreter die im Bericht erwähnte Erklärung ab. Den Absichten der Regierung würde es hiernach nicht entsprechen, wenn jede formelle Zuwiderhandlung gegen die Vorschriften des Gesetzes, auch wenn sie das öffentliche Interesse oder auch nur ein das Eingreifen der öffentlichen Gewalt rechtfertigendes Privatinteresse nicht berührt, zum Gegenstand eines Strafverfahrens gemacht würde. Falls sich später herausstellt, daß eine für unschädlich erachtete Maßnahme geeignet ist, solche Interessen zu verletzen, so bietet die Vorschrift des § 47 genügende Handhabe zur Wahrung des letzteren.

3. Zu den „Wasserläufen“ gehören nicht die im Privateigenthum stehenden Teiche und Seeen; ferner auch nicht die Quellen. So bedeutsam für das öffentliche Interesse die Quellen sind, so werden sie doch in dem geltenden Civilrecht in der Hauptsache lediglich von privatrechtlichen Gesichtspunkten aus betrachtet und da das vorliegende Gesetz das Privatwasserrecht unberührt läßt (s. allgem. Be-

gründung, oben S. 2), ergibt sich als nothwendige Folge, daß auch das Recht des Grundeigenthümers auf die Quellen und unterirdischen Wasseradern, wie es im Art. 641 f., auch Art 640 C. c.*, geregelt ist, unverändert bleibt. Demgemäß kann auch in Zukunft der Eigenthümer eines Grundstücks die darauf entspringende Quelle beliebig benutzen, ihren Lauf verlegen, sie anstauen; der Eigenthümer des Nachbargrundstückes kann (Art. 552 C. c.)* die Quelle abgraben, d. h. durch Erbohrung von Wasser auf seiner Liegenschaft die Versiegung derselben herbeiführen, zu vgl. R.-Ger. 9. Nov. 1880 (Entsch. Civ. II, 368) und 11. Nov. 1890 (ebendas. XXVII 328). (Eine Ausnahme besteht jedoch in letzterer Beziehung hinsichtlich der als gemeinnützig anerkannten Mineralquellen, Art. 3 ff., G. v. 14. Juli 1856**, außerdem ist das freie Verfügungsrecht des Grundeigenthümers auf die Soolquellen durch § 1 des Berggesetzes vom 16. Dez. 1873***, ausgeschlossen; die Aufsuchung und Gewinnung dieser Quellen richtet sich nach dem letzteren Gesetze). Obwohl nun die bezeichneten Veranstaltungen in erheblichem Maße „geeignet sind, den Lauf des Wassers zu ändern", findet § 1 dennoch nicht Anwendung und steht der Verwaltungsbehörde ein Einfluß hierauf nicht zu. — Als Quelle in diesem Sinne gilt ein Wasser insolange, als es das Ursprungsgrundstück nicht verlassen hat, mag dasselbe auch seiner Stärke und seiner Bewegung nach als „Wasserlauf" angesehen werden können. Bei der Berathung des Gesetzentwurfs in der Landesausschußkommission wurde ausdrücklich dargelegt, daß das Gesetz in dieser Beziehung das bisherige Recht unberührt lasse und einen Wasserlauf daher erst von der Stelle an treffe, an welcher er das Ursprungsgrundstück verläßt — ohne daß diese Ausführungen Widerspruch erregt hätten.

Selbstverständlich bleiben auch die bestehenden civilrechtlichen Beschränkungen des freien Verfügungsrechts des Grundstückseigenthümers über die Quelle unberührt, so Art. 640 C. c.,* wonach der Eigenthümer des obern Grundstücks nichts vornehmen darf, was die Verpflichtung des untern zur Aufnahme des Wassers erschwert. Hiernach wird der Nachbar einen Ersatzanspruch geltend machen können, wenn der Eigenthümer der Quelle dieselbe in der Weise anstaut, daß sein nebenliegendes Grundstück unter Wasser gesetzt wird. Auch der in Art. 643 C. c.* vorgesehene Anspruch einer Gemeinde, eines Dorfes oder Weilers auf Belassung einer Quelle gegen Entschädigung bleibt unverändert bestehen. An sich beruht dieser Anspruch auf Rücksichten des öffentlichen Interesses. Aber die Art und Weise, wie er gesetzlich geregelt ist, gibt ihm wesentlich civilrechtliche Natur, so daß nach der herrschenden Ansicht die Gerichte darüber zu entscheiden haben. Die Verlegung des Laufs einer Quelle — auf das Abgraben einer Quelle durch Dritte findet Art. 643 überhaupt nicht Anwendung, R.-Ger. 9. Nov. 1888, Entsch. IX Civ. II, 368 — wird daher der Genehmigung des § 1 auch nicht etwa von dem Gesichtspunkte aus unterliegen, daß das Interesse einer Gemeinde geschädigt würde.

* S. unt. Anhang I Nr. 3. — ** S. Anh. I Nr. 7. — *** S. Anh. I Nr. 9.

4. Nicht zu den Wasserläufen im Sinne des Gesetzes sind ferner zu rechnen: die Schifffahrtskanäle (anders die kanalisirten Flußstrecken), die Wallgräben, die Stauweiher und sonstige zu öffentlichen Zwecken dienende Wasseranlagen. Die Benutzung (wie die Unterhaltung) dieser Anlagen richtet sich nach besonderen Ordnungen oder nach der Anordnung der zuständigen Behörde im einzelnen Falle. Das vorliegende Gesetz findet auf dieselben nicht Anwendung.

5. „Geeignet sind". Hiernach findet § 1 auch Anwendung auf Veranstaltungen, welche zwar eine der dort bezeichneten Wirkungen nicht bezwecken aber hervorrufen können und das Gleiche gilt alsdann auch von den Strafbestimmungen des § 42 Ziffer 1 und von der Befugniß der Verwaltungsbehörde, die Wiederherstellung des früheren Zustandes zu verlangen oder herbeizuführen. Doch erleidet dieser Grundsatz selbstverständlich insoweit eine Ausnahme, als es sich nicht um Veranstaltungen handelt, welche in anderen Paragraphen des Gesetzes geregelt sind. Maßnahmen, welche nicht zum Zwecke der Wasserbenutzung sondern behufs Unterhaltung des Wasserlaufs, zum Schutze gegen das Wasser nothwendig werden, bedürfen, auch wenn sie eine der in § 1 bezeichneten Wirkungen haben, dieser Art der Genehmigung nicht; die in den folgenden §§ enthaltenen Vorschriften finden also hier nicht Anwendung, vielmehr §§ 21 ff., § 37.

6. Ueber das Verfahren bei Einholung der Genehmigung und die Gründe zur Versagung derselben s. § 2; über die Bestrafung von Zuwiderhandlungen § 42; über die Beseitigung der ohne Genehmigung vorgenommenen Veranstaltungen § 47.

7. Die bezeichneten Bestimmungen der Gewerbeordnung lauten:

§ 16. Zur Errichtung von Anlagen, welche durch die örtliche Lage oder die Beschaffenheit der Betriebsstätte für die Besitzer oder Bewohner der benachbarten Grundstücke oder für das Publikum überhaupt erhebliche Nachtheile, Gefahren oder Belästigungen herbeiführen können, ist die Genehmigung der nach den Landesgesetzen zuständigen Behörde erforderlich. — Es gehören dahin ...... Stauanlagen für Wassertriebwerke (§ 23) ....

§ 23. Bei den Stauanlagen für Wassertriebwerke sind außer den Bestimmungen der §§ 17 bis 22* die dafür bestehenden landesgesetzlichen Vorschriften anzuwenden — .....

§ 25. Die Genehmigung zu einer der in ... § 16 ... bezeichneten Anlagen bleibt so lange in Kraft als keine Aenderung in der Lage oder Beschaffenheit der Betriebsstätte vorgenommen wird, und bedarf unter dieser Voraussetzung auch dann, wenn die Anlage an einen neuen Erwerber übergeht, einer Erneuerung nicht. Sobald aber eine Veränderung der Betriebsstätte vorgenommen wird, ist dazu die Genehmigung der zuständigen Behörde nach Maßgabe der §§ 17 bis 23 einschließlich .... nothwendig. Eine gleiche Genehmigung ist erforderlich bei wesentlichen Ver-

* Abgedruckt in Bem. 3 zu § 2.

änderungen in dem Betriebe einer der im § 16 genannten Anlagen. Die zuständige Behörde kann jedoch auf Antrag des Unternehmers von der Bekanntmachung (§ 17) Abstand nehmen, wenn sie die Ueberzeugung gewinnt, daß die beabsichtigte Veränderung für die Besitzer oder Bewohner benachbarter Grundstücke oder das Publikum überhaupt neue oder größere Nachtheile, Gefahren oder Belästigungen, als mit der vorhandenen Anlage verbunden sind, nicht herbeiführen werde. — Diese Bestimmungen finden auch auf gewerbliche Anlagen (§ 16...) Anwendung, welche bereits vor Erlaß dieses Gesetzes bestanden haben.

Die in § 25 Gew.-O. nicht, wie in § 1 W.-G., ausdrücklich genannte Beseitigung einer Stauanlage fällt unter den Begriff einer Veränderung der Betriebsstätte und ist deshalb schon nach der Gewerbeordnung der Genehmigung bedürftig.

8. Zum Beispiel Veranstaltungen, welche die Zuleitung von Wasser aus Gerbereien, Färbereien, chemischen Fabriken oder von Fettstoffen und ähnlichem bewirken. Es ist nicht nothwendig, daß die Veranstaltung an dem Wasserlauf selbst stattfindet, auch der Anschluß einer Anlage an einen vorhandenen, in den Wasserlauf mündenden Abzugskanal u. s. w. fällt unter das Gesetz. — Die Vorschriften des Abs. 2 bezwecken den Schutz der freien Benutzbarkeit des Wassers, sie bestehen unabhängig von der zum Schutze der Fischerei in § 29 des Fischereigesetzes vom 2. Juli 1891 enthaltenen Bestimmungen und von den etwa im Interesse der Gesundheitspolizei erlassenen Anordnungen, so daß Veranstaltungen an Genehmigung gebunden sein können, welche von den letzteren Gesichtspunkten aus ohne weiteres gestattet wären und umgekehrt.

9. Zu Abs. 3 bemerkt die **Begründung**:

„Die Genehmigung erfolgt unter selbstverständlichem Vorbehalte der Rechte Dritter. Die staatliche Genehmigung verleiht dem Unternehmer Dritten gegenüber noch kein wirksames Recht, sondern stellt nur fest, daß der Ausführung von Staatswegen keine Bedenken entgegenstehen. Der Genehmigung ungeachtet kann daher die fertige Anlage im Rechtswege angefochten werden, wenn sie fremde Privatrechte verletzt. Bei Verleihungen an öffentlichen Flüssen ist dies nach den Grundsätzen des Code civil undenkbar, weil es sich um res extra commercium handelt, an welchen kein bindendes Privatrecht dinglicher oder auch nur obligatorischer Natur durch die Genehmigung begründet werden kann; folglich steht hier auch dem durch Ertheilung einer neuen Verleihung geschädigten älteren Unternehmer weder auf Unterdrückung der Anlage noch auf Entschädigung der Rechtsweg gegen den späteren Berechtigten offen. Anders liegt die Sache bezüglich der dem Privatrechte der Anlieger unterworfenen nicht öffentlichen Flüsse und Bäche. Wird in dieses Privatrecht durch Ertheilung einer Staatsgenehmigung zu Wasseranlagen eingegriffen, so bleibt dem Ufereigenthümer die gerichtliche Klage gegen den Unternehmer, sei es auf Beseitigung der Anlage, sei es auf

Entschädigung, unversehrt erhalten; er kann sogar nach dem klaren Wortlaute des Artikels 644 Code civil* die Zuleitung widerrechtlich entzogenen Wassers verlangen, ohne einen Schaden nachweisen zu müssen. Eine Ausnahme erleidet dieser Rechtssatz nur bei Stauanlagen für Wasser-Triebwerke, weil deren Genehmigung der Gewerbeordnung unterstellt ist und daher durch § 26 derselben** beherrscht wird, welcher dem in seinen Privatrechten Verletzten — abgesehen von der Klage auf Herstellung schützender Einrichtungen — nur die Klage auf Entschädigung gewährt. — Für sonstige Wasseranlagen werden durch § 2 des Entwurfs zwar die auf das Genehmigungsverfahren bezüglichen Vorschriften der Gewerbeordnung, jedoch ohne die Bestimmung des § 26** eingeführt. Da nun nach § 17 der Gew.-O.*** alle auf privatrechtlichen Titeln beruhenden Einreden dem Richterspruche unterliegen und von der präclusivischen Anmeldungsfrist nicht betroffen werden, so ergibt sich für das Gebiet des Privatwasserrechts der Fortbestand der Klage auf Beseitigung, einerlei ob die Klage auf die besonderen privatrechtlichen Titel im Sinne des § 19*** (Vertrag, Privileg, letztwillige Verfügung, Verjährung) oder auf das allgemeine Nachbarrecht (Art. 644 Code civil) gestützt wird (vergl. Entscheidungen des Reichsgerichts, Bd. XIII S. 52). Daneben besteht selbstverständlich auch der etwaige Anspruch auf Schadensersatz."

Die in Abs. 1 der Begründung enthaltene Annahme, daß § 26 der Gewerbeordnung bei Wassertriebwerken die Klage auf Beseitigung unter allen Umständen ausschließe, erscheint nicht zweifellos. Das in Absatz 2 erwähnte reichsgerichtliche Urtheil vom 20. Mai 1885 (Entsch. Civ. XIII. 52) scheint davon auszugehen, daß die Klage auf Beseitigung zulässig ist, wenn der Anspruch auf besonderem privatrechtlichem Titel im Sinne des § 19 Gew.-O. und nicht auf das allgemeine Nachbarrecht gegründet wird. Deutlicher scheint diese Auffassung des Reichsgerichts in dem in Jur. Ztschft. XVI S. 239 erwähnten Urtheil vom 19. Dezember 1890 ausgesprochen zu sein.

Hiernach wäre in folgender Weise zu unterscheiden: Der Dritte, welcher sich durch eine Neuanlage in seinem Rechte verletzt fühlt, kann:

a) Wenn es sich um Veranstaltungen an schiff- oder flößbaren Wasserläufen handelt, überhaupt keinen Rechtsanspruch (weder auf Beseitigung noch auf Schadensersatz) geltend machen, es sei denn, daß seine eigene Anlage sog. gesetzliche Existenz besitzt (s. Bem. 1 zu § 49); in diesem Falle finden die Grundsätze unter b Anwendung.

* S. Anhang I Nr. 3. — ** § 26 Gew.-O.: „Soweit die bestehenden Rechte zur Abwehr benachtheiligender Einwirkungen, welche von einem Grundstücke aus auf ein benachbartes Grundstück geübt werden, dem Eigenthümer oder Besitzer des letzteren eine Privatklage gewähren, kann diese Klage einer mit obrigkeitlicher Genehmigung errichteten gewerblichen Anlage gegenüber niemals auf Einstellung des Gewerbebetriebs, sondern nur auf Herstellung von Einrichtungen, welche die benachtheiligenden Einwirkungen ausschließen oder, wo solche Einrichtungen unthunlich oder mit einem gehörigen Betriebe des Gewerbes unvereinbar sind, auf Schadloshaltung gerichtet werden." — *** S. unten, § 2 Bem. 3.

b) Bei Veranstaltungen an nicht schiff- oder flößbaren Wasserläufen kann

α) bei Neuanlagen oder Abänderungen von Triebwerken die Beseitigung oder Wiederherstellung des vorigen Zustandes ungeachtet der wasserpolizeilichen Genehmigung dann verlangt werden, wenn der Antragsteller sich auf einen besonderen privatrechtlichen Titel (Vertrag mit dem Nachbar, Verleihung aus der Zeit, in welcher Privatrechte an den Wasserläufen begründet werden konnten, Ersitzung u. s. w.) stützen kann, mit welchem die neue Anlage nicht vereinbar ist. In anderen Fällen kann er nur Schadensersatz oder die Herstellung von Einrichtungen, welche die benachtheiligende Wirkung ausschließen, verlangen.

β) Bei andern Veranstaltungen als Triebwerken, z. B. Anlagen zur Bewässerung, kann die Beseitigung auch dann verlangt werden, wenn allgemeine Vorschriften des Civilrechts, z. B. Art. 640 (Belästigung in Folge zu großer Anstauung des Wassers) oder Art. 644 (Entziehung des Wassers) Anwendung finden; an Stelle dieser Klage ist auch der Anspruch auf Schadensersatz oder Herstellung schützender Einrichtungen zulässig.

Für alle diese Fälle steht die Entscheidung dem Gerichte zu. Verwaltungsgenehmigung kommt für die Austragung dieser Privatrechtsstreitigkeiten nicht in Betracht. (Zu vergl. auch das in Jur. Ztscht. XVI S. 169 erwähnte reichsgerichtliche Urtheil vom 2. Dez. 1890).

§ 2.

[1]Vor Ertheilung der Genehmigung hat die Behörde namentlich zu prüfen, ob durch die beabsichtigte Veranstaltung öffentliche Interessen gefährdet[2] oder erhebliche Nachtheile für benachbarte oder sonst von der Anlage berührte Grundstücke herbeigeführt werden.

Im Uebrigen finden auf die Ertheilung der Genehmigung die Vorschriften der §§ 17 bis 22, 25, 49 der Gewerbeordnung, sowie § 8 des Einführungs-Gesetzes vom 27. Februar 1888 (Reichsgesetzblatt S. 57)[3] Anwendung.[4] Jedoch kann die Behörde von dem Verlangen der Vorlage von Zeichnungen Abstand nehmen[5], sofern dies nach den besonderen Umständen des Falles unbedenklich erscheint. Wenn die Prüfung ergibt, daß die in Absatz 1 bezeichneten Verhältnisse nicht vorliegen, kann auch von der öffentlichen Bekanntmachung des Antrags abgesehen werden.[6]

1. Die **Begründung** zu dem im Wesentlichen gleichlautenden Entwurfe (die erfolgten Aenderungen sind ohne sachliche Bedeutung) besagte:

„Da die wichtigsten der Anlagen, die Stauanlagen für Triebwerke, durch die Gewerbeordnung geregelt sind, empfiehlt es sich, das Verfahren bezüglich der Erlangung der Genehmigung gleichfalls den Vorschriften der Gewerbeordnung anzuschließen. Das Gleiche ist in Baden und Hessen geschehen, Baden Art. 24, Hessen (Bäche) Art. 14. Doch ist es zweckmäßig (ebenso Baden Art. 25, Hessen Art. 15) die Voraussetzungen, unter welchen die Genehmigung zu versagen ist, anders als im § 18 daselbst zu regeln. Dort ist als maßgebend für die Versagung der Genehmigung die Entscheidung der Frage bezeichnet, ob die Anlage erhebliche Gefahren, Nachtheile oder Belästigungen für das Publikum herbeiführen könne. Dies ist für die hier in Frage kommenden Anlagen zu enge. Nicht bloß Gefahren, sondern jede Schädigung des öffentlichen Interesses muß die Versagung der Genehmigung rechtfertigen, und nicht bloß Nachtheile für das Publikum, sondern Nachtheile für einzelne Personen, welche im Besitze wohlerworbener Rechte sind, müssen berücksichtigt werden. Doch können nur „erhebliche" Schädigungen Einzelner in Betracht kommen. Bei öffentlichen Flüssen, welche res communes omnium sind, soll einem Betheiligten nicht um deßwillen die Benutzung versagt werden dürfen, weil einem andern eine geringfügige Unbequemlichkeit oder ein unbedeutender Nachtheil daraus erwächst. Bei Privatwasserläufen hat der Anlieger einen Privatrechtsanspruch auf die Benutzung des Wassers, und es kann daher noch weniger wegen solcher Belästigungen Anderer die Benutzung untersagt werden. Dem Benachtheiligten bleibt übrigens die Geltendmachung eines etwaigen Schadensersatzanspruches (oder selbst auch des Anspruchs auf Beseitigung, s. oben zu § 1) unbenommen. — Daß die Bestimmung des Abs. 1 auch auf Stauanlagen für Triebwerke anwendbar ist und sohin die Vorschrift des § 18 der Gewerbeordnung hierin eine Ergänzung findet (an der Zuläſſigkeit derselben ist nach § 23 daselbst kein Zweifel), ergibt sich nach der Fassung des § 1 von selbst. — Durch die Verweisung auf § 8 des Einführungsgesetzes zur Gewerbeordnung wird die Bezeichnung der Behörden, welche über die Genehmigung zu befinden haben, an Stelle der Landesgesetzgebung (§ 21 der Gewerbeordnung) Kaiserlicher Verordnung überlassen. . . . . . — Als Regel werden auch hier, wie § 17 der Gewerbeordnung vorschreibt, Zeichnungen der beabsichtigten Anlagen vorzulegen und wird eine öffentliche Bekanntmachung mit der Aufforderung zur Geltendmachung von Einwendungen zu erlassen sein. Von beiden Förmlichkeiten kann jedoch bei geringfügigeren Unternehmungen bezw. bezüglich der Zeichnungen in den Fällen, in welchen nicht die Form bestimmter Anlagen in Betracht kommt, also insbesondere bei Anwendung des Abs. 2, abgesehen werden.

2. Da das Erforderniß der Genehmigung in erster Linie zur Wahrung des öffentlichen Interesses vorgesehen ist, muß bei Gefahr für das letztere die Versagung selbst dann erfolgen, wenn die zunächst Betheiligter gegen die Ausführung Einwand nicht erheben oder wenn denselben gegenüber die Ausführung durch rechtskräftiges Urtheil angeordnet ist. Ein Beispiel für letzteren Fall s. in den Verhandlungen des Landesausschusses 1889 S. 446 ff., 457.

3. Die bezeichneten Gesetzesstellen lauten:

Gew.-O. § 17. Dem Antrage auf die Genehmigung einer solchen Anlage müssen die zur Erläuterung erforderlichen Zeichnungen und Beschreibungen beigefügt werden. — Ist gegen die Vollständigkeit dieser Vorlagen nichts zu erinnern, so wird das Unternehmen mittelst einmaliger Einrückung in das zu den amtlichen Bekanntmachungen der Behörde (§ 16) bestimmte Blatt zu öffentlicher Kenntniß gebracht, mit der Aufforderung, etwaige Einwendungen gegen die neue Anlage binnen 14 Tagen vorzubringen. Die Frist nimmt ihren Anfang mit Ablauf des Tages, an welchem das die Bekanntmachung enthaltende Blatt ausgegeben worden, und ist für alle Einwendungen, welche nicht auf privatrechtlichen Titeln beruhen, präklusivisch.

§ 18. Werden keine Einwendungen angebracht, so hat die Behörde zu prüfen, ob die Anlage erhebliche Gefahren, Nachtheile oder Belästigungen für das Publikum herbeiführen könne. Auf Grund dieser Prüfung, welche sich zugleich auf die Beachtung der bestehenden Bau-, Feuer- und gesundheitspolizeilichen Vorschriften erstreckt, ist die Genehmigung zu versagen, oder, unter Festsetzung der sich als nöthig ergebenden Bedingungen, zu ertheilen. Zu den letzteren gehören auch diejenigen Anordnungen, welche zum Schutze der Arbeiter gegen Gefahr für Gesundheit und Leben nothwendig sind. Der Bescheid ist schriftlich auszufertigen und muß die festgesetzten Bedingungen enthalten; er muß mit Gründen versehen sein, wenn die Genehmigung versagt oder nur unter Bedingungen ertheilt wird.

§ 19. Einwendungen, welche auf besonderen privatrechtlichen Titeln beruhen, sind zur richterlichen Entscheidung zu verweisen, ohne daß von der Erledigung derselben die Genehmigung der Anlage abhängig gemacht wird. — Andere Einwendungen dagegen sind mit den Parteien vollständig zu erörtern. Nach Abschluß dieser Erörterung erfolgt die Prüfung und Entscheidung nach den im § 18 enthaltenen Vorschriften. Der Bescheid ist sowohl dem Unternehmer, als dem Widersprechenden zu eröffnen.

§ 20. Gegen den Bescheid ist Rekurs an die nächstvorgesetzte Behörde zuläßig, welche bei Verlust derselben binnen 14 Tagen, vom Tage der Eröffnung des Bescheides an gerechnet, gerechtfertigt werden muß. — Der Rekursbescheid ist den Parteien schriftlich zu eröffnen und muß mit Gründen versehen sein.

§ 21. Die näheren Bestimmungen über die Behörden und das Verfahren, sowohl in der ersten als in der Rekursinstanz bleiben den Landesgesetzen vorbehalten. Es sind jedoch folgende Grundsätze einzuhalten. 1) In erster oder in zweiter Instanz muß die Entscheidung durch eine kollegiale Behörde erfolgen. Diese Behörde ist befugt, Untersuchungen an Ort und Stelle zu veranlassen, Zeugen und Sachverständige zu laden und eidlich zu vernehmen, überhaupt den angetretenen Beweis in vollem Umfange zu erheben. 2) Bildet die kollegiale Behörde die erste Instanz, so ertheilt sie ihre Entscheidung in öffentlicher Sitzung, nach erfolgter Ladung und Anhörung der Parteien, auch in dem Falle, wenn zwar Einwendungen nicht angebracht sind, die Behörde aber nicht ohne weiteres die Genehmigung ertheilen will und der Antragsteller innerhalb 14 Tagen nach Empfang des, die Genehmigung versagenden oder nur unter Bedingungen ertheilenden Bescheides der Behörde auf mündliche Verhandlung anträgt. 3) Bildet die kollegiale Behörde die zweite Instanz, so ertheilt sie stets ihre Entscheidung in öffentlicher Sitzung, nach erfolgter Ladung und Anhörung der Parteien. 4) Als Parteien sind der Unternehmer (Antragsteller) sowie diejenigen Personen zu betrachten, welche Einwendungen erhoben haben. 5) Die Oeffentlichkeit der Sitzungen kann unter entsprechender Anwendung der §§ 173 bis 176 des Gerichtsverfassungsgesetzes ausgeschlossen oder beschränkt werden.

§ 22. Die durch unbegründete Einwendungen erwachsenden Kosten fallen dem Widersprechenden, alle übrigen Kosten, welche durch das Verfahren entstehen, dem Unternehmer zur Last. — In den Bescheiden über die Zulässigkeit der neuen Anlage wird zugleich die Vertheilung der Kosten festgesetzt.

§ 25 s. oben Bem. 7 zu § 1.

§ 49. Bei Ertheilung der Genehmigung zu einer Anlage der in den §§ 16 .. bezeichneten Arten .... kann von der genehmigenden Behörde den Umständen nach eine Frist festgesetzt werden, binnen welcher die Anlage oder das Unternehmen bei Vermeidung des Erlöschens der Genehmigung begonnen und ausgeführt, und der Gewerbebetrieb angefangen werden muß. Ist eine solche Frist nicht bestimmt, so erlischt die ertheilte Genehmigung, wenn der Inhaber nach Empfang derselben ein ganzes Jahr verstreichen läßt, ohne davon Gebrauch zu machen. — Eine Verlängerung der Frist kann von der Behörde bewilligt werden, sobald erhebliche Gründe nicht entgegenstehen. — Hat der Inhaber einer solchen Genehmigung seinen Gewerbebetrieb während eines Zeitraumes von 3 Jahren eingestellt, ohne eine Fristung nachgesucht und erhalten zu haben, so erlischt dieselbe. — Für die in § 16 aufgeführten Anlagen darf die nachgesuchte Fristung so lange nicht versagt werden, als wegen einer durch Erbfall oder Konkurserklärung entstandenen Ungewißheit über das Eigenthum an einer Anlage oder, in Folge höherer Gewalt, der Betrieb entweder gar nicht oder nur mit erheblichen Nachtheilen für den Inhaber oder Eigenthümer der Anlage stattfinden kann. — Das Verfahren für die Fristung ist dasselbe wie für die Genehmigung neuer Anlagen.

§ 8 des Einführungsgesetzes: Die Bezeichnung der nach den Landesgesetzen zuständigen Behörden, sowie die näheren Bestimmungen über das Verfahren bezüglich der Genehmigung der im § 16 der Gew.-O. aufgeführten gewerblichen Anlagen erfolgen durch Kaiserl. Verordnung.

4. Die Zuständigkeit zur Genehmigung und das Verfahren ist in Ausführung des § 8 E.-G. z. Gew.-O. geregelt durch Kaiserliche Verordnung, betr. die Genehmigung von Veranstaltungen zur Wasserbenutzung vom 1. Februar 1892 (Gesetzbl. S. 9), s. unten Anhang II Nr. 1. Hienach erfolgt die Genehmigung durch die Bezirkspräsidenten auf Grund eines beim Kreisdirektor einzureichenden Antrags. Gegen die Entscheidung ist Rekurs an den Kaiserlichen Rath zuläßig. Die zur Ausführung dieser Kaiserlichen Verordnung erforderlichen Bestimmungen sind in den Vorschriften, betreffend das Verfahren bei Ertheilung der wasserpolizeilichen Genehmigung und Erlaubniß für Bauten oder Vorrichtungen an den Wasserläufen in Elsaß-Lothringen, vom 12. März 1892 (Central- und Bezirksamtsbl. S. 115), s. unten Anhang II Nr. 6, unter I und II enthalten.

5. Zuständig zur Entscheidung darüber, ob und welche Zeichnungen vorzulegen sind, ist der Wasser- bezw. Meliorationsbauinspektor. (Art. 4. ff. 19 der Min.-V. vom 12. März 1892.)

6. Zuständig zur Entscheidung hierüber ist der Kreisdirektor (§ 1 Abs. 2 der Allerh. Verordnung v. 1. Februar 1892); über das Verfahren s. Art. 3, 19 Vorschr. v. 12. März 1892.

§ 3.

[1] An schiff- oder flößbaren Wasserläufen[2 3] ist ferner eine Erlaubniß erforderlich:

1. zu jeder Benutzung des Wassers oder des Bettes, mit welcher eine besondere Vorrichtung verbunden ist;
2. zum Betriebe von Fähren;
3. zum Abführen von Steinen, Sand, Schlamm, Pflanzen oder sonstigen Stoffen aus dem Flußbett, sowie zur Eisnutzung.[4]

Das bei der Ertheilung der Erlaubniß zu beobachtende Verfahren wird durch die Ausführungsbestimmungen geregelt.[5]

1. In der **Begründung** zu dem unverändert angenommenen Entwurfe war gesagt:

„Dem Umstand, daß auf die Benutzung der öffentlichen Flüsse Niemand ein Rechtsanspruch zusteht, wie bezüglich der Privatflüsse den Anliegern, muß dadurch Rechnung getragen werden, daß manche Benutzungsarten bei ersteren gleichfalls an eine Ermächtigung der Behörde gebunden werden, welche bei den letzteren den Anliegern ohne weiteres gestattet werden. Dies geschieht in § 3. Im Gegensatz zu der „Genehmigung" des § 1 ist diese Bewilligung als „Erlaubniß" bezeichnet. Es handelt sich um Benutzungen, welche in der Regel nicht von Einfluß auf öffentliche oder wichtige Privatinteressen sind, jedoch immerhin einen solchen Einfluß z. B. auf die Schifffahrt ausüben können. Zu Ziffer 1 gehören beispielsweise Anlage von Waschschiffen, Schiffsmühlen, Waschpritschen, Einrammung von Pfählen behufs Festlegung eines Kahns und ähnliche. Für diese insbesondere hinsichtlich der Interessen Dritter minder wichtige Anlagen ist das Verfahren der Gewerbeordnung nicht erforderlich: auch die Zuständigkeit der Behörden wird anderweitig zu regeln sein (s. § 48), als für die Genehmigung des § 1 beabsichtigt ist. — Durch die Bestimmung in Ziffer 2 „zum Betriebe von Fähren" wird das Fährwesen formell auf anderer Grundlage geregelt als in der geltenden Gesetzgebung (G. v. 6. Frimaire VII); thatsächlich jedoch wird dieselbe Wirkung erzielt wie durch dieses Gesetz, soweit dasselbe noch praktische Bedeutung hat; denn der Staat kann die Fähre selbst verwalten, er kann den Betrieb einem Dritten mit oder ohne Gegenleistung (s. § 4) übertragen. Alle Einzelheiten empfiehlt es sich den Ausführungsbestimmungen bezw. den Erlaubnißertheilungen zu überlassen. An Stelle der im Gesetze vom 6. Frimaire VII bezw. im Gesetze vom 30. März 1887 (G.-Bl. S. 39) enthaltenen Strafbestimmungen tritt diejenige des § 45 Ziffer 1. — Benutzungen, welche im § 3 nicht vorgesehen sind, z. B. Wasserschöpfen ohne besondere Vorrichtung, Baden, Pferdetränken, Waschen, ferner Benutzungen der im § 3 bezeichneten Art an Privatwasserläufen bedürfen der Erlaubniß nach der Vorschrift des vorliegenden Gesetzes nicht. Dies schließt nicht aus, daß diese Benutzungen aus Gründen der öffentlichen Sicherheit, der Gesundheitspolizei u. s. w. geregelt werden; ein besonderer Vorbehalt hierwegen im Gesetze erscheint nicht erforderlich. — Die in § 3 enthaltenen Bestimmungen entsprechen dem bestehenden Recht; die Gesetze der Bundesstaaten regeln diese Angelegenheit in gleicher Weise. Bayern, Wasserbenützung Art. 9, 10 Abs. 2, 15; Baden Art. 1 Abs. 2"

2. Wie die Schiffbarkeit bezw. Flößbarkeit eines Wasserlaufs festzustellen ist, wird im vorliegenden Gesetze nicht geregelt, da dies nicht als eine Angelegenheit der Wasserpolizei, welche in der Hauptsache allein den Gegenstand des Gesetzes bilden sollte, anzusehen ist. Demnach behält es in dieser Beziehung bei dem bisherigen Rechte sein Bewenden. Das bisherige Wasserrecht enthält jedoch gleichfalls keine ausdrückliche Bestimmung. Da nach Art. 538 C. c.* die schiff- und flößbaren Wasserläufe zum öffentlichen Staatsgut gehören und nach den

* S. im Anhang I Nr. 3.

grundlegenden Gesetzen die Erhaltung des öffentlichen Staatseigenthums, insbesondere auch der Flüsse, den Bezirksverwaltungsbehörden übertragen ist, wurde (und wird in mancher Beziehung noch zur Zeit, s. Bem. 2 zu § 21) diesen Behörden auch die Befugniß zur Feststellung der Grenzen der öffentlichen Wasserläufe zuerkannt. Durch Art. 3 des Gesetzes über die Flußfischerei vom 15. April 1829 wurde aber bestimmt (nachdem in Art. 1 der Grundsatz, daß die Fischerei in den schiff- und flößbaren Wasserläufen dem Staate zustehe, ausgesprochen war), daß durch königliche Verordnung nach einem vorhergehenden Untersuchungsverfahren festzustellen sei, in welchen Wasserläufen die Fischerei zu Gunsten des Staates ausgeübt werde. (Eine solche Verordnung ist zunächst am 10. Juli/16. September 1835 ergangen.) Das neue Fischereigesetz vom 2. Juli 1891, welches mit dem vorliegenden Gesetz zeitlich und sachlich in engem Zusammenhange steht, enthält in § 4 wesentlich die gleichen Bestimmungen wie Art. 3 des früheren Gesetzes von 1829. Außerdem spricht auch § 19 des vorliegenden Gesetzes von der Schiffbar- bezw. Flößbarerklärung eines Wasserlaufes durch landesherrliche Verordnung. Demgemäß muß angenommen werden, daß als schiff- oder flößbar im Sinne des vorliegenden Gesetzes diejenigen Wasserläufe anzusehen sind, welche in landesherrlichen Verordnungen als schiff- oder flößbar oder aber als dem Fischereirecht des Staates unterliegend bezeichnet sind oder werden. Daß thatsächlich die Fischerei zu Gunsten des Staates ausgeübt wird, ist nicht erforderlich. Es kommt vor, daß in einem nachträglich als schiffbar erklärten Wasserlauf die Fischerei zu Gunsten der Uferangrenzer geduldet wird, um die Entschädigung (Art. 3 G. v. 15. April 1829) zu ersparen.

Es sind dann aber nicht bloß die Hauptarme der bezeichneten Wasserläufe als schiff- oder flößbar im Sinne der vorliegenden Bestimmung anzusehen, sondern auch die von denselben abzweigenden Nebenbestandtheile, Altwasser, Gießen, Arme, Einbuchtungen, Gräben u. s. w. Nicht nothwendig ist (und hierin unterscheidet sich der Begriff des schiff- oder flößbaren Wasserlaufes im Sinne des vorliegenden Gesetzes von dem Gegenstand der Fischereiberechtigung des Staates nach Maßgabe des Fischereigesetzes), daß die Abzweigung jederzeit unbehindert mit Fischernachen durchfahren oder befahren werden kann. Denn dadurch, daß eine Abzweigung eines Wasserlaufes, sei es durch die Natur, sei es durch Menschenhand, eine Veränderung erleidet, welche die Befahrung unmöglich macht, verliert dieselbe nicht die Natur eines Bestandtheiles des Wasserlaufs, welcher Bestandtheil in allen wasserpolizeilichen Beziehungen demselben Rechtsverhältnisse unterworfen sein muß, wie die anderen Theile. Die Gründe, welche die in § 3 bezeichneten Nutzungen an den Hauptbestandtheilen eines Wasserlaufes an die polizeiliche Erlaubniß knüpfen, treffen bei solchen Seitenarmen ebenfalls zu. Es müssen also alle Seitenarme, Einbuchtungen und ähnl., solange sie mit dem Wasserlauf überhaupt noch zusammenhängen, denselben Grundsätzen, namentlich was die in § 3 Ziffer 3 bezeichneten Benutzungen betrifft, unterworfen sein, wie der Wasserlauf selbst, denn sie kommen für die Erhaltung des Flusses, für die Ableitung von Hochwassern oft sehr wesentlich in Betracht und die beliebige Entnahme von Steinen, Sand u. s. w. könnte von schädlichem Einfluß sein. Die frühere Bestimmung des Art. 1 Ziffer 2 des Gesetzes vom 15. April 1829 und die jetzige in § 1 Ziffer 2 des Fischereigesetzes vom 2. Juli 1891 beschränken sich daher auf die Ausübung der Fischerei und bilden nicht eine Grundlage für die Frage der Anwendung der auf die schiff- oder flößbaren Wasserläufe bezüglichen Bestimmungen des vorliegenden Gesetzes.

Bestehen im einzelnen Falle Zweifel, ob ein Gewässer noch als Bestandtheil eines schiff- oder flößbaren Wasserlaufs anzusehen ist, so gehört die Entscheidung nach dem oben Gesagten zur Zuständigkeit der Verwaltungsbehörde. Zutreffendenfalls werden jedoch, wenn die Anwendung des § 45 Ziffer 1 in Frage steht, gemäß § 261 St.-P.-O. die Gerichte zu prüfen berechtigt sein, ob die Voraussetzungen zu dieser Anwendung gegeben sind.

„Flößbar" sind nur diejenigen Wasserläufe, auf welchen eine Flößerei mit gebundenen Hölzern stattfinden kann. Die Möglichkeit einer sog. Trift, d. h. Benutzung des Wassers zur Fortbewegung lose hineingeworfener Hölzer kommt nicht in Betracht.

Zu den schiffbaren „Wasserläufen" im Sinne des Gesetzes sind die Schifffahrtskanäle nicht zu rechnen; s. Bem. 4 zu § 1. Für diese gilt auch das im vorletzten Absatz der Begründung Gesagte nicht ohne Weiteres.

3. An nicht schiff- und flößbaren Wasserläufen bedürfen die in § 3 erwähnten Nutzungen der wasserpolizeilichen Ermächtigung nicht, sofern nur die in § 1 bezeichnete Wirkung der Veränderung, Stauung, Hemmung oder Beschleunigung des Wasserlaufs nicht eintritt. Die Anlieger können vielmehr in Ausübung ihres Benutzungsrechtes (Art. 644 C. c.) diese Befugnisse frei ausüben. Jedoch können an denjenigen Wasserläufen, an welchen ein Flußbauverband zum Zwecke der Unterhaltung gebildet ist, gemäß § 32 Ziffer 8 im Statut den Uferbesitzern gewisse Beschränkungen auferlegt werden und so kann auch die Ausübung der in Frage stehenden Benutzungsbefugnisse untersagt oder nur bedingungsweise gestattet, insbesondere an die Erlaubniß der Behörde gebunden werden.

4. Bezüglich der Eisnutzung enthält der Bericht der Landesausschußkommission (S. 640) die Bemerkung, der Regierungskommissar habe erklärt, „daß es zuläſſig und beabsichtigt sei, an solchen Stellen, an welchen die Eisnutzung keinerlei Gefahren für die Uferschutzwerke und Aehnliches bringe, dieselbe wie bisher allgemein zu gestatten, so daß nicht jeder Einzelne um besondere Erlaubniß einkommen müsse.

5. Zu vergl. Art 23 ff. der Vorschriften, betr. das Verfahren bei Ertheilung der wasserpolizeilichen Genehmigung und Erlaubniß für Bauten und Verrichtungen in den Wasserläufen in E.-L., vom 12. März 1892 (Anhang II Nr. 6) unter III. Zuständig zur Ertheilung der Erlaubniß ist hiernach der Wasserbauinspektor (Meliorationsbauinspektor), bei diesem sind die Gesuche einzureichen; gegen den Bescheid ist Beschwerde an das Ministerium zulässig.

§ 4.

[1]Bei schiff- oder flößbaren Wasserläufen[2] kann bei der Genehmigung oder der Erlaubniß (§§ 1, 3) die Entrichtung einer Abgabe an die Landeskasse vorgeschrieben werden.

1. Die **Begründung** lautete:

„Die Entrichtung einer Abgabe für die Benutzung öffentlicher Flüsse ist zur Zeit schon gebräuchlich. Es handelt sich hierbei theilweise um eine Art Anerkennungsgebühr (welche jedoch nicht etwa zur Verhinderung einer Ersitzung nothwendig wäre, weil eine solche bei den zum domaine public gehörenden Sachen nicht möglich ist), theils rechtfertigt sich dieselbe (insbesondere auch bei den in § 3 Ziffer 2 und 3 bezeichneten Nutzungen) vom Gesichtspunkt der Nutzbarmachung des öffentlichen Eigenthums. Der Private, welcher aus der Benutzung dieses Eigenthums Vortheile zieht, welche Anderen nicht zukommen, hat hierfür zur Ausgleichung eine Gegenleistung zu entrichten. — Bei Privatflüssen, bei welchen die Genehmigung lediglich polizeiliche Natur besitzt, kann die Auferlegung einer solchen Gegenleistung nicht in Betracht kommen."

2. Zu vgl. Bem. 2 zu § 3.

§ 5.

[1]Die Genehmigung sowie die Erlaubniß (§§ 1, 3) werden nur unter der Bedingung ertheilt,[2] daß sie aus Gründen eines öffentlichen Interesses[3] jederzeit widerrufen oder beschränkt werden können.[4]

Bei Widerrufung oder Beschränkung bezüglich einer Veranstaltung oder Nutzung an schiff- oder flößbaren Wasserläufen findet ein Anspruch auf Entschädigung nicht statt.

Ebenso besteht bei nicht schiff- oder flößbaren Wasserläufen[5] ein solcher Anspruch nicht, wenn die Aufhebung oder Beschränkung[4] der Genehmigung durch neue Vertheilung des Wassers nothwendig geworden ist.[6][7]

1. **Begründung**:

„Die Bestimmungen über die Widerruflichkeit und Beschränkbarkeit der Genehmigung geben das zur Zeit geltende Recht wieder. Als Grundsatz ist ausgesprochen, daß *aus Gründen eines öffentlichen Interesses* der Widerruf oder die Beschränkung bei Wasserläufen jeder Art jederzeit erfolgen kann. Als öffentliches Interesse kommt nicht bloß das unmittelbare Interesse des Staates sondern auch das Interesse der Landwirthschaft, Industrie, Gesundheitspflege u. s. w. in Betracht. Dabei besteht bei öffentlichen Flüssen ein Anspruch auf Entschädigung allgemein nicht, bei Privatwasserläufen dagegen nur dann nicht, wenn eine neue Wasservertheilung (s. §§ 9, 10) den Anlaß gibt; in anderen Fällen, wenngleich öffentlichen Interesses, z. B. bei der Schiffbarmachung des Wasserlaufs, bei einem Brückenbau und ähnlichem, besteht dagegen die Verpflichtung zur Schadloshaltung. — Diese Unterscheidung rechtfertigt sich aus der Verschiedenartigkeit der inneren Natur der Genehmigung. Da an öffentlichen Flüssen den Anliegern keinerlei Rechtsansprüche zustehen und überhaupt Niemand Privatrechte an denselben besitzen kann, muß jeder Bewilligung einer mehr oder weniger die Allgemeinbenutzung des Wasserlaufs beschränkenden Anlage der Vorbehalt des ganzen oder theilweisen Widerrufs, falls öffentliche Interessen dies nothwendig machen, innewohnen. Erwächst hieraus dem Unternehmer ein Nachtheil, so muß er denselben eben tragen und kann nicht verlangen, daß die Allgemeinheit ihm um deßwillen Entschädigung gewähre, weil er die Nutzung, auf welche er an sich keinen Anspruch hatte, nicht ferner beziehen kann. Dies schließt selbstverständlich nicht aus, daß gegebenenfalls, z. B. wenn der Widerruf in Folge öffentlicher Arbeiten nothwendig wird, eine Beihülfe gewährt wird; nur ein Rechtsanspruch darf nicht anerkannt werden. — Anders bei Privatflüssen. Hier haben die Uferbesitzer ein gesetzlich anerkanntes Benutzungsrecht. Nur die Ausübung dieser Benutzung unterliegt der Genehmigung, welche hier einen ausschließlich polizeilichen Charakter hat. Wenn das öffentliche Interesse es verlangt, muß auch hier die Benutzung unterbleiben; aber dann hat der Berechtigte Anspruch auf Entschädigung, es sei denn, daß in der gesetzlich vorgesehenen Weise (§§ 9, 10) eine allgemeine Ausgleichung der verschiedenen, widerstreitenden Interessen am Wasser erfolgt und sich hierbei herausstellt, daß die gestattete Nutzungsart sich mit den rechtlich ebenso begründeten Ansprüchen Anderer nicht verträgt. — Diese wichtigen Grundsätze bestehen zur Zeit schon allgemein. In der Gesetzgebung haben sie allerdings nur sehr unvollständig Ausdruck gefunden (Art. 48 G. vom 18. September 1807).* Aber bei allen Konzessionen und Erlaubnißertheilungen ist jedesmal ein entsprechender Vorbehalt gemacht worden. Außerdem bestünden jene Grundsätze auch ohne Vorbehalt zu Recht, weil sie allein der rechtlichen Natur der Genehmigung entsprechen. M. vgl. in diesem Sinne die Ausführungen bei Mayer, Theorie des französischen Verwaltungsrechts, S. 336 und 370, sowie auch Huber, die Wassergesetze Elsaß-Lothringens, S. 79 ff. (Dalloz Jur. gén, v° eaux N° 353 geht weiter und sieht auch bei Genehmigungen an Privatflüssen entschädigungslose Widerruflichkeit aus Gründen jederartigen öffentlichen Interesses vor). — Der Entwurf regelt bloß die Wirkung

---

* S. Anhang I Nr. 4.

der auf Grund des Gesetzes zu ertheilenden Genehmigung bezw. Erlaubniß. Bezüglich der bereits vorhandenen Anlagen, welche sogenannte gesetzliche Existenz besitzen, indem sie vor Erlaß des Verbots der Veräußerung von öffentlichen Flüssen und von Rechten an denselben im Jahre 1566 errichtet wurden, bleibt es bei dem bisherigen Rechtszustande. Auch diese Anlagen können daher jederzeit aus Gründen eines öffentlichen Interesses beseitigt werden; es besteht dann aber Anspruch auf Entschädigung; s. Art. 48 G. v. 16. September 1807).* Zu vergl. auch § 49.

2. Die Bedingung ist durch das Gesetz selbst ausgesprochen; sie wird in der Regel in der Genehmigungs- bezw. Erlaubnißurkunde wiederholt werden, wenn dies aber im einzelnen Falle nicht geschehen sollte, würde dadurch eine Unwiderruflichkeit nicht geschaffen. Die Erwähnung der Bedingung des Widerrufs oder der Beschränkung macht, weil dieselbe auf dem Gesetz beruht, die Genehmigung nicht etwa zu einer nur „unter Bedingungen ertheilten" in dem Sinne, in welchem in §§ 18, 21 Gew.-O. dieser Ausdruck gebraucht wird. Dies gilt insbesondere auch von den reichsgesetzlich geregelten Stauanlagen für Triebwerke, weil hier nach § 23 daselbst besondere landesgesetzliche Vorschriften zugelassen sind. Der Grundsatz des § 25 ebendaselbst erleidet hierdurch allerdings eine gewisse Einschränkung.

3. Ob ein öffentliches Interesse (wasser-, gesundheits-, sicherheitspolizeiliches u. s. w., unter Umständen, namentlich bei schiff- und flößbaren Wasserläufen, selbst ein fiskalisches) vorliegt, hat lediglich die zuständige Verwaltungsbehörde zu entscheiden; der Rechtsweg ist ausgeschlossen und auch die Voraussetzung zur Beschwerde an den Bezirksrath (§ 47 Abs. 2) ist bei dieser reinen Zweckmäßigkeitsfrage nicht gegeben (s. Bem. 7 zu 47).

4. Der Widerruf besteht in der Anordnung völliger Beseitigung, die Beschränkung in der Anordnung einer Abänderung der Anlage; beides kann von Amtswegen oder auf Anregung Dritter erfolgen. Zum Erlaß der Anordnung ist diejenige Behörde berufen, welche zur Ertheilung der Genehmigung oder der Erlaubniß zuständig ist (Art. 1 Vorschr. vom 14. März 1892, Anhang II Nr. 7), bei der Genehmigung also der Bezirkspräsident, bei der Erlaubniß der Wasserbau- (Meliorationsbau-) Inspektor. Diese Beamten sind zuständig, auch wenn es sich um Anlagen handelt, deren Errichtung vor dem Erlaß des vorliegenden Gesetzes erfolgt ist (ebendaselbst Abs. 4); es ist dann zu prüfen, unter welche Vorschrift dieses Gesetzes die Anlage fiele, wenn sie jetzt erst errichtet würde.

Ein besonderes Vorverfahren vor dem Widerruf oder der Beschränkung ist nicht vorgeschrieben. Dies schließt jedoch nicht aus, daß ein solches durchgeführt wird, und in allen Fällen, in welchen die Be-

---

* S. Anhang I Nr. 4.

seitigung oder Abänderung der Anlage eine Aenderung der Stau- und Abflußverhältnisse des Wasserlaufs herbeiführen wird und öffentliches Interesse oder Rechte Dritter berührt werden, wird es nothwendig sein, ein Verfahren ähnlich wie bei der auf Antrag des Eigenthümers erfolgenden Beseitigung oder Abänderung einer Anlage (s. Vorschr. vom 12. März 1892, Anhang II Nr. 6) einzuleiten.

Die Anordnung ist mit Gründen zu versehen und den Betheiligten schriftlich gegen Behändigungsschein zu eröffnen. Gegen die Anordnung ist Beschwerde an das Ministerium zulässig, dieselbe hat aufschiebende Wirkung, wenn sie innerhalb 14 Tagen nach der Eröffnung der Anordnung an eingereicht ist. (Art. 1 Abs. 2 und 3 Vorschr. v. 14. März 1892). Als „betheiligt" und zur Beschwerde berechtigt sind auch dritte Personen anzusehen, welche etwa die Anregung zur Anordnung gegeben oder welche in dem Vorverfahren Einwendungen erhoben haben, soweit ihrer Anregung oder ihren Einwendungen nicht Folge gegeben worden ist.

Wird die angeordnete Beseitigung oder Abänderung einer unter § 1 fallenden Veranstaltung nicht innerhalb der von der Verwaltungsbehörde gestellten Frist ausgeführt, so findet die Strafbestimmung des § 41 Ziffer 2 Anwendung; außerdem kann die Behörde den ihren Anordnungen entsprechenden Zustand selbst herbeiführen (§ 47). Wird ungeachtet des Widerrufs oder der Beschränkung eine im § 3 vorgesehene Erlaubniß zur Benutzung eines schiff- oder flößbaren Wasserlaufes weiter ausgeübt, so liegt der Fall des § 45 Ziffer 1 (Ausübung ohne Erlaubniß) vor; auch hier kann die Verwaltungsbehörde nach § 47 die etwaigen Veranstaltungen beseitigen.

5. Vergl. Bem. 2 zu § 3.

6. Hiernach bildet bei der Widerrufung oder Beschränkung einer genehmigten Anlage an einem nicht schiff- oder flößbaren Wasserlauf die Entschädigung die Regel. Denn der Fall, daß ein Widerruf u. s. w. wegen anderweitiger Wasservertheilung (§§ 9, 10) nothwendig wird, wird nicht häufig vorkommen, weil diese Vertheilungen zumeist in Regelung der zeitlichen Benutzung des Wassers bestehen und daher auf die Gestaltung der Anlagen ohne zwingenden Einfluß sind. Immerhin sind Fälle denkbar, in welchen zur Sicherung einer Wasservertheilung die Abänderung einer bestehenden Anlage, z. B. einer Schleuse, zur Wasserentnahme (etwa zur Verhütung des Durchflusses einer größeren Menge Wasser während bestimmter Zeit) oder die Höherlegung eines Wehres nothwendig wird, in solchen Fällen ist eine Entschädigung nicht zu gewähren.

Welcher Schaden in den Fällen, in welchen Anspruch auf Entschädigung besteht, zu ersetzen ist, bestimmt das Gesetz nicht näher. Es ist dies Sache erforderlichenfalls des richterlichen Ermessens. In den weitaus meisten Fällen wird die Entschädigung nur in Schadloshaltung für die durch Beseitigung oder Abänderung der Anlagen dem Berechtigten entstehenden unmittelbaren Nachtheile bestehen können, also insbesondere der

Kosten der Beseitigung oder Abänderung, dann auch in dem Ersatz der Anlagekosten, soweit diese nicht durch die bisherige Benutzung schon ausgeglichen erscheinen. Darüber hinauszugehen und auch den Gewinn zu ersetzen, welchen der Berechtigte bei Fortbestehen der Anlage hätte erzielen können, würde auf Verkennung der Verhältnisse beruhen. Denn ein Rechtsanspruch der Grundeigenthümer auf Gestattung einer Anlage in der genehmigten Form besteht an sich nicht, die Genehmigung ist vielmehr insbesondere zu versagen, wenn öffentliche Interessen gefährdet erscheinen. Ergibt sich nun diese Gefährdung erst später, so hat der Eigenthümer wohl Anspruch auf den Ersatz des Schadens, welcher ihm dadurch entstanden ist, daß die Behörde nicht rechtzeitig die Sachlage beurtheilt hat, aber nicht darauf, daß der Fiskus ihm nunmehr dasjenige gewähre, was er hätte gewinnen können, wenn die Gefährdung des öffentlichen Interesses nicht eingetreten wäre. Unter der früheren Gesetzgebung war allgemein anerkannt, daß nicht bloß bei einer anderweiten Wasservertheilung, sondern auch bei sonstigen w a s s e r p o l i z e i l i c h e n Ursachen eines Widerrufs oder einer Beschränkung die Entschädigungspflicht des Staates nicht bestehe; eine solche war also nur bei Widerruf aus anderen Gründen des öffentlichen Interesses gegeben, also etwa aus Rücksichten auf die Schifffahrt (zu vergl. die in der Begründung angeführten Stellen bei Mayer, Verwaltungsrecht, und Huber, Wassergesetze). Wenn das vorliegende Gesetz darin weiter geht (in einer früheren Fassung des Entwurfs waren in Abs. 3 die „wasserpolizeilichen Verordnungen" neben der „neuen Wasservertheilung" genannt), so ist es geschehen, weil der Begriff einer w a s s e r polizeilichen Verordnung nicht bestimmt genug schien und schließlich gesundheits- und sicherheitspolizeiliche Gesichtspunkte, welche bei der Ertheilung der Genehmigung die gleiche Berücksichtigung verlangen, wie die wasserpolizeilichen, auch hier gleichzustellen gewesen wären. Hieraus hätte unter Umständen eine schwere Benachtheiligung der Privatinteressen entstehen können. Diese zu vermeiden, aber nicht den Betheiligten die Möglichkeit eines Gewinnes auf Kosten des Fiskus zu eröffnen, war die Absicht des Gesetzes.

Uebrigens enthält das Gesetz noch eine Einzelbestimmung, nach welcher eine Abänderung eines Triebwerkes ohne Verpflichtung zur Entschädigung angeordnet werden kann; s. § 36 und Bem. 1 daselbst.

Zur Entschädigung verpflichtet ist der Landesfiskus und zwar auch dann, wenn der Widerruf auf Anregung Dritter erfolgt und Dritten zum Vortheil gereicht. Inwieweit in diesem Falle dem Fiskus seinerseits Ersatz zu gewähren ist, hat Gegenstand von Verhandlungen im einzelnen Falle zu bilden.

7. Eine Verpflichtung zur Entschädigung wird nur für die u n t e r d e r H e r r s c h a f t d e s g e g e n w ä r t i g e n G e s e t z e s g e n e h m i g t e n A n l a g e n begründet: auf ältere Veranstaltungen findet das bisherige Recht (s. vorhergehende Bemerkung) bezw. der Inhalt der Genehmigungsurkunde Anwendung. (Zu vergl. Abs. 5 der Begründung, welcher nicht etwa bloß auf die Fälle Anwendung findet, in welchen das bisherige Recht den Betheiligten günstiger war).

§ 6.

[1]Wenn ein Anspruch auf Entschädigung erhoben wird, ist derselbe bei Vermeidung des Ausschlusses binnen einem Jahre nach der Herstellung des der Anordnung der Behörde entsprechenden Zustandes[2] anzumelden.

In Ermangelung gütlicher Einigung befindet die Verwaltungsbehörde (§ 48)[3] über Grund und Betrag der Entschädigung nach Anhörung der Betheiligten. Gegen den Beschluß steht der Rechtsweg offen.[4] Die Klage muß bei Vermeidung des Ausschlusses binnen sechs Monaten nach Behändigung des Beschlusses erhoben werden.

1. Der **Entwurf** hatte in Absatz 1 nur eine Frist von 6 Monaten vorgesehen. Anstatt „befindet" war in Abs. 2 gesagt „entscheidet". Die **Begründung** lautete:

„Die Frage, ob die Feststellung der Entschädigung in den vorliegenden und ähnlichen Fällen mangels Einigung der Betheiligten durch die Verwaltungsbehörde bezw. die Verwaltungsgerichte oder durch die Gerichte zu erfolgen hat, ist seit Inkrafttreten der Reichsjustizgesetze zweifelhaft. Die Praxis neigt sich dazu, die Zuständigkeit der Gerichte anzunehmen; zu vergl. den in der Jur. Ztschrft. XV S. 325 behandelten Fall, bei welchem es sich um Einschränkung eines Mühlenbetriebs aus Gründen der öffentlichen Gesundheitspflege handelte. Es empfiehlt sich, diese Frage im Gesetze zu regeln, und zwar erscheint die Zulassung des Rechtswegs aus sachlichen wie aus Zweckmäßigkeitsgründen angezeigt. Dabei wird jedoch, in ähnlicher Weise wie in anderen Fällen der Geltendmachung eines Rechtsanspruchs in Folge einer Verwaltungsentscheidung (zu vergl. § 39 des Reichsrayongesetzes [Gesetzbl. f. E.-L. 1872 S. 133]; §§ 149, 150 des Reichsbeamtengesetzes [ebendas. 1873 S. 479]; §§ 4, 5 des Marksteingesetzes vom 21. November 1875 [ebendas. 1875 S. 189]), zunächst die Verwaltungsbehörde selbst anzugehen und nur innerhalb bestimmter Frist die gerichtliche Klage zuzulassen sein. Von einer einheitlichen Regelung des dem feststellenden Verwaltungsbeschlusse vorhergehenden Verfahrens sowie von der gesetzlichen Feststellung der zuständigen Behörde muß hier (im Gegensatz zu dem ähnlichen § 5 des Entwurfs eines Fischereigesetzes) der Verschiedenartigkeit der Fälle wegen (s. außer § 49 auch §§ 19, 29 Abs. 2 und 41 Abs. 1) abgesehen werden. Diese Regelung kann den Ausführungsbestimmungen vorbehalten bleiben."

2. Der Lauf der Frist von der Herstellung des neuen Zustandes, nicht von der Anordnung der Behörde an, ist vorgesehen worden, weil sich erst von diesem Zeitpunkte ab die Höhe des (wie in Bemerkung

6 zu § 5 ausgeführt) wesentlich in den Herstellungskosten bestehenden Schadens übersehen läßt.

3. Zuständig ist das Ministerium. Die Entscheidung ist mit Gründen zu versehen und den Betheiligten schriftlich gegen Behändigungsschein zu eröffnen (Art. 2 Vorschr. v. 14. März 1892, Anhang II Nr. 7).

4. Der Rechtsweg steht gegen den Beschluß auch dann offen, wenn der Grund der Entschädigung verneint wird. Also beispielsweise, weil ein Wasserlauf als schiffbar behandelt wurde, oder weil auf eine Anlage nicht das vorliegende Gesetz Anwendung finde (s. Bem. 7 zu § 5) oder weil die Beschränkung Ausfluß einer neuen Wasservertheilung sei. Wenn jedoch bezüglich solcher Fragen das Gericht eine selbstständige Prüfungs-Befugniß nicht besitzt, z. B. bezüglich der thatsächlichen Schiffbarkeit eines Wasserlaufs, welchen eine landesherrliche Verordnung als schiffbar erklärt hat, wird ihm eine solche selbstverständlich hierdurch nicht zu Theil.

B. Aichzeichen.

§ 7.

[1] Für Stauvorrichtungen jeder Art kann durch die Verwaltungsbehörde angeordnet werden[2], daß behufs Bezeichnung der zugelassenen größten Stauhöhe an einer für dritte Betheiligte leicht sichtbaren Stelle, welche den Wasserpolizeibeamten jederzeit zugänglich sein muß[3], ein Aichzeichen (Pfahl oder Marke) auf Kosten des Unternehmers anzubringen und zu unterhalten ist.

Bei schiffbaren Wasserläufen kann die Anbringung eines Zeichens vorgeschrieben werden, durch welches die größte zulässige Unterstauung bezeichnet wird[4].

Die näheren Vorschriften werden für jeden einzelnen Fall durch die Verwaltungsbehörde erlassen; dieselbe kann insbesondere bei Triebwerken mit Stauwehren die Anbringung eines zweiten Aichzeichens in der Nähe des Wehres gleichfalls auf Kosten des Unternehmers vorschreiben[5].

Bei Stauvorrichtungen an nicht schiff- oder flößbaren Wasserläufen kann, wenn die Vorrichtung auf fremde Grundstücke und Benutzungsrechte keine erhebliche Einwirkung ausübt, von dem Verlangen der Anbringung eines Aichzeichens abgesehen werden.

1. Die **Begründung** zu dem nur mit einer Fassungsänderung angenommenen Entwurfe lautete zu § 7 und zu § 8:

„Die Bestimmungen über die Aichzeichen geben gleichfalls im Wesentlichen den geltenden Rechtszustand wieder. Gegenwärtig schon wird bei allen Genehmigungen von Stauanlagen die Setzung eines Aichpfahls oder nach Umständen eines zweiten vorgeschrieben. Auch alle neueren Wassergesetze enthalten ähnliche Bestimmungen: z. vergl. Bayern, Wasserbenützung, Art. 77; Baden, Art. 28; Hessen, Bäche, Art. 18. — Der Aichpfahl ist bei allen Stauanlagen von großer Wichtigkeit; er ermöglicht die Ueberwachung und verhütet dadurch, daß der Stauberechtigte zum Nachtheil für andere Betheiligte das Wasser höher (bei schiffbaren Wasserläufen wegen der Interessen der Schifffahrt auch niedriger) anstaut, als nach der Genehmigung gestattet ist. Es ist daher erforderlich, daß der Aichpfahl jederzeit von allen Betheiligten eingesehen werden kann. Der Entwurf sichert dies dadurch, daß er dem Unternehmer aufgibt, für die Sichtbarkeit, und soweit erforderlich, Zugänglichkeit jederzeit Sorge zu tragen und Beschädigungen alsbald zur Anzeige zu bringen. Die zur Sicherung dieser Vorschriften nothwendigen Strafbestimmungen sind in § 44 Ziffer 1 und § 45 Ziffer 2 und 3 enthalten; die Strafandrohungen für den Fall der Zuwiderhandlung gegen die Vorschriften über die Stauhöhe in § 31 des Feldpolizeistrafgesetzes vom 9. Juli 1888. — Die Bestimmungen der §§ 7 und 8 haben sich nicht auf Anlagen zu beschränken, welche erst unter der Herrschaft des künftigen Gesetzes genehmigt wurden. Es ist zwar, wie bemerkt, allgemein und zwar seit langer Zeit gebräuchlich, die Setzung der erforderlichen Aichzeichen bei Ertheilung der Genehmigung vorzuschreiben. Immerhin finden sich hie und da Stauanlagen, welche aus älterer Zeit herstammen und nicht mit einem Aichpfahl versehen sind. Auf diese sollen (sofern dies im allgemeinen Interesse nothwendig ist, § 7 Abs. 4) die entsprechenden Bestimmungen gleichfalls Anwendung finden."

2. Zuständig ist bei den bereits bestehenden Stauanlagen der Wasser- oder Meliorationsbauinspektor, zu dessen Bezirk der Wasserlauf gehört.* Gegen die Anordnung ist Beschwerde an das Ministerium zulässig; dieselbe hat aufschiebende Wirkung, sofern sie innerhalb 14 Tagen, vom Tage der Eröffnung an gerechnet, eingereicht wird. Bei künftig zu genehmigenden Anlagen wird über die Anbringung eines Aichzeichens durch die Genehmigungsurkunde Bestimmung getroffen (Art. 3 Vorschr. vom 14. März 1892, Anhang II Nr. 7).

Der Fall, daß der Anordnung nicht stattgegeben werden sollte, ist durch das Gesetz nicht geregelt. Bei künftig zu genehmigenden Anlagen ist die Auferlegung des Setzens eines Aichzeichens eine Bedingung der Genehmigung, zwar (weil dieselbe auf Gesetz beruht) nicht in dem Sinne des § 21 Ziffer 2 Gew.-O. (Rechtsmittel), aber im Sinne der Strafbe-

* S. Anhang III.

stimmung des § 42 Ziffer 1. Bei älteren Anlagen wird im Falle der Weigerung der Widerruf der Genehmigung erfolgen, welcher auf wasserpolizeilichen Gründen beruht und daher schon an sich jederzeit ohne Verpflichtung zur Entschädigung statthaft ist (s. Bem. 6 und 7 zu § 5).

Sollte etwa bei der Genehmigung die Anordnung unterlassen worden sein, so kann dieselbe nach der Fassung des Gesetzes unzweifelhaft nachgeholt werden.

3. Den freien Zutritt zum Aichzeichen können nur die Wasserpolizeibeamten verlangen, welche in der Lage sein müssen, die Zeichen jederzeit genau besichtigen und ihren Zustand prüfen zu können. Das Interesse dritter Betheiligten ist genügend gewahrt, wenn sie von einer ihnen zugänglichen Stelle aus, z. B. einem öffentlichen Wege oder von ihrem eigenen Grundeigenthum, das Zeichen sehen und die Stauung vergleichen können. Ist nach Lage der örtlichen und Besitzverhältnisse eine Anbringung des Aichzeichens, welche diese Voraussetzung erfüllt, nicht möglich, so kann dem Eigenthümer der Stauanlage die Auflage gemacht werden, den Betheiligten den Zutritt zu einer bestimmten Stelle seines Besitzthums, welche den Ausblick auf das Zeichen gewährt, zu gestatten.

4. Die Zuständigkeit ist dieselbe wie im Falle des Abs. 1, doch ist bei neu zu genehmigenden Anlagen der Bauinspektor befugt, die nachträglich etwa für nothwendig erkannte Anbringung von Zeichen über Unterstauung anzuordnen (Art. 3 Abs. 2 Vorschr. vom 14. März 1892).

5. Das in Bem. 4 Gesagte gilt auch hier.

§ 8.

[1] Zu allen Aenderungen, Erneuerungen, Ausbesserungen und Neubefestigungen des Aichzeichens ist vorgängige Genehmigung der Verwaltungsbehörde[2] erforderlich.

Bei Beschädigungen eines Aichzeichens hat der Betriebsleiter[3] der genehmigenden Behörde[2] innerhalb längstens 14 Tagen Anzeige zu erstatten und alsdann für die Wiederherstellung nach Anordnung der Behörde zu sorgen.

Für die Erhaltung der Zugänglichkeit und Sichtbarkeit des Aichzeichens hat der Unternehmer Sorge zu tragen.

1. **Begründung** s. bei § 7. Der Paragraph bezweckt, zu verhüten, einerseits (Abs. 1) daß durch Unachtsamkeit bei Wiederherstellung eines beschädigten Zeichens oder absichtlich unter dem Vorwande der Wiederherstellung eine Aenderung veranlaßt wird, andererseits (in Abs. 2 u. 3) daß das Aichzeichen mit oder ohne Zuthun des Eigenthümers seinen Zweck nicht mehr erfüllt. Strafbar ist die eigenmächtige Aenderung (§ 44 Ziffer 1), die unterlassene Anzeige (§ 45 Ziffer 3), sowie die absichtliche Erschwerung der Zugänglichkeit und Sichtbarkeit (§ 45 Ziffer 2). Wenn die Erschwerung unabsichtlich oder durch zufällige Um-

stände eintritt, kann nur die Wiederherstellung eines den Vorschriften des Gesetzes entsprechenden Zustandes angeordnet werden; § 47 findet jedenfalls insoweit Anwendung, als eigentliche Handlungen des Eigenthümers die Unwirksamkeit des Aichzeichens hervorgerufen haben. Andernfalls kann die Verwaltung die Neuherstellung eines Aichzeichens anordnen und wenn nöthig, die Genehmigung der Anlage widerrufen.

2. Zuständig ist der Wasser- bezw. Meliorationsbauinspektor (Art. 3 Abs. 4 Vorschr. v. 14. März 1892, Anhang II Nr. 7).

3. Wer als Betriebsleiter zur Anzeige verpflichtet und für unterlassene Anzeige strafbar ist, entscheidet sich nach den Verhältnissen des einzelnen Falles. Es kann dies der Eigenthümer, der Pächter, ein Angestellter sein. Ist der eigentliche Betriebsleiter während der Frist von 14 Tagen verhindert gewesen, den Betrieb thatsächlich zu überwachen (durch Krankheit, Reisen), ohne daß ein Stellvertreter bestellt war, so haftet er dennoch; das strafbare Verschulden liegt dann in der mangelnden Beschaffung eines geeigneten Vertreters.

C. Wasservertheilung.

§ 9.

[1-3] Die Vertheilung des Wassers zwischen den an den verschiedenen Strecken eines Wasserlaufes belegenen Wässerungsberechtigten oder zwischen Wässerungsberechtigten und Triebwerkbesitzern oder anderen Nutzungsberechtigten richtet sich nach Ortsgebräuchen oder Verordnungen, soweit solche bestehen.

Andernfalls erfolgt die im öffentlichen Interesse[4] nothwendige Vertheilung des Wassers durch Verordnung des Statthalters.[5 6] In gleicher Weise erfolgt die Neuregelung, wenn die Ortsgebräuche oder Verordnungen dem öffentlichen Interesse[4] nicht mehr entsprechen. Ein Anspruch auf Entschädigung kann aus einer Neuregelung nicht geltend gemacht werden.[7]

Der Verordnung hat ein Untersuchungsverfahren vorherzugehen, dessen Form durch die Ausführungsbestimmungen zu regeln ist.[8]

1. Die **Begründung** zu §§ 9 und 10 des Entwurfs, welche mit einer unwesentlichen Fassungsänderung in § 9 angenommen wurden, lautet:

„Bei den vielerlei Bedürfnissen der Landwirthschaft wie der Industrie, welche das Wasser zu befriedigen hat, und welche häufig mit einander unvereinbar sind, ist es nothwendig, die den Nutzungsberechtigten zustehenden Ansprüche in bindender Weise festzustellen. Diese „Vertheilung des Wassers" bildet einen Gegenstand des öffentlichen Interesses und somit eine Aufgabe der Verwaltungsbehörde. Und zwar trifft dies zu, nicht blos insoweit es sich darum handelt, wieviel und wann die Landwirthschaft, wieviel und wann die Industrie Wasser zu beanspruchen hat, sondern auch für die Ansprüche der Wässerungsberechtigten unter sich, insoweit das öffentliche Interesse in Frage steht, also beispielsweise über die Benutzung des Wassers am oberen und am unteren Theile desselben. Dagegen ist die Entscheidung von Streitigkeiten zwischen einzelnen Wässerungsberechtigten an nicht schiff- oder flößbaren Wasserläufen, woselbst die Anlieger ein Privatrecht am Wasser besitzen, Sache der Gerichte. Dieselben haben hierbei nach Art. 645 C. c.* namentlich auch die règlements particuliers et locaux zu beobachten, welche von der Verwaltungsbehörde etwa erlassen sind. — Die Bestimmungen über die Zuständigkeit der Letzteren im Einzelnen sind zur Zeit unvollständig. Nach dem Dezentralisationsdekret vom 13. April 1861 Anlage D Ziffer 7 entscheiden die Bezirkspräsidenten über die Vertheilung des Wassers der nicht schiff- oder flößbaren Wasserläufe zwischen Industrie und Landwirthschaft in der durch die früheren Verordnungen oder Ortsgebräuche bestimmten Weise. Die über die Auslegung dieser Vorschrift entstandenen Meinungsverschiedenheiten hat die Praxis dahin entschieden, daß die Präfekten nur auf Grundlage geltender Verordnungen oder Ortsgebräuche die Vertheilung vornehmen können; daß aber in allen Fällen, in welchen eine solche Grundlage nicht besteht oder die Verhältnisse eine Abänderung nothwendig machen, eine landesherrliche Verordnung nothwendig ist (zu vergl. Huber, Wassergesetze S. 65 ff.). Die Befugniß des Bezirkspräsidenten besteht daher nur in Ausführung der bestehenden Vorschriften. — Der Entwurf geht wesentlich von den gleichen Grundsätzen aus, indem er nur den Rechtszustand genauer bezeichnet. An Stelle der landesherrlichen Verordnung wird eine Verordnung des Statthalters vorgesehen. Weiter zu gehen und, wie in Baden Art. 30, und Hessen, Bäche, Art. 21, auch die Neuregelung der Verwaltungsbehörde zu übertragen, erscheint nicht angezeigt, sowohl mit Rücksicht auf das Herkommen als namentlich mit Rücksicht auf die erhebliche Tragweite der Regelung, welche gewöhnlich ganze Wasserläufe umfaßt und sich öfters über die Grenzen eines Bezirkes ausdehnt. — Dieser Wichtigkeit der Wasservertheilung wegen sieht der Entwurf vor, daß die Verordnungen einem förmlichen Vorverfahren unterzogen werden, welches auch zur Zeit ohne ausdrückliche Vorschrift regelmäßig stattfindet. — Die dem Bezirkspräsidenten zustehende Ausführung erstreckt sich auch auf die vom Statthalter erlassenen Verordnungen, welche in der Regel nur die allgemeinen Grundsätze enthalten.

* S. Anhang I. Nr. 3.

2. Die Vertheilung des Wassers im Sinne der §§ 9 u. 10 erfolgt zumeist durch Regelung der zeitlichen Benutzung derselben, indem bestimmt wird, an welchen Tagen und Stunden die eine, an welchen die andere Gruppe von Berechtigten ausschließlich oder wenigstens bis zur vollen Befriedigung ihres Mengebedürfnisses das Wasser in Anspruch nehmen können. Doch kann eine Vertheilung auch in der Weise erfolgen, daß den einzelnen Gruppen oder den einzelnen Berechtigten die größte gleichzeitig zu entnehmende Menge (mit oder ohne Festsetzung auch der Entnahmezeiten) vorgeschrieben wird.

3. Die Bestimmungen der §§ 9 und 10 beziehen sich im Allgemeinen sowohl auf schiffbare als auf nicht schiffbare Wasserläufe. Zwar wäre bei den ersteren angesichts der jederzeit entschädigungslosen Widerruflichkeit und Beschränkbarkeit (§ 5 Abs. 1 und 2) eine Regelung auf dem Wege landesherrlicher Verordnung nicht nothwendig; auch ist, wenigstens was die Menge des gleichzeitig zu benutzenden Wassers betrifft, die Vertheilung zumeist schon in den Genehmigungsurkunden erfolgt. Doch erschien es zweckmäßig auch in dieser Beziehung schiffbare und nicht schiffbare Wasserläufe gleichzeitig zu behandeln. Außerdem aber kamen bei den ersteren die mit sogenannter gesetzlicher Existenz versehenen älteren Anlagen in Betracht, deren Inhaber ein Recht auf Wasserbenutzung besitzen, welches in gewissen Beziehungen ähnlich zu behandeln ist, wie der Anspruch der Anlieger an Privatwasserläufen, und welchen gegenüber die entschädigungslose (§ 5 Abs. 2) Einschränkung des Wasserbezugs mit ähnlichen Garantien umgeben werden mußte, wie bei den letzteren. Soweit solche ältere Triebwerke nicht vorhanden sind, wird sich an schiffbaren Flüssen die Nothwendigkeit der Regelung oder Neuregelung durch Verordnung des Statthalters wohl selten ergeben.

4. Nur die im öffentlichen Interesse nothwendige Vertheilung; denn die Ausgleichung der Ansprüche einzelner Betheiligten unter sich, bei nicht schiffbaren Wasserläufen oder bei schiffbaren, insoweit Triebwerke mit sog. gesetzlicher Existenz vorhanden sind (s. Bem. 3), ist Sache der Gerichte (s. Begründung, Bem. 1; außer den dort besonders erwähnten Fällen der Streitigkeiten zwischen einzelnen Wässerungsberechtigten kommen hierbei auch die Streitigkeiten zwischen einzelnen Wässerungsberechtigten und einzelnen Industriellen oder zwischen den letzteren unter sich in Betracht).

Die durch Verordnung, gemäß Abs. 2 erfolgte Regelung ist für die Gerichte maßgebend, insbesondere kann vor denselben nicht etwa geltend gemacht werden, daß die Voraussetzung zur Regelung der Wassernutzung durch die Verwaltungsbehörde das öffentliche Interesse, nicht vorgelegen habe. Die Betheiligten haben in dem Vorverfahren (Abs. 3) Gelegenheit, derartige Einwendungen geltend zu machen; unterbleiben solche Einwendungen oder finden die erhobenen keine Berücksichtigung, so ist ein Rechtsmittel nicht gegeben.

„Oeffentliches Interesse" ist nicht als fiskalisches Interesse aufzufassen. Ein in zweiter Lesung gestellter Antrag, die Worte „und den

Forderungen der Gerechtigkeit“ einzusetzen, wurde nach einer Erklärung des Regierungsvertreters zurückgezogen, wonach ein öffentliches Interesse gerade vorliege, wenn „die Prinzipien der Billigkeit und Gerechtigkeit nicht genügend gewahrt sind“. (Sitzungsberichte S. 628.)

5. Die Verordnung kann gleichzeitig mit der Bildung eines Flußbauverbandes zur Unterhaltung des Wasserlaufs (§ 30) erfolgen; ein Beispiel hierfür siehe in der Verordnung, betr. Regulirung, Unterhaltung und Wasserbenutzung der Fecht vom 6. Nov. 1890 (C. u. Bez.-Amtsbl. S. 327) insbes. Art. 15 ff.

6. Diese Verordnung hat die Eigenschaft einer Polizeiverordnung im Sinne des § 31 des Feldpolizeistrafgesetzes v. 9. Juli 1888 (s. Anh. I Nr. 12) so daß die Zuwiderhandlung, auch wenn nicht gleichzeitig eine ausdrückliche Ausführungsanordnung des Bezirkspräsidenten verletzt ist, hiernach der Bestrafung unterliegt.

7. Entschädigungsansprüche sind ausgeschlossen, sowohl gegen den Fiskus als gegen dritte Betheiligte. Der Grund dieser Bestimmung beruht darin, daß Niemand an dem fließenden Wasser ein Privatrecht besitzen kann, welches, wie z. B. dingliche Rechte an Grundstücken, auch dem öffentlichen Interesse nur gegen Entschädigung weichen müßte. Auch das in Art. 644 f. C. c.* vorgesehene Benutzungsrecht des Ufereigenthümers gibt kein dingliches Recht auf das Wasser und ist außerdem polizeilicher Ueberwachung und Regelung unterworfen, wie eine solche gerade in der Wasservertheilung gegeben ist. Die in der französischen Theorie vertretene Berechtigung des durch eine neue Wasservertheilung Geschädigten, von demjenigen, welcher den Vortheil einer ihm entzogenen Wassermenge genießt, vom Gesichtspunkt der ungerechtfertigten Bereicherung aus Entschädigung zu verlangen, besteht jedenfalls für die Folge angesichts der bestimmten Fassung des Gesetzes nicht mehr.

Auch die mit der anderweiten Wasservertheilung etwa verbundene Aenderung an Stauwerken u. s. w. ist entschädigungslos zu tragen (s. § 5, Abs. 3).

8. S. Vorschr. über das Untersuchungsverfahren zur Vorprüfung der Verordnungen über Wasservertheilung, Unterhaltung von Wasserläufen und Bildung von Flußbauverbänden, vom 2. März 1892, Anhang II Nr. 5.

§ 10.

[1] Die zur Ausführung der Ortsgebräuche oder Verordnungen erforderlichen Anordnungen[2] erläßt der Bezirkspräsident. In diesen Anordnungen ist auch über die Vertheilung der etwa entstehenden Kosten[3] unter die Betheiligten Bestimmung zu treffen.

* S. Anhang I Nr. 3.

Bezüglich der Einziehung dieser Kosten und der Rechtsmittel gegen die Veranlagung finden die Vorschriften über die direkten Steuern Anwendung.[4]

1. **Begründung** s. bei § 9.

2. Die Ausführungsanordnungen haben die Eigenschaft einer Polizeiverordnung im Sinne des § 31 des Feldpolizeistrafgesetzes vom 9. Juli 1888 (s. Anhang 1 Nr. 12), so daß die Zuwiderhandlungen gegen dieselben nach dem bezeichneten § 31 strafbar sind.

3. Kosten entstehen beispielsweise, wenn zur Sicherung der den einzelnen Gruppen von Berechtigten zugewiesenen Wassernutzung besondere Aufsichtspersonen, sog. Wasserwarte, aufgestellt oder bauliche Anlagen ausgeführt oder unterhalten werden müssen, durch welche die Wasservertheilung ermöglicht wird. Die Ausführung solcher Bauten erfolgt durch die Verwaltung.

4. Die Vorschriften über Einziehung der direkten Steuern sind zur Zeit enthalten in der Verordnung vom 15. November 1880, A.-Bl. Min. S. 84; die Vorschriften über die Rechtsmittel gegen die Veranlagung der direkten Steuern in Art. 28 ff. des Finanzgesetzes vom 21. April 1832, bezw. in der Verordnung, betreffend das Verfahren vor den Bezirksräthen und dem Kaiserlichen Rathe, vom 23. März 1889, G.-Bl. S. 35 (Reklamation an den Bezirksrath innerhalb 3 Monaten, und gegen dessen Entscheidung Rekurs an den Kaiserlichen Rath innerhalb 30 Tagen).

D. Besondere Verpflichtungen der Grundeigenthümer.

1. Im Interesse der Landwirthschaft.

Zu §§ 11—15.

Vorbemerkungen.

Die **Begründung** faßte die §§ 11—15 zusammen und führte aus:

„Die in den bezeichneten Paragraphen enthaltenen Vorschriften geben in der Hauptsache den Inhalt dreier Einzelgesetze kürzer zusammengefaßt wieder, nämlich der beiden Gesetze über die Bewässerung vom 29. April 1845 und 11. Juli 1847 und des Gesetzes v. 10. Juni 1854 über den ungehinderten Abfluß des von Drainirungen herrührenden Wassers. Aehnliche Bestimmungen sind auch in Wassergesetzen der Bundesstaaten enthalten, so Bayern, Wasserbenützung, Art. 86—91; Baden, Art. 10—12; Hessen, Bäche, Art. 22, 23. — Das Wesen der fraglichen Vorschriften geht dahin, daß sich ein Grundeigenthümer gegen Entschädigung gewisse Anlagen gefallen lassen muß, welche zum Zwecke der Bewässerung oder Entwässerung anderer Grundstücke nothwendig sind. Vorausgesetzt ist ein landwirthschaftliches Interesse; auf die Wasserab- oder -zuleitung zu industriellen Zwecken findet der Entwurf im Allgemeinen und vorbehaltlich einer in § 17 vorgesehenen Sonderbestimmung nicht Anwendung. Wohnhäuser nebst Zubehör und sonstige Gebäude sind von der Belastung befreit. Außerdem darf die Anlage (dies ist eine Neuerung, welche aus dem bayerischen Gesetze entnommen ist und nothwendig erscheint, um Mißbräuche zu verhüten) den belasteten Eigenthümer nicht außer Verhältniß zu dem zu erwartenden Nutzen belästigen und nicht durch andere Maßnahmen leicht zu ersetzen sein. Oeffentliches Staatsgut kann mit der Dienstbarkeit nicht belastet werden, weil an demselben derartige Rechte Dritter nicht denkbar sind. Dies schließt nicht aus, daß duldungsweise die Ueberleitung des Wassers, z. B. mit einem Durchlaß unter öffentlicher Straße, gestattet wird. — Bei Bewässerungen ist vorausgesetzt, daß der Berechtigte über das Wasser des Wasserlaufs, welches er zuleiten will, verfügen darf, sei es als Anlieger an einem Privatflusse, sei es zufolge Ermächtigung eines Anliegers bezw. des Staates, sei es als Eigenthümer einer Quelle u. ähnl. Die Befugniß soll nicht bloß dann ausgeübt werden können, wenn ein einzelner Grundeigenthümer die Anlage vornehmen will, sondern auch, wenn eine Genossenschaft von Grundbesitzern an die Stelle der Einzelnen tritt. Dem Belasteten steht die Befugniß zu, seinerseits gegen Theilnahme an den Kosten von der Anlage Gebrauch zu machen. — Die Anlage kann sowohl oberirdisch durch Gräben als unterirdisch durch gedeckte Kanäle oder Röhren erfolgen. Die Entwässerung (§ 12) insbesondere umfaßt auch die Drainirungsanlagen. — Ob die thatsächlichen Voraussetzungen, von welchen nach § 11 bezw. § 13 die Geltendmachung des Anspruchs abhängt, vorhanden sind, soll im Falle der Meinungsverschiedenheit die Verwaltungsbehörde entscheiden, während die Entschädigung von den Gerichten festzusetzen ist. Nach der bisherigen Gesetzgebung war auch die erstere Entscheidung den Gerichten überlassen. Da es sich hier um reine technische Fragen handelt, erscheint der Vorschlag des Entwurfs zweckmäßig und namentlich geeigneter, die fraglichen Bestimmungen in die Praxis einzuführen, als dies bisher der Fall war. Denn die Nothwendigkeit, schon über die Zulässigkeit der Anlage einen Rechtsstreit vor Gericht zu führen, welcher immer langwierige und kostspielige Sachverständigengutachten erforderlich macht, wird die Betheiligten regelmäßig veranlassen, den Plan überhaupt aufzugeben. Aus gleichem Grunde erscheint auch die Uebertragung der Entscheidung an die Verwaltungsgerichte nicht zweckmäßig, zumal dann, wollte man diesen nicht auch die Festsetzung der Entschädigung übertragen, häufig zwei förmliche Rechtsstreite geführt werden müßten. Welche Verwaltungsbehörde zur Entscheidung zuständig sein soll, kann den Ausführungsvorschriften überlassen bleiben. Dem Ministerium wie es in Baden, Art. 12, geschieht, schon im Gesetze die Befugniß zu übertragen, erscheint nicht nothwendig."

§ 11.

[1] Der Eigenthümer[2] eines Grundstückes, welcher demselben zum Zwecke der Bewässerung[3] Wasser zuführen will, über welches er zu verfügen befugt oder ermächtigt ist,[4] kann die Eigenthümer dazwischen liegender Grundstücke anhalten,[5] ihm die zur Leitung[6] des Wassers erforderlichen Anlagen auf ihren Grundstücken gegen volle vorgängige Schadloshaltung[7] zu gestatten. Auf öffentliches Staatsgut erstreckt sich der Anspruch nicht.[8]

Vorausgesetzt zur Geltendmachung des Anspruchs ist:[5]

1. daß die Anlage einen wesentlichen landwirthschaftlichen Nutzen gewährt;[9]
2. daß der Nachtheil, welcher den Eigenthümern der dazwischen liegenden Grundstücke erwächst, nicht außer Verhältniß zu dem aus der Bewässerungsanlage für den Unternehmer zu erwartenden Nutzen steht;
3. daß die Anlage auf andere geeignete Weise nicht zweckmäßig ausgeführt werden kann;[10]
4. daß zur Leitung des Wassers nicht Gebäude oder mit Gebäuden zusammenhängende Höfe, Gärten, Parke und sonstige eingefriedete Grundstücke in Anspruch genommen werden müssen.[11]

Gleiche Befugniß steht den auf Grund der Gesetze vom 21. Juni 1865 und 11. Mai 1877 gebildeten Genossenschaften[12] zu, welche die Leitung des Wassers behufs Bewässerung der Grundstücke der Genossenschaftsmitglieder bedürfen.

1. Ueber die Benutzung und Erhaltung der auf Grund des § 11 errichteten Anlagen ist gemäß § 5 G. v. 11. Mai 1877 (Anhang I Nr. 10) durch die Betheiligten mit Genehmigung der Bezirkspräsidenten oder durch den letzteren eine Ordnung aufzustellen, deren Nichtbeachtung mit Strafe angedroht ist.

2. Der Eigenthümer, nicht auch der Pächter oder Nutznießer ohne Zustimmung des ersteren. Stimmt dieser zu, so wird der formelle Umstand, daß er nicht in erster Linie den Antrag gestellt hat, nicht ausschlaggebend in Betracht kommen. So namentlich bei den im Elsaß noch vielfach vorkommenden Verpachtungen auf 99 Jahre. (Bei dem Erbpacht ist nach der Rechtsprechung [Jur. Ztschrft. XIV. 223] der Erbpächter Eigenthümer, der Verleiher nur Rentengläubiger.) Immerhin

wird bei einem etwa nothwendigen Rechtsstreit (s. § 15) nur der Eigenthümer als Kläger auftreten können.

3. Beispielsweise behufs Wässerung einer Wiese, eines Ackers, oder Umwandlung eines Ackers in eine Wiese.

4. Z. B. Anlieger an einem nicht schiffbaren Wasserlauf oder zufolge Ermächtigung des Anliegers (welcher dann auch die Leitung über sein eigenes Grundstück gestatten muß), oder zufolge Genehmigung des Staates bei schiffbaren Wasserläufen oder als Eigenthümer einer Quelle (Begründung Abs. 3. oben S. 36). Auch aufgesammeltes Regenwasser oder Abwasser aus einer Fabrik, oder Wasser, das zur Entwässerung aus einem anderen Grundstück entfernt wird, kann in Betracht kommen, wenn die obigen Voraussetzungen des Paragraphen (insbes. Ziffer 1) gegeben sind. Der Umstand, daß die Ermächtigung seitens des Dritten nur vorübergehend oder auf Widerruf ertheilt ist (bei Ableitung aus Wasserläufen ist die Erlaubniß insofern immer widerruflich, als die Verwaltungsbehörde die ihrerseits ertheilte Genehmigung zurückziehen kann, § 5) schließt die Anwendung des § 11 nicht aus, doch wird dann je nach Lage des Falles die Voraussetzung der Ziffer 2 besonders gewissenhaft zu prüfen sein.

5. Der Anspruch ist bei Weigerung des Verpflichteten auf dem Wege der Klage bei Gericht geltend zu machen, nachdem vorher durch die Meliorationsbauinspektoren festgestellt ist, daß die Voraussetzungen in Ziffer 1—4 gegeben sind (s. § 15 und Bem. 3 daselbst).

6. Oberirdisch oder unterirdisch (s. Begründung Abs. 4, oben S. 36).

7. Es kommt sowohl der Schaden, welcher vorübergehend durch die Arbeiten, als derjenige, welcher dauernd durch das Vorhandensein der Anlage und durch die Nothwendigkeit der Instandhaltung derselben (s. Bem. 5 zu § 29) entsteht, in Betracht. Jedoch kann für den Nachtheil, welcher im Lauf der Zeit durch Räumung, nothwendige Ausbesserung u. s. w. entstehen wird, anstatt der Festsetzung einer Pauschsumme auch die Geltendmachung besonderer Ansprüche von Fall zu Fall vorbehalten werden.

8. Ueber die Gründe der Freilassung des öffentlichen Staatsguts, s. Begründung Abs. 2, oben S. 36. In der Kommission des Landesausschusses wurde diese Frage eingehend erörtert; der Bericht (S. 641 der Verhandlungen) bemerkt, gegenüber geltend gemachten Bedenken sei seitens des Regierungsvertreters darauf aufmerksam gemacht worden, daß nach allgemeinen Rechtsgrundsätzen das öffentliche Staatsgut niemals Gegenstand einer Servitut sein kann; es sei mit Sicherheit anzunehmen, daß die Regierung in allen Fällen, in welchen die Durchleitung einer Anlage durch öffentliches Staatsgut unbedenklich sei, dieselbe gern gestatten werde. Ueberdies komme in Betracht, daß, wenn die Kreuzung einer Straße auch manchmal ohne Nachtheil möglich sei, die Ausführung gewöhnlich zu kostspielig und in vielen Fällen ganz unmöglich werde, wenn es sich um einen Kanal oder eine Bahnstrecke handelt. Nur öffentliches Staatsgut sei ausgeschlossen, nicht das „domaine privé de l'État", z. B. Waldungen.

9. Der zu erwartende Nutzen muß ein wesentlicher d. h. ein nicht unbedeutender und zwar ein landwirthschaftlicher sein. Nicht ausgeschlossen ist, daß das zu landwirthschaftlichen Zwecken hergeleitete Wasser noch zu anderen Zwecken benützt wird, doch darf bei Bemessung des Umfangs der Anlage nur auf das landwirthschaftliche Interesse Rücksicht genommen werden, sofern der dem Eigenthümer erwachsende Nachtheil von dem Umfange der Anlage beeinflußt wird.

10. Bei der Beurtheilung, ob die Anlage auf andere geeignete Weise ausgeführt werden kann, hat die Verwaltungsbehörde (§ 15) namentlich zu prüfen, ob nicht dann die Anlage- oder Unterhaltungs-Kosten im Verhältniß zu dem Nutzen zu hoch oder andere Personen unverhältnißmäßig belastet würden; dies soll das Wort „zweckmäßig" in Ziffer 3 ausdrücken.

11. „Zusammenhängend" bezieht sich nicht blos auf Höfe, sondern auch auf Gärten, Parke und sonstige eingefriedete Grundstücke; dagegen müssen Höfe, Gärten und Parke nicht nothwendig eingefriedet sein (franz. Gesetz vom 29. April 1845: maisons, cours, jardins, parcs et enclos attenants aux habitations). Derartige Zubehörden sollen deßhalb unberührt bleiben, weil die Arbeiten für Anlage und Unterhaltung und der damit verbundene Zutritt und Aufenthalt fremder Personen für den Eigenthümer zu belästigend wäre; dies setzt Zusammenhang der Grundstücke mit den Gebäuden, aber nicht nothwendig die Einfriedigung derselben voraus.

12. Autorisirten oder freien.

§ 12.

[1] Die Bestimmungen des vorhergehenden Paragraphen finden auf die Ableitung des Wassers von den in dieser Art bewässerten Grundstücken, ferner auf die Entwässerung von Grundstücken entsprechende Anwendung.[2]

1. Auch bei Entwässerungsanlagen ist wie bei solchen zum Zwecke der Bewässerung (s. § 11 Bem. 1) gemäß § 5 des Gesetzes v. 11. Mai 1877 über die Benutzung der Anlage eine Ordnung aufzustellen, gegen deren Nichtbeobachtung Strafe angedroht ist (s. unter Anhang I Nr. 10).

2. Also auch für Entwässerungen nur, soweit dadurch landwirthschaftliche Zwecke gefördert werden sollen (§ 11 Ziffer 1) nicht z. B. zur Errichtung eines Wohnhauses auf einem sumpfigen Grundstück.

§ 13.

Die Eigenthümer, über deren Grundstücke in Ausführung der vorhergehenden Bestimmungen Anlagen zur Bewässerung oder Entwässerung geführt werden,[1] sind befugt,[2] dieselben nach Verhältniß ihrer Fläche mitzubenutzen.[3] Sie haben in diesem Falle einen entsprechenden Theil der Anlage- und der Unterhaltungskosten,[4] und bei späterem Anschlusse außerdem diejenigen Kosten zu tragen, welche durch die erforderlichen Aenderungen verursacht werden.[5]

1. Nicht auch Nachbarn, wie nach Art. 2 des franz. Drainagegesetzes vom 10. Juni 1854. Der Grund dieser Beschränkung beruht darin, daß die Befugniß eines jeden Nachbargrundstückes, den Anschluß zu verlangen, die Interessen der Betheiligten namentlich dann schädigen könnte, wenn bei der Abmessung der Größe- und Gefällverhältnisse auf solche Erweiterung des Zweckes der Anlage nicht Rücksicht genommen ist. Zwar kann eine solche Schädigung auch eintreten, wenn das belastete Grundstück nachträglich die Mitbenutzung der Anlage verlangt; doch schien es mißlich, demjenigen, welcher eine fremde Anlage auf eigenen Grund und Boden dulden muß, nicht auch den Vortheil der Mitbenutzung zu gewähren; Mißbräuchen wird die Verpflichtung zur Tragung der Aenderungskosten (s. unten Bem. 5) vorbeugen. — Gerechtfertigten Interessen der Nachbarn wird durch die Möglichkeit, sich zu Genossenschaften zusammenzuthun (§ 11 Abs. 3), sowie dadurch genügend Rechnung getragen, daß bei rechtzeitigem Antrag die Verwaltungsbehörde in der Lage ist, die Anlage von vornherein so zu gestalten, daß eine größere Zahl von Grundstücken Vortheil aus denselben ziehen kann.

2. Erforderlichenfalls ist der Anspruch auf dem Rechtsweg geltend zu machen, s. § 15.

3. Das Mitbenutzungsrecht kann auch geltend gemacht werden, wenn der Werth der Anlage für den Berechtigten dadurch vermindert wird, s. Bem. 1 und 5.

4. Zu den Anlagekosten gehört auch die den zwischenliegenden Eigenthümern bezahlte Entschädigung. — Welcher Theil ein „entsprechender" ist, wird im Falle der Meinungsverschiedenheit durch die Gerichte festgestellt. (S. § 15.) Maßgebend wird das Verhältniß sein, in welchem die einzelnen betheiligten Grundstücke Nutzen aus der Anlage ziehen.

5. Außer den Kosten der Abzweigung auf dem Grundstücke selbst gehören hierher Aenderungen in dem lichten Raum der Kunstbauten, Kanäle oder Röhren, um größere Wassermengen zu- oder abzuleiten, entsprechende Verstärkung der Wandungen. Ob solche Aenderungen nothwendig sind, ist erforderlichenfalls durch die Gerichte festzustellen. (§ 15.) Maßgebend wird hierbei sein, ob ohne solche Aenderung die Erfüllung des Zweckes der Anlage für das berechtigte Grundstück fühlbar beeinträchtigt würde.

§ 14.

Wenn zum Zwecke der Anlage einer Bewässerung die Anlehnung eines Stauwerkes an dem gegenüberliegenden Ufer nothwendig wird, kann der Eigenthümer desselben angehalten werden, die hierzu erforderlichen Anlagen auf seinem Grundstücke gegen volle vorgängige Schadloshaltung[1] zu gestatten. Hinsichtlich der Voraussetzungen finden die Bestimmungen des § 11 entsprechende Anwendung, jedoch mit der Maßgabe, daß Parke und eingefriedete Grundstücke der Dienstbarkeit unterworfen sind.[2]

Der Ufereigenthümer, an dessen Grundstück die Anlehnung beansprucht wird, kann stets[3] die Mitbenutzung der Stauanlage[4] gegen Uebernahme eines entsprechenden Theils der Anlage- und Unterhaltungskosten[5] beanspruchen.

Auch dritte Personen, welche eine Wassernutzung[6] zweckmäßig nur unter Mitbenutzung einer bereits vorhandenen Stauanlage ausüben können, sind berechtigt, die Mitbenutzung derselben gegen verhältnißmäßige[7] Theilnahme an den Anlage- und Unterhaltungskosten zu verlangen, sofern hierdurch nicht die Benutzung der Anlage durch die Eigenthümer unverhältnißmäßig beeinträchtigt oder erschwert wird.[8] Die durch den Anschluß erwachsenden Kosten fallen den ersteren allein zur Last. Auf Stauanlagen, welche der Staat zu öffentlichen Zwecken errichtet hat, findet diese Bestimmung keine Anwendung.[9]

1. Schadloshaltung; das in Bem. 7 zu § 11 Gesagte findet auch hier Anwendung.

2. Diese Verschiedenheit gegenüber § 11 Ziffer 4 beruht darauf, daß die Befestigung eines Stauwerks an dem einen Park oder ein eingefriedetes Grundstück berührendes Ufer für den Eigenthümer nicht so belästigend ist, wie eine durchgehende Wasserleitung. — Ob die Voraussetzungen des § 11 gegeben sind, entscheidet der Meliorationsbauinspektor s. § 15 und Bem. 3, 4 das.

3. „Stets" hat eine doppelte Bedeutung; der Ufereigenthümer kann die Mitbenutzung jederzeit verlangen und auch dann (im Gegensatz zu dritten Personen, nach Abs. 3), wenn der Eigenthümer dadurch Benachtheiligung erleidet.

4. Im Gegensatz zu der Anlegung des Stauwerkes, welches nur zu landwirthschaftlichen Zwecken verlangt werden kann, hier ohne Beschränkung, also z. B. auch zur Speisung eines Triebwerkes.

5. S. Bem. 4 zu § 13. — Die Kosten der Abänderung sind hier nicht, wie bei § 13 besonders genannt. Dies beruht darauf, daß eine Abänderung im eigentlichen Sinne bei der Ausdehnung der Wirkung einer Stauanlage auf das andere Ufer nicht wohl vorkommt. Entweder ist das Stauwerk seiner Einrichtung und Stärke nach hierzu nicht geeignet, dann wird ein neues Werk hergestellt werden müssen. Oder es kann ohne Weiteres, vielleicht wegen der Nothwendigkeit einer höheren Anstauung durch einfache Auflegung weiterer Staubalken verstärkt, benutzt werden. Im ersteren Falle treffen die Kosten der Neuherstellung, im letzteren die der Verstärkung lediglich denjenigen, dessen Wasserentnahme sie veranlaßt; eine besondere Erwähnung im Gesetze erschien hier ebensowenig nothwendig, wie bezüglich der Verpflichtung zur Tragung der durch die Wassereinführung auf das Grundstück entstehenden Kosten.

6. Abs. 3 bezieht sich auf Wassernutzungen jeder Art, nicht blos landwirthschaftliche, sowie auf Stauanlagen jeder Art, nicht blos auf solche, welche gemäß Abs. 1 errichtet worden sind.

7. „Verhältnißmäßig" ist gleichbedeutend mit „entsprechend" in Abs. 1 und § 13; s. Bem. 4 zu § 13.

8. Ob diese Voraussetzung vorhanden ist, entscheidet die Verwaltungsbehörde. (Meliorationsbauinspektor vorbehaltlich der Beschwerde an das Ministerium; s. § 15 und Bem. 3 das.)

9. Die Beschränkung des Schlußsatzes geht weiter als die ähnliche in § 11 Abs. 1 (s. Bem. 8 daselbst; sie bezieht sich auf Stauanlagen zu öffentlichen Zwecken, nicht blos auf solche, welche Bestandtheil des öffentlichen Staatsguts bilden. Auch über diese Voraussetzung findet der Rechtsweg nicht statt, entscheidet vielmehr der Meliorationsbauinspektor vorbehaltlich der Beschwerde an das Ministerium. (§ 15 und Bem. 3 das.)

§ 15.

[1] Im Falle der Meinungsverschiedenheit[2] entscheidet die Verwaltungsbehörde (§ 48),[3] ob die Voraussetzungen des § 11 Ziffer 1—4[4] oder des § 14 Absatz 3 gegeben und in welcher Weise die Anlagen auszuführen sind. Im Uebrigen findet über die Anwendbarkeit der §§ 11—14 sowie über die Höhe der zu gewährenden Entschädigung der Rechtsweg statt.[5] [6]

1. Ueber die Gründe für die Theilung der Zuständigkeit zwischen Verwaltungsbehörden und Gerichte s. Begründung, oben S. 36.

2. Auch wenn eine Meinungsverschiedenheit nicht besteht, ist selbstverständlich die Genehmigung der Verwaltungsbehörde zur Ausführung der Anlage erfordert, sofern, wie wohl regelmäßig, die Bestimmungen des § 1 Anwendung finden.

3. Verwaltungsbehörde ist der Meliorationsbauinspektor. Gegen dessen Entscheidung ist Beschwerde an das Ministerium zulässig. (Art. 4 Vorschr., betr. die Zuständigkeit und das Verfahren in Bezug auf die Wasserbenutzung und den Wasserschutz, vom 14. März, Anhang II Nr. 7.

4. Sowohl im Falle der §§ 11, 12 als auch im Falle des § 14 Abs. 1, welcher auf § 11 verweist.

5. Zuständig sind die Landgerichte, sofern der Werth des Streitgegenstandes 300 ℳ übersteigt, andernfalls die Amtsgerichte § 23 Ziffer 1, § 70 G.=V.=G. (die entgegenstehende Bestimmung des § 4 G. v. 11. Mai 1877 ist durch die Reichsjustizgesetze aufgehoben. Der Streitwerth wird sich nach dem Interesse des berechtigten Grundstücks an der Anlage bemessen, sofern der Beklagte die Duldung verweigert, andernfalls, wenn nur über die Höhe der Entschädigung Streit ist, zunächst nach der von dem Unternehmer angebotenen, im Falle der Widerklage oder der unmittelbaren Klage der Belasteten (s. unter Bem. 6 Ziffer 1 Abs. 2 nach der von diesem verlangten Summe.

6. Das Verfahren wird sich etwa folgendermaßen gestalten:

a. Wenn es sich um Herstellung einer Anlage (Bewässerung § 11, Entwässerung § 12, Anlehnung eines Stauwerkes am fremden Ufer, § 14) handelt: der Unternehmer wird sich zunächst mit dem Eigenthümer des belasteten Grundstücks oder, wenn die Leitung durch mehrere fremde Grundstücke geführt werden muß, mit den verschiedenen Eigenthümern in Benehmen setzen. Sind diese bereit, die Anlage zu dulden und findet über die Entscheidung eine Einigung statt, so bleibt nur die Beschaffung der wasserpolizeilichen Genehmigung des § 1 erfordert. Ist dagegen die Zustimmung aller Belasteten gütlich nicht zu erlangen, so hat der Unternehmer neben der wasserpolizeilichen Genehmigung zugleich die Entscheidung des Meliorationsbauinspektors über das Vorhandensein der Voraussetzung in § 11 Ziffer 1—4 sowie über die zweckmäßigste Art der Ausführung der Anlage zu erwirken. Der Meliorationsbauinspektor wird die erforderlichen Erhebungen gleichzeitig mit Prüfung des Genehmigungsantrags vornehmen und Sorge tragen, daß die Entscheidung mit der Genehmigung selbst erfolgen kann. Nach Rechtskraft der Genehmigung und der Entscheidung über die Vorfragen, hat dann der Unternehmer Klage gegen den Belasteten zu erheben, worin er beantragt, daß das Gericht denselben verurtheile, die in der Entscheidung des Meliorationsbauinspektors, bezw. des Ministeriums näher beschriebene Anlage zu dulden gegen Entschädigung, welche den Kläger in näher anzugebender Summe anbietet, oder deren Festsetzung er dem Gerichte überläßt.

Verweigern die Belasteten nicht die Zustimmung zur Vornahme der Anlage, die Meinungsverschiedenheit besteht vielmehr lediglich über die Höhe der Entschädigung, so ist weder die Entscheidung des Meliorationsbauinspektors noch die Verurtheilung des Klägers zur Duldung der Anlage nothwendig. Der Unternehmer hat nur nach erlangter wasserpolizeilicher Genehmigung Klage auf Feststellung anzustellen, daß die von ihm angebotene Entschädigung genügend ist. Der Beklagte hat dann Widerklage auf Zahlung der von ihm verlangten höheren Summe zu erheben. Verweigert der Belastete nicht die Ausführung der Arbeiten vor Zahlung der Entschädigung, so genügt es, wenn der Unternehmer die ihm genügend scheinende Summe anbietet oder gemäß Art. 1257 C. c. baar anbieten läßt; dem Belasteten bleibt es dann überlassen, Klage auf Mehrzahlung zu erheben.

b. Wenn es sich um Mitbenutzung einer Anlage seitens des Belasteten handelt (gemäß § 13 oder 14 Abs. 2), so hat die Verwaltungsbehörde, abgesehen von der etwaigen wasserpolizeilichen Genehmigung des § 1 keine entscheidende Befugnisse; die Frage der Zulässigkeit des Anspruchs, der Nothwendigkeit von Aenderungen an der Anlage, die Höhe des Kostenersatzes u. s. w. entscheiden, wenn eine gütliche Einigung nicht erfolgt, lediglich die Gerichte und zwar auf Klage des Eigenthümers, welcher die Mitbenutzung beansprucht.

c. Wenn ein Dritter gemäß § 14 Abs. 3 eine Stauanlage mitbenutzen will, ist im Falle der Meinungsverschiedenheit die Frage, ob die beabsichtigte Wassernutzung zweckmäßig nur durch jene Stauanlage ausgeübt werden kann und ob dadurch die Benutzung der Anlage seitens der Eigenthümer unverhältnißmäßig beeinträchtigt oder erschwert würde, durch den Meliorationsbauinspektor, im Falle der Beschwerde durch das Ministerium zu entscheiden. Auf das Verfahren findet das oben unter a Gesagte entsprechend Anwendung.

§ 16.

[1] Der Eigenthümer eines Grundstückes, auf welchem gemäß §§ 11, 12 oder 14 Absatz 1 eine den Interessen eines Dritten dienende Anlage errichtet ist,[2] kann die Abänderung und nöthigenfalls Beseitigung[3] derselben verlangen, wenn er auf dem Grundstücke ein Gebäude, mit welchem der Fortbestand der Anlage unvereinbar ist,[4] errichten will und den Berechtigten Entschädigung gewährt, welche höchstens in dem Ersatz der Kosten der Anlage[5] und der Wiederbeseitigung derselben zu bestehen hat. Ueber den Anspruch und über die Höhe der Entschädigung findet der Rechtsweg statt.

1. Der **Entwurf** hatte anstatt der Worte „den Berechtigten Entschädigung gewährt, welche höchstens . . . . zu bestehen hat" am Schlusse des ersten Satzes die Worte „den Berechtigten volle Entschädigung gewährt". Die **Begründung** führte aus:

„Soll die Dienstbarkeit für den Belasteten nicht einen unter Umständen sehr erheblichen, bei der Anlage aber nicht vorherzusehenden und deshalb bei der Bemessung der Entschädigung nicht wohl zu berücksichtigenden Nachtheil zur Folge haben, so muß demselben gestattet werden, die Abänderung oder völlige Beseitigung der Anlage zu verlangen, wenn er auf dem Grundstücke ein Gebäude errichten will, neben welchem die Anlage nicht fortbestehen kann. Es ist z. B. denkbar, daß ein mit der Dienstbarkeit belastetes Feldstück in Folge Ausdehnung einer benachbarten Stadt werthvoller Bauplatz wird, so daß der Eigenthümer, wenn die Anlage ihn an der Ausnutzung seines Besitzes hindern würde, schwere Nachtheile erleiden müßte, für welche die seinerzeit unter anderen Verhältnissen festgesetzte Entschädigung keinen genügenden Ersatz bilden würde. Allerdings muß der Eigenthümer dann seinerseits dem Berechtigten den aus der Unterdrückung oder Verlegung der Anlage erwachsenden Schaden voll ersetzen (nicht etwa bloß die Anlagekosten, sondern auch den durch die veränderten Verhältnisse geschaffenen weiteren Nachtheil, wobei jedoch entgehender Gewinn nicht in Betracht kommen wird). Der Rechtsweg ist hier, wo ein öffentliches Interesse nicht wohl in Frage steht, unbeschränkt für zulässig zu erklären. Im bisherigen Rechte war eine solche Bestimmung nicht vorgesehen."

Die Kommission des Landesausschusses schlug eine veränderte Fassung vor, indem sie, wie es im **Berichte** (S. 641) heißt, für zweckmäßig hielt, im Gesetze selbst klar auszusprechen, welche Nachtheile zu vergüten sind, um Rechtsstreitigkeiten, zu welchen die allgemeine Fassung des Entwurfs leicht Anlaß geben könnte, thunlichst zu verhüten. „Man einigte sich schließlich dahin, daß nur die ursprünglichen Kosten der Anlage und die durch Wiederbeseitigung derselben erwachsenden Auslagen ersetzt werden sollen, ohne daß die Werthminderung der Grundstücke, welche bisher aus der Servitut Nutzen gezogen haben, in Betracht komme."

2. Gleichviel ob die Anlage in Folge gütlicher Vereinbarung oder in Folge gerichtlichen Urtheils errichtet wurde. Voraussetzung ist nur, daß für das Verlangen der Errichtung nicht etwa ein anderer Rechtsgrund als einer der vorbezeichneten Paragraphen bestand.

3. Soweit eine Abänderung genügt, hat das Gericht, welches hier auch über die technische Frage zu befinden hat (s. Begründung, vorletzter Satz) nur diese anzuordnen.

4. Unvereinbar, nicht bloß belästigend. Der Umstand z. B. daß die Anlage in den Hof eines Hauses zu liegen kommt, in welchem sie gemäß § 11 Ziffer 4 nicht hätte beansprucht werden dürfen, genügt allein nicht zu dem Verlangen auf Beseitigung. Die Rücksicht, welcher den Interessen des belasteten Grundstücks bei der Frage der Errichtung einer Anlage zukommt, kann nicht in vollem Umfang beansprucht werden, wenn die Interessen einer zu Recht bestehenden Anlage entgegenstehen und ihrerseits Schutz verlangen.

5. Die Kosten der Anlage umfassen auch die dem Eigenthümer seinerzeit bezahlte Entschädigung. Die Kosten werden jedoch nicht in allen Fällen ganz zurückzugewähren sein („höchstens"). Es kann vorkommen, daß eine Anlage ihren Hauptzweck erfüllt hat, so daß der Rückersatz sämmtlicher Auslagen (wenn auch selbstverständlich ohne Zinsen) den Besitzer ungerechtfertigt bereichern würde.

2. Im Interesse der öffentlichen Gesundheitspflege.

§ 17.

[1] Wird im Interesse der öffentlichen Gesundheitspflege die Ableitung von Wasser über fremde Grundstücke erforderlich,[2] so können die Eigenthümer dieser letzteren angehalten werden, die hierzu nothwendigen Anlagen auf ihren Grundstücken gegen volle vorgängige Schadloshaltung zu gestatten. Auf öffentliches Staatsgut erstreckt sich der Anspruch nicht. Die Bestimmungen in § 11 Ziffer 2—4, §§ 13, 15, 16 finden Anwendung.

1. Der **Entwurf** enthielt anstatt: „der öffentlichen Gesundheitspflege" die Worte: „der Gesundheitspflege oder zum Fortbestand eines industriellen Unternehmens im bisherigen Umfange"; demgemäß lautete auch die Ueberschrift: „Im Interesse der Gesundheitspflege und der Industrie." Die **Begründung** besagte:

„Das Gesetz vom 10. Juni 1854 über die Entwässerung beschränkte seinem Wortlaute nach den Anspruch auf Ableitung schädlichen Wassers nicht auf Güter, welche landwirthschaftlicher Benutzung gewidmet sind. Thatsächlich hat das Gesetz in Frankreich auch in anderen Fällen Anwendung gefunden, z. B. in einem Urtheil des Kassationshofes vom 14. Dezember 1859 (D. P. 59, 1. 504) auf eine neu anzulegende Torfstecherei. Die unbeschränkte Zuläſſigkeit einer das Privateigenthum in hohem Grade belästigenden Dienstbarkeit wäre jedoch kaum zu rechtfertigen, es muß ein öffentliches Interesse vorliegen. Dies ist der Fall, wenn Gründe der Gesundheitspflege die Entwässerung nothwendig machen; aber auch der Fall ist vorzusehen, daß etwa in einem Bergwerke oder sonstigen industriellen Betriebe plötzlich hervortretendes Wasser die Benutzung fremder Grundstücke zur Ableitung unbedingt nothwendig macht. Dagegen kann für neu anzulegende oder zu erweiternde industrielle Anstalten u. ähnl. der gegenwärtig nach dem Wortlaute des Gesetzes zulässige Anspruch nicht aufrecht erhalten werden."

Die Abänderung ist auf Vorschlag der Landesausschuß-Kommission erfolgt, deren **Bericht** (S. 641) bemerkte:

„Die Frage, ob eine Servitut, wie das in Oesterreich geschieht, einem Grundstück auferlegt werden könne zu Gunsten einer Privatindustrie, gibt zu einer längeren Debatte Veranlassung. Dieser Gedanke wird verworfen, und man kommt überein, daß ganz allein Erwägungen der öffentlichen Gesundheitspflege in Betracht gezogen werden können."

2. Ob diese Voraussetzung vorliegt, hat die Verwaltungsbehörde (Meliorationsbauinspektor bezw. im Falle der Beschwerde das Ministerium) § 4 Vorschr. v. 14. März 1892, Anhang II Nr. 7, zu entscheiden. Diese Vorfrage tritt hier an Stelle der in § 11 Ziffer 1 vorgesehenen, ob die Anlage einen wesentlichen landwirthschaftlichen Nutzen gewähre. Der Ansicht des Gesetzes entspricht es, daß solche technische Fragen, welche die Gerichte ohne Zuziehung von Sachverständigen nicht lösen könnten und bei denen ein öffentliches Interesse in Frage steht, durch die Verwaltungsbehörden entschieden werden und die Verweisung auf § 15 am Schlusse des vorliegenden Paragraphen will diesen Grundsatz auch hier zur Geltung bringen.

3. Im Interesse der Schifffahrt.

Zu §§ 18 und 19.

Vorbemerkungen.

Diese beiden Paragraphen handeln vom Leinpfad, d. h. der in Art. 650 C. c., erwähnten, aber der Regelung durch besondere Gesetze vorbehaltenen Dienstbarkeit, wonach die an den Ufern schiff- und flößbarer Wasserläufe belegenen Grundstücke bis zu einer bestimmten Breite der Benutzung für Zwecke der Schifffahrt offen stehen und deßhalb von hindernden Anlagen, wie Baumpflanzungen, Einzäumungen u. s. w. freigehalten werden müssen. Die Ufergrundstücke werden dadurch nicht ein Bestandtheil des öffentlichen Staatsguts, sie bleiben im Eigenthum und Genusse des Angrenzers. Dieser hat nur die Mitbenutzung des Grundstücks in der bestimmten Breite zu Zwecken der Schifffahrt, der Fischerei und der Aufsicht über beides zu dulden.

Der **Entwurf** hatte sich in der Hauptsache darauf beschränkt, die älteren französischen Bestimmungen (O. vom August 1669, V. vom 24. Juni 1777 und D. v. 22. Januar 1808) zu wiederholen; die einzige vorgeschlagene Aenderung bestand darin, daß entsprechend dem in § 6 angenommenen Grundsatze für die Festsetzung von Entschädigungen im Falle des § 19 die Zuständigkeit der Gerichte an Stelle der bisherigen Verwaltungsgerichte vorgesehen war. Da jedoch zur Zeit an manchen schiffbaren Wasserläufen eine Schifffahrt mit Benutzung des Leinpfads nicht stattfindet, an anderen die Schifffahrt unbedeutend ist und sich deßhalb vielfach ein Zustand gebildet hat, welcher den gesetzlichen Bestimmungen über die Freihaltung nicht entspricht, so gab die im

Entwurf enthaltene einfache Wiederholung dieser Bestimmung („an allen schiffbaren Wasserläufen ist . . . ein Raum für den Verkehr frei zu halten“) zu der in zweiter Lesung des Landesausschusses geltend gemachten Auffassung Anlaß, als sei beabsichtigt, überall einen dem Wortlaut des Gesetzes entsprechenden Zustand herbeizuführen (Sitzungsberichte S. 630 ff.). Dies war nicht die Absicht der Regierung. Letztere gab daher einem in dritter Lesung gestellten Antrage ihre Zustimmung, welcher unzweideutig zum Ausdruck brachte, daß zwar die Dienstbarkeit im wesentlichen im bisherigen Umfang bestehen bleiben, daß aber nur auf ausdrückliches Verlangen der Verwaltungsbehörde und nur insoweit, als diese das Bedürfniß gegeben erachtet, die völlige Freilegung stattfinden muß. Diesem vom Landesausschuß angenommenen Antrage entspricht die nunmehrige Fassung der §§ 18, 19.

§ 18.

An den zur Zeit als schiff- und flößbar erklärten Wasserläufen[1] ist auf Verlangen der Verwaltungsbehörde[2] zum Zwecke der Benutzung für die Schifffahrt, die vom Staat vergebene Fischerei[3] und die Aufsicht hierüber an beiden Ufern ein Raum für den Verkehr (Leinpfad) frei zu halten.[4] Die Breite dieses Raumes wird von der Verwaltungsbehörde nach dem Bedürfniß festgesetzt, darf jedoch $3,_{25}$ Meter und, soweit zur Zeit auf dem Ufer ein Schiffszug stattfindet, $7,_{80}$ Meter nicht übersteigen. Im letzteren Falle kann außerdem verlangt werden, daß auf einem weiteren Raume bis zu einer Breite von $1,_{95}$ Meter keine Gebäude, Einfriedigungen oder Gräben angelegt werden.[5]

1. Zur Zeit, d. h. bei Inkrafttreten des Gesetzes. Als schiff- und flößbar waren damals erklärt: 1) zufolge O. v. 10. Juli 1835, betr. die Flußfischerei (s. Bem. zu § 3): die Ill von Colmar abwärts, der Rhein, die Mosel, die Saar, die Rothe Saar von Alberschweiler, die Weiße Saar von 2900 Met. oberhalb Hermelingen abwärts (die gleichfalls dort aufgeführte Strecke der Moder von Stattmatten ab wurde durch V. v. 26. Sept. 1877, G.-Bl. S. 64 gestrichen). 2) Zufolge V. v. 30. Okt. 1891, G.-Bl. S. 124, das Bennwasser und seine Verzweigungen.

2. „Auf Verlangen der Verwaltungsbehörde“. Durch Vorschr. v. 1. März 1892, betr. die Leinpfade (Anhang II Nr. 4), ist allgemein angeordnet, daß die bei Inkrafttreten dieses Gesetzes thatsächlich bestehenden Leinpfade bis auf weiteres in der bisherigen Breite für den Verkehr frei zu halten sind und, daß sofern auf dem Ufer ein Schiffszug stattfindet, bis zur Gesammtbreite von 9,75 Met., die Errichtung von Gebäuden, Einfriedigungen oder Gräben untersagt ist. Die Bauinspektoren sind befugt, zutreffendenfalls Erleichterungen in jederzeit widerruflicher

Weise zu gestatten. Die Freilegung bisher nicht genügend freigehaltener Leinpfade kann durch die Bauinspektoren unter Bestimmung einer Frist angeordnet werden. Die Anordnung erfolgt durch Mittheilung an den Bürgermeister, dieselbe ist in ortsüblicher Weise bekannt zu machen. Bezieht sich die Anordnung nur auf einzelne Grundstücke, so genügt schriftliche Benachrichtigung des Eigenthümers. Gegen die Anordnung des Bauinspektors ist Beschwerde an das Ministerium zulässig; dieselbe hat aufschiebende Wirkung, sofern sie innerhalb 14 Tagen nach der Bekanntmachung bezw. der Benachrichtigung erfolgt. (S. im Einzelnen die Vorschriften selbst).

3. Der **Entwurf** hatte nur gesagt, „die Fischerei"; die Worte, „vom Staate vergebene" wurden eingesetzt um auszuschließen, daß wenn in schiff- oder flößbaren Wasserläufen die Fischerei seitens der Ufereigenthümer ausgeübt wird (wie es thatsächlich vorkommt, wenn ein solcher Wasserlauf erst nachträglich als schiff- oder flößbar erklärt und dabei von einer Heranziehung der Fischerei zu Gunsten des Staates wegen der Entschädigungspflicht [Art. 3 des Gesetzes vom 15. April 1829, § 4 des Fischereigesetzes vom 2. Juli 1891] abgesehen wurde), dann die Pächter, auch ohne durch den Pachtvertrag ermächtigt zu sein, die Ufergrundstücke betreten könnten. — Im § 12 des Fischereigesetzes vom 2. Juli 1891 ist noch besonders bestimmt:

„Die Fischereipächter und Fischer dürfen an den .... schiffbaren Wasserläufen nur den Leinpfad und an den flößbaren Wasserläufen nur den Flößpfad benutzen. Sie haben sich mit den Ufereigenthümern über die Benutzung der Grundstücke, deren sie zum Ziehen und Trocknen ihrer Netze bedürfen, zu verständigen."

Flößpfad ist eine andere Bezeichnung für den Leinpfad an den Ufern, auf welchen ein Schiffszug nicht stattfindet also in der Breite von 3.25 Meter.

4. Die Freihaltung besteht darin, daß alle Verkehrshindernisse, Bäume, Gesträucher, Anpflanzungen, Einzäunungen, Gebäude, Gräben und ähnl. beseitigt werden müssen und neue derartige Hindernisse nicht errichtet werden dürfen. Die Unterlassung der Beseitigung innerhalb der gestellten Frist, sowie die Neuerrichtung hindernder Anlagen ist als „Zuwiderhandlung gegen die Vorschriften über die Freihaltung des Leinpfades" gemäß § 44 Ziffer 2 strafbar (s. Bem. 4 daselbst). Außerdem kann erforderlichenfalls die Verwaltungsbehörde (Wasserbauinspektor, bezw. Meliorationsbauinspektor) die Beseitigung auf Kosten des Eigenthümers verfügen. (§ 47). Auf der freizuhaltenden Stelle ist den Schiffern, den Fischern und den Aufsichtsbeamten der Zutritt, insoweit als dies zur Ausübung ihrer Thätigkeit erforderlich ist, gestattet. Sie können die Benutzung des Leinpfades nur vom Wasser aus verlangen, ein Zutritt von einem Wege oder einem Nachbarstück über die übrigen Theile des belasteten Grundstücks steht ihnen nicht zu.

5. Der nach dem Schlußsatze für die Zwecke der Schifffahrt weiter freizuhaltende Raum von 1,95 Meter bildet nicht einen Bestandtheil

des eigentlichen Leinpfades; er darf nicht von den Schiffern, Fischern, dem Aufsichtspersonal jederzeit betreten werden. Die Freihaltung bezweckt nur die Verhütung, daß die freie Bewegung der Schiffspferde auf dem Leinpfade eingeengt wird. Nach dem Entwurfe sollten auch (entsprechend der Ordonnanz vom August 1669) Bäume und Gesträucher auf dem weiteren Raum von 1,95 m nicht gepflanzt werden dürfen. Diese Bestimmung fand in der vom Landesausschuß angenommenen Fassung keine Aufnahme.

Nur die Neuanlage von Gebäuden, Einfriedigungen und Gräben ist untersagt, die Entfernung der wenn auch nach Lage der früheren Gesetzgebung widerrechtlich vorhandenen Anlagen kann nicht verlangt werden.

§ 19.

Die gleichen Grundsätze finden Anwendung, wenn Wasserläufe, welche nach den bestehenden landesherrlichen Verordnungen nicht als schiff- oder flößbar bezeichnet waren, nachträglich für schiff- oder flößbar erklärt werden, sowie wenn ein Schiffszug auf einem Ufer, auf welchem derselbe zur Zeit nicht besteht, neu eingeführt wird.[1]

In diesen Fällen steht jedoch den Grundeigenthümern Anspruch auf Entschädigung zu. Auf die Geltendmachung dieses Anspruchs findet § 6 Anwendung.[2]

1. Die Freilegung hat dann nur zu erfolgen, wenn und insoweit ein förmliches Verlangen der Verwaltungsbehörde (Art. 3 Vorschr. v. 1. März 1892, Anh. II Nr. 4) erfolgt. Die Strafbarkeit nach § 44 Ziffer 2 setzt voraus, daß die zur Freilegung gestellte Frist versäumt ist.

2. Nach § 6 befindet zunächst die Verwaltungsbehörde über Grund und Betrag der Entschädigung und zwar nach Anhörung der Betheiligten. Verwaltungsbehörde in diesem Sinne ist das Ministerium (Art. 4 Vorschr. v. 1. März 1892). Gegen den Beschluß steht der Rechtsweg offen. Die Klage muß bei Vermeidung des Ausschlusses binnen 6 Monaten nach Behändigung des Beschlusses erhoben werden. Die Entscheidung ist mit Gründen zu versehen und den Betheiligten schriftlich gegen Behändigungsschein zu eröffnen.

E. Zwangsenteignungsverfahren.

§ 20.

[1]Sofern für Bewässerungs- oder Entwässerungsunternehmen eine Zwangsenteignung stattfindet, richtet sich das

Verfahren behufs Festsetzung der Entschädigung nach Art. 16 des Gesetzes über die Vizinalwege vom 21. Mai 1836, auch dann, wenn das Unternehmen durch andere Körperschaften als autorisirte Genossenschaften (Art. 18 des Gesetzes vom 21. Juni 1865) betrieben wird.

1. Der Zweck und die Bedeutung dieser Bestimmung ergibt sich aus der **Begründung**, welche besagt:

„Nach Art. 18 des Gesetzes vom 21. Juni 1865 genießen autorisirte Genossenschaften die Begünstigung, daß bei Zwangsenteignungen, zu welchen sich dieselben genöthigt sehen, das namentlich hinsichtlich der Zusammensetzung der Geschworenenbank vereinfachte Verfahren des Art. 16 des Gesetzes vom 21. Mai 1836 Anwendung findet. Es erscheint erwünscht und unbedenklich, diese Erleichterung auch anderen Körperschaften, z. B. Gemeinden, öffentlichen Anstalten, freien Genossenschaften zu Theil werden zu lassen, welche Be- oder Entwässerungsunternehmen ausführen wollen."

Nach Art. 16 des Vizinalgesetzes vom 21. Mai 1836 hat die Enteignungsjury nur aus 4 Mitgliedern zu bestehen. Das Landgericht bezeichnet in dem Enteignungsurtheil als Vorsitzenden eines seiner Mitglieder oder den Amtsrichter. Der Vorsitzende hat im Falle der Stimmengleichheit entscheidende Stimme. Die 4 Geschworenen sind vom Landgericht aus der für die Enteignungen im Allgemeinen aufgestellten Urliste zu wählen; in gleicher Weise sind 3 Ersatzgeschworene zu bezeichnen. Die betheiligte Verwaltung und der Enteignete haben das Recht, einen Geschworenen abzulehnen. Der Richter nimmt die Erklärung der Parteien, sich der Entscheidung zu unterwerfen, entgegen. Sein Protokoll bewirkt endgiltigen Uebergang des Eigenthums. Zulässigkeit und Form des Kassationsrekurses gegen das Enteignungsurtheil und gegen die Erklärung der Jury richtet sich nach dem allgemeinen Enteignungsgesetze.

II. Wasserschutz.

A. Unterhaltung der Wasserläufe.

Die Bestimmungen über die Unterhaltung der Wasserläufe (§§ 21 bis 35) werden in der Begründung mit folgenden allgemeinen Erläuterungen eingeleitet:

„Nach dem hier geltenden Rechte bildet die Unterhaltung der Wasserläufe eine Verpflichtung derjenigen Personen, welche ein Interesse an derselben haben; bei Privatwasserläufen werden die Betheiligten hierzu unmittelbar angehalten, bei öffentlichen Flüssen erfolgt die Unterhaltung durch den Staat, welcher jedoch die Uferangrenzer und Triebwerkbesitzer zur Theilnahme an Tragung der Kosten heranzieht, Art. 34 des Gesetzes vom 16. September 1807. Der Entwurf stellt denselben Grundsatz auf. Er unterscheidet sich hierin allerdings von den Gesetzen mancher Bundesstaaten. In Bayern zwar tragen gleichfalls die Interessenten die Unterhaltungslast bezüglich der Privatflüsse (Wasserbenützungsgesetz Art. 47); in Baden dagegen (Art. 61 ff.), ebenso in Hessen (Bäche, Art. 93) ist jede Gemeinde auf ihrem Gebiete zur Unterhaltung verpflichtet. In einem im Vorjahre dem preußischen Landtag vorgelegten Gesetzentwurf über die Unterhaltung der Wasserläufe in der Provinz Schlesien war vorgesehen, daß der Kreisverband die Unterhaltungspflicht trägt. — Für die Beibehaltung der in Elsaß-Lothringen geltenden Grundsätze sprechen verschiedene Gesichtspunkte. Zunächst der Umstand, daß gegenwärtig die Betheiligten zur Unterhaltung verpflichtet sind, und daß insbesondere bei der Gestaltung, welche die Ausführung dieses Grundsatzes in der Praxis gefunden hat, ein Bedürfniß nach dem Uebergang zu einem anderen System nicht vorliegt. — Dann bestände sachlich gegen die Uebertragung der Last auf die Gemeinden das Bedenken, daß hierdurch, da zumeist nur ein kleiner Bruchtheil der Gemeindeangehörigen an der Instandhaltung Interesse hat, in großem Umfange Personen wenigstens mittelbar belastet würden, welche keinerlei Gegenleistung hierfür empfangen. Wird die Gemeinde für berechtigt erklärt, die Kosten auf die Betheiligten allein umzulegen, so kann dieser Mißstand beseitigt werden; aber es ist keineswegs Gewähr dafür vorhanden, daß dies in allen Fällen, in welchen die Verhältnisse es erwünscht erscheinen lassen, thatsächlich geschieht. Wollte man aber die Gemeinde zur Umlegung verpflichten, so wäre sie nur eine Vermittlerin, welche bei sachgemäßer Regelung des Verfahrens mindestens entbehrlich ist, häufig aber schädlich sein wird, weil nur ausnahmsweise in den Gemeindebehörden, in deren Händen (bei Privatwasserläufen) die Entscheidung über Ausführung der Arbeiten läge, die Betheiligten in entsprechender Weise vertreten sein würden. Außerdem kann die Unterhaltung häufig nicht für das Gebiet einer einzelnen Gemeinde zweckmäßig ausgeübt werden; es ist vielmehr ein planmäßiges Vorgehen auf größerem Gebiete nothwendig. (Hessen, Art. 96 ff., sieht deshalb die Bildung von Verbänden unter den betheiligten Gemeinden vor, allerdings nur auf Antrag mindestens einer Gemeinde). — Dem Gedanken, weitere Kommunalverbände mit der Unterhaltung zu betrauen, kann hier schon um deßwillen nicht näher getreten werden, weil die Bezirke (die Kreise bilden nicht selbstständige Rechtspersönlichkeiten) ihrer Größe wegen ganz ungeeignet sind. — Der Entwurf beläßt es daher bei dem zur Zeit geltenden Rechte, indem er nur die etwas zu allgemeinen Bestimmungen der gegenwärtigen Gesetzgebung in einzelnen Punkten ergänzt. Dies geschieht aber lediglich in dem Sinne, in welchem sich bisher schon die Praxis ausgebildet hat. Die §§ 21—29 handeln von der gewöhnlichen Unterhaltung, insbesondere der Räumung, wie sie in gewissen Zeiträumen überall nothwendig wird; die §§ 30—35 regeln die Unterhaltungspflicht in denjenigen Fällen, in welchen — bei größeren Wasserläufen — eine besondere Organisation der Betheiligten zu größeren Vereinigungen nothwendig ist, um eine sachgemäße, ein weiteres Gebiet nach einheitlichem Plane umfassende Unterhaltung durchzuführen; es sind dies die Flußbauverbände."

1. Im Allgemeinen.

§ 21.

[1] Die Pflicht zur Unterhaltung der Wasserläufe umfaßt die Reinigung (Ausräumung auf Normal-Breite und -Tiefe sowie Auskrautung) des Bettes[2] und die Instandhaltung,[3] sowie die erforderliche Verbesserung[4] der Ufer-, Damm- und Kunstbauten, einschließlich der Fluthgräben.

1. Die **Begründung** bemerkte:

„Zunächst wird der Begriff der „Unterhaltung" im Sinne der folgenden Paragraphen bestimmt. Die Eindämmung und die Regulirung der Wasserläufe geht über den Gegenstand der nachstehend erörterten Vorschriften hinaus. Soweit solche Maßnahmen erforderlich werden, was immer nur für größere Flußstrecken zutrifft, wird entweder die Vereinigung der Betheiligten zu einer Genossenschaft im Sinne des Gesetzes vom 21. Juni 1865 erfolgen oder ein Flußbauverband nach Maßgabe des § 30 gebildet werden."

Was hier von der Eindämmung und Regulirung gesagt ist, gilt ebenso von der in § 30 erwähnten Herstellung von Bauten behufs Verbesserung des Hochwasserabzugs (und der Hochwassernutzung).

2. Bei der Reinigung des Bettes (Räumung von Wasserläufen) sind zwei Feststellungen von Bedeutung, nämlich:

a. die Ermittlung der Normalprofile,

b. die Bestimmung der thatsächlich bestehenden Uferlinie.

Beide Feststellungen werden durch die Organe der Verwaltung (die Wasser- oder Meliorationsbauinspektoren) vorgenommen; hierbei kommt Folgendes in Betracht:

Zu a. Die Normalprofile, welche dem Wasserlauf durch die Räumung als Mindestabmessungen zu geben sind, werden bestimmt aus den hydrographischen Verhältnissen des Flußgebiets unter Vergleichung mit den bestehenden Flußprofilen, Brückenweiten u. s. w. und unter Benutzung der bei früheren Räumungen ermittelten Maße. (Gegen die Festsetzung des Bauinspektors ist Beschwerde an das Ministerium zulässig.)

Zu b. Ueber den Begriff der Uferlinie ist zu bemerken: Das Flußbett besteht aus der Sohle und den Böschungen. Die Grenze zwischen diesen beiden Bestandtheilen läßt sich beim natürlichen Wasserlauf nur annähernd bestimmen und ist einem fortgesetzten Wechsel unterworfen. Die obere Grenze der Böschungen wird durch die Wasserlinie bei bordvollem Flusse gebildet, d. h. bei dem Wasserstande, bei dem der Fluß auf der betreffenden Strecke seines Laufes da und dort anfängt überzutreten. Diese Grenzlinie ist die thatsächlich bestehende Uferlinie und aus ihr und den Normalprofilen des Wasserlaufes wird die zu Recht bestehende Uferlinie bestimmt.

Ohne Einfluß ist hierbei die Frage, in wie weit die Uferlinie, (welche zugleich die Eigenthumsgrenze gegenüber den Anliegern bildet), sich mit der in einem früheren Zeitpunkt vorhanden gewesenen Linie deckt. Denn auch die Uferlinie und damit die Eigenthumsgrenze unterliegt der Natur der Sache nach fortwährenden Aenderungen und verschiebt sich von Jahr zu Jahr in größerem oder geringem Maße. Das Räumungsverfahren aber hat nur die neue Uferlinie aus den Normalprofilen einerseits und der thatsächlich vorhandenen Lage des Flußbettes, d. h. also der bestehenden Uferlinie anderseits zu ermitteln und der Arbeit zu Grunde zu legen. Ergibt sich hierbei eine Aenderung gegenüber dem früheren Zustande, so wird dadurch nicht ein Eigenthumswechsel bewirkt; es wird nicht eine neue Grenze geschaffen, sondern nur die von selbst im Laufe der Zeit durch die Gewalt des Wassers eingetretene Veränderung (s. Art. 557 C. c., Anhang I Nr. 3) festgestellt. Die Bestimmung der Uferlinie kann daher z. B. nicht die Beibringung von Meßbriefen oder Handrissen (§ 51 des Katastergesetzes vom 31. März 1884) veranlassen.

Der Anlieger, welcher glaubt, daß durch die Feststellung der Uferlinie sein Privateigenthum verletzt werde, kann hiergegen nicht etwa den Rechtsweg anrufen. Die Entscheidung über die Grenzlinie eines Wasserlaufes gehört zur Zuständigkeit der Verwaltung und zwar in erster Linie des Bezirkspräsidenten. Dieser hat nach den geltenden Verwaltungsgesetzen (Dekret vom 22. Dez. 1789 — Januar 1790, Abth. II Art. 2) für die Erhaltung des öffentlichen Staatsguts zu sorgen und somit, nach allgemein hieraus gezogener Folgerung, die Grenzen derselben festzusetzen (zu vergl. O.-L.-G. Colmar 29. Januar 1883, Jur. Ztschft. X. 253). Zwar gehören strenge genommen nur die schiff- oder flößbaren Wasserläufe zum öffentlichen Staatsgut. Doch sind die gleichen Grundsätze auch auf die sog. Privatflüsse anzuwenden (s. Begründung zu § 1; oben, S. 8), zumal auch hier der Bezirkspräsident nach der Instruktion vom 12.—20. August 1790, Kap. 6, eine ähnliche allgemeine Befugniß („für den freien Ablauf der Gewässer zu sorgen") besitzt, (zu vergl. auch § 37 letzter Absatz). Gegen die Grenzfestsetzung des Bezirkspräsidenten, sei es, daß dieselbe in den gemäß § 23 Abs. 2, § 24 Abs. 5, § 27 Abs. 3 ergangenen Anordnungen derselben (Räumungsordnungen) enthalten ist, sei es, daß auf Einspruch eines Anliegers ein förmlicher Beschluß ergeht, ist ebenso wie gegen die technischen Maßnahmen des Bauinspektors Beschwerde an das Ministerium zulässig. — (Ob etwa der Anlieger, dessen Grundeigenthum zum Wasserlauf herangezogen wird, Entschädigungsansprüche bei Gericht geltend machen kann, ist eine in Frankreich viel behandelte Frage, zu vergl. Dalloz périodique 1873. 3. 65 und Bem. das., deren Erörterung über den Rahmen der gegenwärtigen Darstellung hinausginge. Bei bloßer Räumung auf Normalbreite wäre übrigens ein solcher Anspruch nach dem oben Gesagten wohl immer sachlich ungerechtfertigt.)

3. Die Unterhaltung umfaßt auch die Instandhaltung der Ufer-, Damm- und Kunstbauten sowie der Fluthgräben, d. h. derjenigen Gräben im Ueberschwemmungsgebiet des Flusses, welche bestimmt sind, den Ablauf der aus dem Flußbett ausgetretenen Hochwasser zu regeln, diese Hochwasser allmählich wieder in das Flußbett zurückzuleiten, d. h. also Zerstörungen und Versumpfungen im Ueberschwemmungsgebiet zu verhindern.

Zu den Uferbauten gehören auch alle Arten von Uferdeckungen wie Rauhwehre, Pflaster, Senkwürste, Anpflanzungen u. s. w. und zu den Kunstbauten namentlich die Wehre, Schleusen und Durchlässe, welche bestimmt sind, den Ablauf des Wassers im Flußbett und in den Fluthgräben und die Vertheilung der Hochwasser zwischen diesen Beiden zu regeln.

4. Sofern einzelne der unter 3 genannten Anlagen nur dadurch dauernd erhalten werden können, daß man sie verstärkt, d. h. theilweise umbaut und ausbessert, gehört auch die „Verbesserung" dieser Anlagen zur Unterhaltung.

Es kann sich z. B. herausstellen, daß ein Ufer nur haltbar gemacht werden kann durch Anlage einer neuen oder Verbesserung einer bestehenden Befestigung, oder daß ein bestehender Kunstbau in einzelnen Theilen verändert oder verstärkt oder ein Damm erhöht oder verbreitert oder am Fuß befestigt werden muß. Derartige Arbeiten gehören zur Unterhaltung des Wasserlaufs. Dagegen dürfen nicht dahin gerechnet werden Neubauten, welche das vorhandene System der Hochwasserableitung zu ändern bestimmt sind, sei dieses System auch noch so mangelhaft, also z. B. Herstellung neuer Dämme, Schleusen, Wehre, Durchlässe oder Fluthgräben sowie Verlegungen des Flußbetts.

§ 22.

[1] Zur Unterhaltung der nicht schiff- oder flößbaren Wasserläufe sind gemeinsam verpflichtet[2]:

1. diejenigen Grundeigenthümer,[3] deren Grundstücke durch die Unterhaltung vor Abbruch, Versumpfung oder Ueberschwemmung geschützt werden;[4]
2. diejenigen Privatpersonen oder Körperschaften, welche das Wasser als Triebkraft oder zu anderen Zwecken für einen bleibenden Betrieb benutzen.[5]

1. Der **Entwurf** enthielt in Ziffer 2 anstatt der Worte „für einen bleibenden Betrieb“ das Wort „dauernd“. Die **Begründung** besagte:

„Die Unterhaltung der Privatwasserläufe ist Sache der Betheiligten hinsichtlich der Kostentragung wie der Ausführung der Arbeiten. § 22 bezeichnet die Klassen der unterhaltspflichtigen Interessenten; die Vertheilung der Beitragspflicht unter den beiden Klassen richtet sich nach den in §§ 23 und 24 aufgestellten Grundsätzen, für die Untervertheilung auf die einzelnen Betheiligten sind die §§ 25 und 26 maßgebend. Die Art und Weise der Ausführung wird, sofern nicht eine Genossenschaft oder ein Flußbauverband gebildet wird, durch den Bezirkspräsidenten bestimmt (§ 23 Abs. 2, § 24 Abs. 4). — Die Unterhaltungspflichtigen zerfallen in zwei Klassen: diejenigen, welchen die Unterhaltung Schutz gegen das Wasser gewährt; diejenigen, welche wegen der Benutzung des Wassers Interesse an derselben haben. Es ist nicht ausgeschlossen, daß ein Betheiligter zu beiden Klassen gehört. Nur die dauernde Benutzung, also die Benutzung mit bleibender Stau- oder Ableitungs-Anlage, kommt in Ziffer 2 in Betracht. — Nicht beitragspflichtig sind diejenigen Personen, welche aus anderen als den beiden vorgenannten Gründen Interesse an der Unterhaltung haben, z. B. die Eigenthümer von Gebäuden, Brücken, Wegen u. s. w., welche wegen der Erhaltung und Benutzbarkeit ihrer Anlagen betheiligt sind. Die Verhältnisse sind hier zu verschieden, als daß eine bestimmte Bezeichnung dieser Klasse von Interessenten möglich wäre; außerdem werden dieselben zumeist in eine der beiden anderen Klassen fallen, und wenn dies ausnahmsweise nicht zutreffen sollte, ist ihr Interesse ein so untergeordnetes, daß ihre Freilassung ohne Bedenken ist.“

2. Die in § 22 enthaltenen Grundsätze finden nur dann Anwendung, wenn und soweit Ortsgebräuche oder bei Inkrafttreten des Gesetzes in Geltung stehende Verordnungen eine gegentheilige Vertheilung der Unterhaltungslast nicht vorsehen, s. §§ 23, 24.

3. Zu den Grundeigenthümern im Sinne der Ziffer 1 gehören auch die Eigenthümer von Gebäuden, sofern die übrigen Voraussetzungen zutreffen, also beispielsweise die Eigenthümer derjenigen Häuser, welche der Ueberschwemmung, des Wasserzutritts in Keller u. s. w. ausgesetzt sind, oder bei unterbleibender Unterhaltung ausgesetzt würden. Wenn in Abs. 3 der Begründung (Bem. 1) die Eigenthümer von „Gebäuden“ als nicht beitragspflichtig bezeichnet werden, so sind darunter nur solche Hausbesitzer zu verstehen, welche aus anderen Gründen als wegen der Gefahr des Abbruchs, der Versumpfung oder der Ueberschwemmung (Ziffer 1) einerseits und wegen der Benutzung des Wassers (Ziffer 2) anderseits Interesse an der Unterhaltung haben, also beispielsweise aus gesundheitlichen Gründen oder weil die Kunstbauten einen leichteren Zugang zum Hause gewähren.

Unter Ziffer 1 fallen ferner nicht blos die Eigenthümer der Ufergrundstücke sondern auch die der entfernteren Liegenschaften, sofern eine der Voraussetzungen der Ziffer 1, also hier hauptsächlich die Ueberschwemmungsgefahr, vorliegt.

4. Der **Bericht der Kommission** des Landesausschusses (S. 641) bemerkte zu Ziffer 1:

„Ein Mitglied schlägt vor, in die Zahl der an der Unterhaltung der Wasserläufe, ihrer Ufer, ihrer Dämme u. s. w. interessirten Eigenthümer auch diejenigen mit einzurechnen, deren Grundstücke werthvoller geworden sind in Folge der Tieferlegung des Grundwasserspiegels. Seitens des Regierungskommissars wurde dargelegt, daß in dem Ausdruck „gegen Versumpfung geschützt" alle die Vortheile verstanden sind, welche einem Grundstück durch Senkung des Grundwasserspiegels erwachsen können."

5. Die Worte „für einen bleibenden Betrieb" wurden in Ziffer 2 an Stelle des im Entwurf enthaltenen „dauernd" eingesetzt, um, wie es im Kommissionsbericht (S. 641) heißt: „festzustellen, daß alle Anlagen beitragspflichtig sind, welche das Wasser für einen bleibenden Betrieb benutzen, ohne Rücksicht darauf, ob die hierzu nöthige Ausnutzung des Wassers eine ununterbrochene oder aussetzende ist." Es sollte also die Auslegung als zu enge verhütet werden, wonach eine Benutzung, weil sie nur mit Unterbrechungen stattfindet, nicht dauernd und deshalb nicht beitragspflichtig wäre. Insbesondere wird durch die jetzige Fassung außer Zweifel gestellt, daß, wie manche industrielle Anlagen z. B. Färbereien und Bleichereien, so auch die Wässerungsanlagen, welche das Wasser nur zu bestimmten Zeiten und mit Unterbrechungen benutzen, unter Ziffer 2 fallen.

Zu einer gegentheiligen Auffassung bezüglich der Wässerungen darf nicht etwa das Wort „Betrieb" verleiten. Dasselbe bedeutet keineswegs blos gewerblichen Betrieb, sondern umfaßt auch die Landwirthschaft und ebenso die gewöhnliche Hauswirthschaft und zwar sowohl hinsichtlich der Entnahme des Wassers als bezüglich der Benutzung desselben zur Fortführung von Abfallstoffen. Daß auch die Einführung von Abzugskanälen in einen Wasserlauf unter den Begriff der Benutzung des Wassers in Sinne der Ziffer 2 fällt, ist in der Begründung zu § 26 (s. Bem. 1 daselbst), besonders hervorgehoben.

In der Regel wird die Benutzung durch eine äußerlich sichtbare Anlage, sei es zur Wasserentnahme, sei es zur Einmündung eines Kanals, einer Röhre, eines Grabens erfolgen. Unbedingt nothwendig ist dies nicht, doch wird bei dem Mangel einer solchen Anlage um so strenger zu prüfen sein, ob es sich nicht blos um eine vorübergehende, nicht bleibende, Benutzung handelt.

§ 23.

[1] Die Vertheilung der Unterhaltspflicht auf die einzelnen Betheiligten [2] richtet sich, insoweit Ortsgebräuche oder Verordnungen bestehen, nach diesen [3], und zwar auch dann, wenn

einzelne der im § 22 genannten Betheiligten von der Beitragspflicht befreit sind, oder wenn dieselbe einzelnen Betheiligten allein auferlegt ist.[3]

Die zur Ausführung dieser Ortsgebräuche und Verordnungen erforderlichen Anordnungen werden durch den Bezirkspräsidenten erlassen.[4]

Die Hebelisten über die Vertheilung der Kosten werden durch den Bezirkspräsidenten aufgestellt und vollstreckbar erklärt.[5] Bezüglich der Einziehung und der Rechtsmittel gegen die Veranlagung finden die Vorschriften über die direkten Steuern Anwendung.[6]

1. In der **Begründung** zu dem gleichlautenden Entwurf war gesagt:

„Entsprechend dem Gesetze vom 14. Floréal XI ist bestimmt, daß über die Vertheilung der Last im einzelnen Falle in erster Linie die Ortsgebräuche oder bestehende Verordnungen, als welche namentlich Verordnungen der Parlamente, Ordonnanzen der Intendanten des Elsaß, königliche Ordonnanzen, Dekrete, Präfekturbeschlüsse in Betracht kommen, maßgebend sind, vorbehaltlich der Abänderung, wo sich solche als nothwendig erweist (§ 24). Diese Ortsgebräuche sind auch dann zu beobachten, wenn dadurch einzelne nach § 22 Beitragspflichtige befreit oder allein herangezogen würden. Die zur Ausführung erforderlichen Anordnungen einschließlich der Kostenvertheilung sind Sache des Bezirkspräsidenten. Für die Kostenvertheilung im Einzelnen sind, soweit eben nicht die Ortsgebräuche oder alte Verordnungen dem entgegenstehen, die in den §§ 25 und 26 enthaltenen Bestimmungen maßgebend. Gegen die Kostenvertheilung ist Beschwerde an die Verwaltungsgerichte wie in Sachen der direkten Steuern zulässig. Solche Beschwerde auch bezüglich der sachlichen Anordnungen (über die Art und Weise der Räumung u. s. w.) zuzulassen, wofür die Fassung des Art. 4 des Gesetzes vom 14. Floréal XI spräche, erscheint nicht angezeigt. Es handelt sich hierbei lediglich um technische Fragen, wozu der auch ohne besondere Hervorhebung im Gesetze selbstverständlich zulässige Beschwerdeweg an die vorgesetzte Verwaltungsbehörde, das Ministerium, zweckmäßiger ist. Beanstandungen nicht technischer Art, z. B. hinsichtlich der Zuständigkeit des Bezirkspräsidenten, des Inhaltes eines Ortsgebrauchs u. ähnl., gewinnen bei der Heranziehung zu den Kosten praktische Bedeutung und gelangen auf diese Weise vor die Verwaltungsgerichte."

2. „Einzelne Betheiligte" ist hier in weiterem Sinne zu verstehen; es umfaßt nicht bloß die in § 22 Ziffer 1 und 2 bezeichneten Klassen; es können vielmehr durch Ortsgebräuche oder bestehende Verordnungen auch Personen herangezogen werden, welche nicht zu den dort aufgeführten Grundbesitzern und Industriellen gehören. Anderseits können nicht blos

einzelne der letzteren befreit bleiben, sondern auch die eine oder die andere der beiden Klassen selbst. § 23 enthält eben eine Ausnahme nicht bloß von den Grundsätzen der §§ 25, 26, sondern auch von der Hauptbestimmung des § 22. Er geht davon aus, daß, wo eine bestimmte Vertheilung der Unterhaltspflicht einmal eingelebt ist, dieselbe beibehalten bleiben soll, sofern nicht „das öffentliche Interesse eine anderweite Regelung dringend verlangt" (§ 24), auch wenn der bestehende Zustand den Grundsätzen, welche das Gesetz im Allgemeinen für richtig erachtet, nicht entspricht. Demgemäß hat es, wenn für einen Theil eines Wasserlaufs die Unterhaltung hergebrachterweise oder auf Grund einer älteren Verordnung den Triebwerksbesitzern allein obliegt, insolange hierbei zu bewenden, als nicht nach Maßgabe des § 24 eine anderweite Regelung erfolgt. Ebenso haben unter gleicher Voraussetzung die Eigenthümer von Brücken und Wegen die Unterhaltungslast weiter zu tragen, obwohl dieselben als solche bei einer Neuregelung nicht mehr herangezogen werden können (s. Begründung, Bem. 1), u. a. m.

3. Ob ein Ortsgebrauch oder eine Verordnung im Sinne des § 23 vorliegt, hat zunächst der Bezirkspräsident, der auf dieser Grundlage die Ausführungsanordnung erläßt, zu prüfen. Wer sich dadurch beschwert fühlt, hat, vorausgesetzt, daß er die Richtigkeit der Kostenvertheilung und nicht etwa die auf die Ausführung der Arbeiten selbst bezüglichen Anordnungen bestreitet, Reklamation bei dem Bezirksrath (mit Rekursrecht an den Kaiserl. Rath) zu erheben (s. Begründung [Bem. 1] und unten Bem. 6). Gegen die sachlichen Anordnungen ist nur Beschwerde bei der vorgesetzten Behörde, dem Ministerium zulässig.

4. Die Anordnungen (die Räumungsordnungen) haben sich sowohl auf die Festsetzung des Zeitpunktes der Vornahme der Arbeiten sowie die Art und Weise der Ausführung derselben, als auch, soweit nothwendig, auf die Grundsätze, nach welchen die Kostenvertheilung erfolgt, zu erstrecken. Namentlich ist zu regeln, wer die Arbeiten zu vergeben und zutreffendenfalls die Kosten auszulegen sowie alsdann wieder einzuziehen hat. Ein Vorverfahren ist nicht vorgeschrieben, gleichwohl wird ein solches häufig zweckmäßig sein, beispielsweise wenn es sich um den Erlaß einer dauernden Räumungsordnung handelt oder, bei einer einmaligen Anordnung, wenn die Geltung der Ortsgebräuche anfechtbar ist. In diesem Verfahren, auf welches dann die Vorschriften des Ministeriums vom 2. März 1892 Art. 12 (s. Anhang I Nr. 5) anzuwenden sind, ist den Betheiligten Gelegenheit zu geben, ihre Einwendungen gegen die beabsichtigte Kostenvertheiluug im Voraus zur Geltung zu bringen. — Die Zuwiderhandlungen gegen die Bestimmungen der Anordnungen insbes. bezüglich des Zeitpunktes und der Art und Weise der Vornahme der Arbeiten, des Stillstandes der Werke u. s. w. sind nach § 31 des Feldpolizeistrafgesetzes strafbar, s. § 46 und Bem. das.

5. Die Hebelisten bezwecken die Feststellung der auf die einzelnen Betheiligten (gemäß den in den Ausführungsanordnungen enthaltenen allgemeinen Grundsätzen) treffenden Kostenantheile. Sie können selbst-

verständlich erst aufgestellt werden. wenn die Höhe der Kosten bekannt ist; doch steht nichts entgegen, Theilbeträge festzustellen und zu vertheilen.

6. Die Vorschriften über die Einziehung der direkten Steuern sind zur Zeit enthalten in der Verordnung des Statthalters, betreffend die Zwangsvollstreckung behufs Beitreibung öffentlicher Gefälle, vom 15. November 1880 (A.-Bl. Min. S. 84).

Die Rechtsmittel bestehen in der Reklamation, welche innerhalb 3 Monaten von der Auflegung der Rolle ab bei dem Bezirkspräsidenten oder dem Kreisdirektor einzureichen ist und über welche der Bezirksrath entscheidet; ferner in dem Rekurse gegen die Entscheidung des Bezirksraths, welcher innerhalb 30 Tagen von Behändigung des letzteren an beim Bezirksrath eingereicht werden muß und zur Entscheidung des Kaiserlichen Rathes gelangt. Die Vorschriften sind enthalten in Art. 28—30 G. v. 21. April 1832, Art. 8 G. v. 4. August 1844 und in der Verordnung vom 23. März 1889, betr. das Verfahren vor den Bezirksräthen und dem Kaiserlichen Rath (Gesetzbl, S. 35).

§ 24.

[1] Wenn Ortsgebräuche oder Verordnungen über die Vertheilung der Unterhaltspflicht nicht bestehen oder wenn das öffentliche Interesse eine anderweitige Regelung der Beitragspflicht dringend verlangt,[2] erfolgt, sofern nicht Genossenschaften für die Vornahme der Arbeiten gebildet sind (Art. 1 Ziffer 2 des Gesetzes vom 21. Juni 1865),[3] die Festsetzung der Antheile, welche jede der beiden Klassen der Betheiligten (§ 22) zu tragen hat,[4] durch Verordnung des Ministeriums.[5]

Das Verhältniß, in welchem hierbei die Unterhaltspflicht zu theilen ist, richtet sich jeweils nach dem Interesse jeder Klasse an der Unterhaltung, sowie nach dem Einflusse, welchen die Art der Benutzung des Wasserlaufs auf die Nothwendigkeit der Unterhaltungsarbeiten ausübt.[6]

In der Verordnung sind zugleich die Grundsätze zu bestimmen, nach welchen die Einzelvertheilung zu erfolgen hat.[7]

Der Verordnung hat ein Untersuchungsverfahren vorherzugehen, dessen Form durch die Ausführungsbestimmungen zu regeln ist.[8]

Die zur Ausführung der Verordnungen erforderlichen Anordnungen einschließlich der Vertheilung der Kosten auf die einzelnen Betheiligten erfolgen durch den Bezirkspräsidenten. Die Vorschriften des § 23 Absatz 3 finden Anwendung.[9]

1. Die **Begründung** zu dem Entwurfe, welcher den Absatz 3 nicht enthielt, im Uebrigen unverändert geblieben ist, lautete:

„Die Neuregelung der Unterhaltungspflicht soll nach dem Entwurf aus praktischen Gründen durch Verordnung des Ministeriums erfolgen. Bisher war eine landesherrliche Verordnung erfordert (Art. 2 des Gesetzes vom 14. Floréal XI). — Die Verordnung wird sich bezüglich der Kostenvertheilung in der Regel darauf beschränken, die auf die einzelnen Klassen der Betheiligten treffenden Antheile festzusetzen, während die Untervertheilung im Einzelnen den Ausführungsanordnungen (Abs. 4) vorbehalten ist. Doch ist keineswegs ausgeschlossen und wird sich sogar häufig empfehlen, für größere Triebwerke u. s. w. die beabsichtigte Einzelvertheilung schon hier, wenigstens in den bei dem Untersuchungsverfahren vorzulegenden Anlagen des Entwurfs, auszuscheiden. — Für die Vertheilung auf die einzelnen Klassen ist einerseits deren Interesse an der Instandhaltung, anderseits der Einfluß einzelner zu der Klasse gehörigen Anlagen auf die Verunreinigung maßgebend. — Durch das der Verordnung nothwendigerweise vorhergehende Untersuchungsverfahren wird allen Betheiligten Gelegenheit gegeben, ihre Interessen, insbesondere auch bezüglich der Kostenvertheilung zu wahren. — Die Ausführung der Verordnung und die gegen die Heranziehung des Einzelnen zu den Kosten zulässigen Rechtsmittel sind geregelt wie im vorhergehenden Paragraphen."

2. Ob diese Voraussetzung gegeben ist, hat lediglich das Ministerium selbst zu entscheiden. Weder durch Reklamation gegen die Vertheilung der Kosten (Abs. 5 u. § 23 Abs. 3) noch etwa auf dem hier überhaupt nicht zulässigen Rechtswege kann ein Betheiligter geltend machen, daß Ortsgebräuche oder Verordnungen über eine andere Vertheilung beständen und den öffentlichen Interessen entsprächen. Die Betheiligten haben ihre Einwendungen im Untersuchungsverfahren (Abs. 4) geltend zu machen.

3. Oder ein Flußbauverband nach Maßgabe des § 30 gebildet wird. — Wenn Genossenschaften zwar bestehen, aber die Arbeiten nicht ausführen, kann nicht ohne Weiteres die Regelung der Unterhaltung nach § 24 erfolgen; es findet vielmehr Art. 25 des Gesetzes vom 21. Juni 1865 Anwendung, d. h. es muß entweder die Auflösung erfolgen oder der Bezirkspräsident ändert die Ausführung der Arbeiten auf Kosten der Genossenschaft an.

4. Die anderweite Regelung kann sich auch auf eine *theilweise* Abänderung des auf Ortsgebräuchen oder Verordnungen beruhenden Rechtszustandes beschränken, so daß nach wie vor Personen, welche nicht zu den beiden Klassen des § 22 gehören, zu Beiträgen werden herangezogen werden können, in dem Umfang, in welchem sie bisher beitragspflichtig waren. Nur eine neue oder vermehrte Belastung ist lediglich bezüglich der unter § 22 fallenden Personen zulässig.

5. Diese Verordnung hat die Eigenschaft einer Polizeiverordnung im Sinne des § 31 des Feldpolizeistrafgesetzes (s. Anh. I Nr. 12 und § 46), so daß Zuwiderhandlungen, auch wenn sie nicht ausdrückliche Vorschriften der Ausführungsanordnungen des Bezirkspräsidenten (s. unten Bem. 9) verletzen, hiernach strafbar sind.

6. Abs. 2 handelt von der zuerst vorzunehmenden Hauptvertheilung der Unterhaltungskosten, welche in der Regel (d. h. wenn nicht gemäß dem in Bem. 4 Gesagten nach Ortsgebräuchen oder Verordnungen noch andere Betheiligte in Frage kommen) nach den zwei Hauptgesichtspunkten des § 22, zu erfolgen hat, also unter diejenigen, welche wegen ihres Interesses am Schutze gegen das Wasser (Ziffer 1) und diejenigen, welche wegen der Benutzung des Wassers (Ziffer 2) betheiligt sind. Es ist demnach zunächst festzustellen, welcher Theil der Kosten auf die eine und welcher auf die andere Gruppe kommt. Dabei muß nicht etwa nothwendigerweise der einen Gruppe dieser, der anderen jener Prozentsatz der Gesammtkosten zugewiesen werden, sondern es wird häufig eine verschiedenartige Vertheilung je nach der Art der Arbeiten (Kunstbauten, Dämme, Räumungsarbeiten) erfolgen und es können auch einzelne Kosten einer Gruppe allein auferlegt werden. Bei der einen Klasse, den am Schutze gegen das Wasser Betheiligten, kommt nur das Interesse, bei der andern, bei den das Wasser Benutzenden, kommt neben dem Interesse noch die Verursachung der Nothwendigkeit der Arbeiten in Betracht. Und zwar gilt letzteres nicht bloß von den Räumungsarbeiten, sondern auch von den Eindämmungen, den Kunstbauten u. s. w., soweit eben die Nothwendigkeit derselben auf die Art der Benutzung zurückzuführen ist.

7. Sind in der in der vorgehenden Bemerkung näher bezeichneten Weise die auf die einzelnen Klassen der Beitragpflichtigen treffenden Theile der Unterhaltskosten festgesetzt, so sind weiter die Grundsätze für die Einzelvertheilung in der Ministerialverordnung vorzusehen. Diese Bestimmung war im Entwurf nicht enthalten und ist auf Antrag der Landesausschußkommission eingesetzt worden, damit die Betheiligten durch das Untersuchungsverfahren im Voraus Kenntniß von den bezüglichen Bestimmungen erhalten und etwaige Einwendungen geltend machen können.

Bei der ersten Klasse der Interessenten, den wegen des Schutzes gegen das Wasser betheiligten Grundbesitzern, wird hier zunächst festzustellen sein, ob lediglich die Ufergrundstücke und zwar nach Maßgabe der Uferlänge heranzuziehen sind oder alle betheiligte Grundstücke nach Maßgabe ihres Umfanges und im letzteren Falle weiter, ob und nach welchen Grundsätzen Beitragsklassen zu bilden sind (s. hierüber § 25 u. Bem. das.).

Bei der zweiten Klasse der Betheiligten, denjenigen, welche das Wasser benutzen, wird hier zu bestimmen sein, welchen Antheil diejenigen Anlagen, welche bei der Benutzung des Wassers zugleich zur Verunreinigung desselben beitragen (unmittelbar oder auch mittelbar, beispielsweise indem durch die Art der Zu- oder Ableitung Verschlammungen oder Verwerfungen im Flußbett oder an den Ufern herbeigeführt werden) und sohin die Nothwendigkeit der Unterhaltungskosten mitverursachen, und welchen Antheil diejenigen Beitragspflichtigen zu tragen haben, bei welchen die letztere Voraussetzung nicht zutrifft (s. § 26). In beiden Beziehungen kommen übrigens häufig die Verhältnisse der einzelnen Beitragspflichtigen in Betracht und es werden dann, wenn in dieser Hinsicht größere Verschiedenheiten bestehen, nicht bloß allgemeine Grundsätze aufzustellen, sondern zweckmäßigerweise wenigstens in einer Anlage zu dem Verordnungsentwurf die auf die Einzelnen treffenden Antheile zu bestimmen sein. Dies ist schon in der Begründung hervorgehoben.

8. Vorschriften über das Untersuchungsverfahren zur Vorprüfung der Verordnungen über Wasservertheilung, Unterhaltung von Wasserläufen und Bildung von Flußbauverbänden, vom 2. März 1892 (C. u. Bez.-A.-Bl. S. 113), s. unten im Anhang I Nr. 5.

9. Die Ausführungsanordnungen des Bezirkspräsidenten haben die Festsetzung des Zeitpunktes zur Vornahme der Arbeiten, die Art und Weise der Ausführung, die Vergebung derselben, die Regelung der Kostenzahlung u. s. w. zum Gegenstand. Das in Bem. 4 zu § 23 Gesagte gilt auch hier. Die Vertheilung der Kosten auf die Einzelnen nach Maßgabe der in der Ministerialverordnung enthaltenen Grundsätze erfolgt durch sog. Hebelisten (§ 23 Abs. 3), welche vom Bezirkspräsidenten vollstreckbar erklärt und in den betheiligten Gemeinden offen zu legen sind. In dieser Beziehung, sowie hinsichtlich der Reklamationen gegen die Veranlagung wird auf das in Bem. 5 und 6 zu § 23 Gesagte verwiesen.

Auf dem Wege der Reklamation kann, wie schon oben in Bem. 2 bemerkt, der Inhalt der Ministerialverordnungen, zu deren Ausführung die Hebelisten durch den Bezirkspräsidenten aufgestellt sind, nicht beanstandet werden, vielmehr kann sich die Reklamation nur auf die hieraus bezüglich der Kostenvertheilung gezogenen Schlüsse beziehen. Es kann also beispielsweise ein Grundbesitzer vor dem Bezirksrath nicht geltend machen, daß nach feststehendem Ortsgebrauch die Kosten ausschließlich von den Triebwerksbesitzern oder etwa von der Gemeinde zu tragen seien; derartige Einwendungen sind im Untersuchungsverfahren vorzubringen; wohl aber kann die Reklamation darauf gegründet werden, daß nach der Ministerialverordnung die Vertheilung unter die Grundbesitzer (§ 22 Ziffer 1) nach der Uferlänge erfolgen soll, und der Beschwerdeführer ein Ufergrundstück überhaupt nicht besitze, oder daß der ihm auferlegte Kostenantheil dem Verhältniß seiner Uferlänge nicht entspreche u. ähnl. (s. auch Bem. 3 zu § 25). Oder es kann Jemand, welcher wegen der Benutzung des Wassers (§ 22 Ziff. 2) herangezogen wird, geltend machen, daß er eine Nutzung nicht ausübe, oder daß er das Gewerbe, welches, weil es zur Verunreinigung des Wasserlaufs beiträgt, höher veranlagt ist, seit der letzten Räumung nicht mehr betrieben habe; aber er kann nicht den Verhältnißsatz beanstanden, zu welchem nach der Ministerialverordnung die einzelnen Klassen der nach § 22 Ziffer 2 Beitragspflichtigen gemäß § 26 veranlagt werden sollen.

§ 25.

[1] [2] Bei der Vertheilung des auf die Grundeigenthümer (§ 22 Ziffer 1) treffenden Antheils unter die einzelnen Betheiligten werden die Kosten, sofern es sich nur um eine einfache Auskrautung oder Räumung von kleinen Bächen oder Gräben handelt, lediglich auf die Eigenthümer der an den Wasserlauf angrenzenden Grundstücke und nur nach Maßgabe der Uferlänge umgelegt.

Bei weitergehenden Unterhaltungsarbeiten sowie bei Auskrautung und Räumung größerer Wasserläufe haben alle in § 22 Ziffer 1 bezeichneten Grundeigenthümer nach Maßgabe des Umfangs der geschützten Fläche ihres Eigenthums und zwar, soweit nothwendig, unter Zugrundelegung bestimmter Beitragsklassen [3] zu den Kosten beizutragen.

1. **Begründung:** „Als Maßstab für die Vertheilung der Kosten im Einzelnen ist bei den auf die Grundeigenthümer treffenden Antheilen im Allgemeinen das Interesse derselben, welches in dem Umfang der vor Versumpfung, Ueberschwemmung oder Abbruch geschützten Fläche seinen Ausdruck findet, angenommen. Eine genauere Untersuchung des Geldwerthes des Interesses, etwa nach der Bonität des geschützten Grundeigenthums, würde zu weit führen. Bei bloßen Auskrautungen und Räumungen kleiner Wasserläufe dagegen empfiehlt es sich der Vereinfachung wegen, lediglich die Uferlänge der Kostenvertheilung zu Grunde zu legen. Für solche weniger bedeutende Arbeiten kann diese Vertheilungsweise geradezu als Regel aufgestellt werden und es ist dann nur dem Ministerium die Befugniß vorzubehalten, auch hier die allgemeinen Grundsätze Anwendung finden zu lassen. Bei größeren Wasserläufen, wo besondere Gesichtspunkte maßgebend sind, wird dies häufig eintreten müssen.

2. Der Unterschied zwischen den beiden in Abs. 1 und in Abs. 2 enthaltenen Vertheilungsweisen besteht darin, einmal daß im ersten Falle nur die Ufergrundstücke zu den Kosten herangezogen werden, im zweiten Falle sämmtliche Grundstücke, wenn auch weit von den Ufern gelegen, bei denen die Voraussetzung des § 22 Ziffer 1 (Schutz gegen Abbruch, Versumpfung, Ueberschwemmung) vorliegen; dann, daß im ersten Falle die Beitragspflichtigen lediglich nach dem Verhältniß der

Uferlänge ihrer Grundstücke zu der Gesammtuferlänge des zu räumenden Wasserlaufs oder Theils desselben, im zweiten Falle nach dem Verhältniß des Umfangs ihrer Grundstücke zu dem Gesammtumfange der beitragspflichtigen Liegenschaften — gegebenenfalls unter Berücksichtigung weiterer äußerer Verhältnisse, s. Bem. 3 — herangezogen werden. Welche der beiden Vertheilungsweisen im einzelnen Falle in Anwendung zu bringen ist, muß schon durch die Verordnung des Ministeriums festgestellt und damit in dem Untersuchungsverfahren (§ 24 Abs. 4) zur Erörterunggebracht werden (s. Bem. 7 das.). Nach dem in der Verordnung ausgesprochenen Grundsatze hat die Aufstellung der Hebelisten seitens des Bezirkspräsidenten zu erfolgen (§ 24 Abs. 5). Die wegen der Veranlagung zulässigen Rechtsmittel können dann nur gegen die Ausführung des Grundsatzes im Einzelnen gerichtet und nicht etwa darauf gestützt werden, daß die Unterhaltungsarbeit über den Begriff der Auskrautung und Räumung hinausgehe, oder daß der Wasserlauf ein „größerer" sei.

3. Die Worte „und zwar—Beitragsklassen" fanden sich nicht im Entwurf; ihre Einsetzung ist auf Antrag der Landesausschußkommission erfolgt. Es sollte damit ausgedrückt werden, daß die Vertheilung nicht rein arithmetisch nach dem Umfang des einzelnen Grundstücks im Verhältniß zu dem Gesammtumfang der geschützten Fläche erfolgen soll, sondern daß der höhere oder geringere Grad des Nutzens, welchen die einzelnen Grundstücksgruppen aus der Unterhaltung ziehen, zu berücksichtigen ist. Der **Bericht** (S. 641) drückt dies dahin aus: „Es soll für die Beisteuer, die einem Jeden aufzuerlegen ist, das Interesse entscheidend sein, das er an den Arbeiten hat." Hiernach werden die unmittelbar am Ufer gelegenen, mit Abbruch, Versumpfung und Ueberschwemmung bedrohten Liegenschaften in der Regel in höherem Maße heranzuziehen sein, als die entfernteren, nur der Ueberschwemmung ausgesetzten Grundstücke. Es war dabei nur an rein örtliche Verhältnisse gedacht, welche sich leicht durch Eintheilung der Grundstücke in gewisse Gruppen je nach ihrer den Einwirkungen des Wasserlaufs mehr oder weniger ausgesetzten Lage berücksichtigen lassen. Dem Grundsatz, von welchem nach der Begründung bei Aufstellung des Gesetzentwurfs ausgegangen wurde, daß nämlich eine genauere Untersuchung des Geldwerthes des Interesses, etwa nach der Bonität des geschützten Grundeigenthums, nicht stattfinden soll, steht die Aufstellung einzelner Gefahrenklassen nach örtlichen Gesichtspunkten nicht entgegen.

Die einzelnen Beitragklassen und ihre Grundlagen sind in der Ministerialverordnung (§ 24) festzusetzen und unterliegen daher der Prüfung in dem Untersuchungsverfahren. Eine Reklamation gegen die Veranlagung kann dann nicht darauf gegründet werden, daß das Verhältniß zwischen den einzelnen Beitragklassen nicht sachgemäß sei, sondern nur darauf, daß bei einem Grundstück die thatsächliche Voraussetzung zur Einreihung in die betr. Klasse nicht gegeben, daß, bei richtiger Einreihung, die Beitragssumme unrichtig berechnet sei oder ähnl. s. Bem. 7, 9 zu § 24.

§ 26.

[1] [2] Für die Vertheilung des Antheils der in § 22 Ziffer 2 genannten Betheiligten an den Kosten sind maßgebend:

1. der Nutzen, welchen die Einzelnen aus der Maßnahme ziehen werden;
2. der Umfang, in welchem die Einzelnen durch den Rückstau oder durch die Art der Ausnutzung des Wasserlaufs zur Verschlammung desselben beitragen.

1. **Begründung**: „Für die Vertheilung der auf die sonstigen Betheiligten treffenden Kosten ist neben dem Interesse der nachtheilige Einfluß der Art der Benutzung maßgebend. Hier kommt außer der Einleitung von Abzugskanälen hauptsächlich der durch Triebwerke verursachte Rückstau in Betracht; bei Stauanlagen, welche zu Wässerungszwecken benutzt werden, wird dagegen der Einfluß des Rückstaues in der Regel unberücksichtigt bleiben können, weil die Benutzung der Wässerungsschleusen nur in gewissen Zeiträumen und nur auf kurze Dauer erfolgt und daher größere Ablagerungen im Flußbett nur ausnahmsweise veranlassen kann."

2. § 26 stellt für die Einzelvertheilung desjenigen Kostenantheils, welcher auf die wegen Benutzung des Wassers an der Unterhaltung Interessirten kommt, die allgemeinen Grundsätze auf; nach diesen Grundsätzen hat die Ministerialverordnung (§ 24 Abs. 1—4) die näheren Bestimmungen zu treffen und der Bezirkspräsident (§ 24 Abs. 5) die ziffermäßige Festsetzung des von jedem Einzelnen zu leistenden Beitrags vorzunehmen. In letzterer Beziehung ist zu bemerken, daß häufig der Einzelne sowohl nach Maßgabe der Ziffer 1 als der Ziffer 2 zu den Kosten herangezogen werden wird (außerdem möglicherweise noch nach § 22 Ziffer 1 als am Schutze gegen das Wasser betheiligt); bei den unter § 26 Ziffer 2 fallenden wird die Voraussetzung der Ziffer 1 wohl immer gegeben sein, nicht aber umgekehrt (s. Begründung, Bem. 1). Ueber die Reklamationen gegen die Veranlagung s. Bem. 6 zu § 23, Bem. 9 zu § 24.

§ 27.

[1] [2] Die Unterhaltung der schiff- oder flößbaren Wasserläufe[3] erfolgt durch den Staat.[4] Zu den Kosten können, insoweit es sich nicht um Unterhaltungsarbeiten handelt, welche ausschließlich den Interessen der Schifffahrt dienen,[5] die in § 22 Ziffer 1, 2 bezeichneten Betheiligten herangezogen werden.[6] Doch darf der dem Staat verbleibende Theil der Kosten nicht weniger als 10 % derselben betragen.

Die Antheile, welche jede der beiden Klassen der Betheiligten zu tragen hat, sowie die für die Einzelvertheilung zu beobachtenden Grundsätze werden durch Verordnung des Statthalters bestimmt.[7] Auf dieselbe findet § 24 Abs. 3[8] und 4[9] Anwendung.

Hinsichtlich der Ausführung der Verordnungen sowie der Vertheilung der Beitragslast unter die einzelnen Betheiligten sind die Bestimmungen der § 24 Abs. 5, §§ 25, 26 anzuwenden.[10]

1. Die **Begründung** des im wesentlichen (s. Bem. 7) unverändert angenommenen Entwurfs besagte:

„Die Bestimmungen über die Unterhaltung der öffentlichen Flüsse entsprechen, wie in der Einleitung hervorgehoben, gleichfalls dem geltenden Rechte. Der Staat hat die Unterhaltungsarbeiten auszuführen, er ist der Bauherr, wie dies nach der Natur der an diesen Wasserläufen bestehenden Eigenthumsverhältnisse (Art. 538 Code civil) nicht anders sein kann; aber er kann diejenigen, in deren Interesse die Unterhaltung erfolgt, zur Theilnahme an den Kosten heranziehen (Art. 34 des Gesetzes vom 16. September 1807). Jedoch nur zur Theilnahme; dem Staat selbst muß wegen des der Schifffahrt erwachsenden Nutzens sowie wegen des fiskalischen Interesses an der Fischerei (s. § 1 des Entwurfes eines Fischereigesetzes) — abgesehen von der etwaigen Theilnahme desselben als Uferbesitzer — immer ein gewisser Theil der Kosten verbleiben. Dieser Grundsatz besteht schon in der bisherigen Praxis, s. Entsch. des franz. Staatsraths vom 12. April 1860, D. P. 60, 3, 44. Soweit es sich aber um Unterhaltungsarbeiten im ausschließlichen Interesse der Schifffahrt handelt, ist der Staat allein zur Instandhaltung verpflichtet; es ist dies in Art. 1 des Gesetzes vom 30. Floréal X, wodurch eine Binnenschifffahrtsabgabe eingeführt wurde, ausgesprochen, und wenngleich letztere Abgabe durch Gesetz vom 29. Januar 1873 aufgehoben worden ist, hat dieser Grundsatz noch Anwendung zu finden.

Der Umfang der zur Theilnahme an den Kosten Heranzuziehenden sowie das Verfahren und die Grundsätze über die Vertheilung auf die einzelnen sollen geregelt werden wie bei Privatwasserläufen. Für die Festsetzung der Antheile der beiden Interessenklassen war bisher landesherrliche Verordnung erforderlich; es wird nunmehr Verordnung des Statthalters vorgeschlagen."

2. Auf den Rhein findet § 27 nicht Anwendung (s. § 38).

3. Bezüglich der Schifffahrtskanäle vergl. Bem. 4 zu § 1.

4. Zum Zwecke der über den Begriff der gewöhnlichen Unterhaltung (§ 21) hinausgehenden Herstellung und Instandhaltung von Hochwasserdämmen, Kunstbauten und Fluthgräben können Flußbauverbände gebildet werden; s. § 30 und Bem. 4 das.

5. Die ausschließlich im Interesse der Schifffahrt aufgewendeten Kosten hat die Landesverwaltung allein zu tragen; hierher gehören in der Regel die Kosten für die Herstellung und Unterhaltung der beweglichen Wehre, der Schleusen, der Anlandeplätze und ähnl. Kunstbauten, der etwa besonders, als öffentliches Eigenthum, vorhandenen Leinpfade. (Die in der Begründung erwähnten Schifffahrtsgebühren waren nach Art. 1 des Gesetzes vom 30. Floréal X „spécialement et limitativement affectés au balisage, à l'entretien des chemins et ponts de halage, à celui des pertuis, écluses, barrages et autres ouvrages d'art établis pour l'avantage de la navigation"). Nicht hierher gehören die Kosten für die Ausräumung der Wasserläufe, sofern nicht etwa im Einzelfalle die Räumung ausschließlich im Interesse der Schifffahrt erfolgen sollte. Das höhere oder geringere Interesse der Schifffahrt an der auch aus anderen Gründen nothwendigen Räumung wird dadurch seinen Ausdruck finden, daß die Beiträge der übrigen Betheiligten niedriger oder höher gegriffen werden. Bei Bemessung derselben wird (entsprechend dem in § 26 ausgesprochenen Grundsatze) auch auf die Ursache der Verunreinigung des Wasserlaufs, Rücksicht zu nehmen sein. Bezüglich der Mosel fand in der Kommission des Landesausschusses eine eingehendere Erörterung statt und den eben bezeichneten Grundsätzen wurde nach dem **Kommissionsberichte** (S. 641 f.) durch den Vertreter der Regierung in folgender Weise Ausdruck gegeben:

„Es liegt nicht in der Absicht der Regierung, die Angrenzer dieses Flusses zur Tragung der Kosten, welche durch Räumung des Flußbettes (Baggerungen) hervorgerufen werden, unter allen Umständen heranzuziehen. In den der Schifffahrt dienenden Moselarmen erfolgt die Räumung des Bettes auf alleinige Kosten des Staates, wenn die betreffenden Geröll-, Schlamm- oder sonstigen Materialanhäufungen nicht durch Handlungen der Angrenzer oder sonstiger Personen verursacht worden sind. — Anders liegt dagegen die Sache bei denjenigen Armen der Mosel, welche der Schifffahrt nicht dienen. Die Räumung dieser Flußtheile wird in der Regel aus Gründen bedingt, welche mit der Schifffahrt nichts zu thun haben, und außerdem ist die Nothwendigkeit dieser Arbeiten meist eine Folge von künstlichen Eingriffen in die natürlichen Abflußverhältnisse des Wasserlaufs, sei es daß durch Stauanlagen das natürliche Gefälle des Stromes vermindert und seine Profilweite erweitert wurde, sei es daß dem Wasserlaufe aus irgend welchem Grunde fremde Ablagerungsstoffe zugeführt worden sind, welche dann die zu beseitigenden Mißstände hervorriefen"....

6. Nicht etwa andere, an der Unterhaltung Interessirte, auch wenn Ortsgebräuche oder Verordnungen dieselben bisher herangezogen hatten. § 23 bezieht sich nur auf nicht schiffbare Wasserläufe.

7. Die Verordnung des Statthalters hat hier wesentlich die gleiche Aufgabe wie bei nicht schiff- oder flößbaren Wasserläufen die in § 24 vorgesehene Ministerialverordnung. Das in Bem. 6 und 7 dortselbst

Gesagte findet auch hier entsprechende Anwendung. Die Worte: „sowie die für die Einzelvertheilung zu beobachtenden Grundsätze" waren im Entwurf nicht enthalten und sind von der Kommission des Landesausschusses aus den bei § 24 Abs. 3 dargelegten Gründen in Vorschlag gebracht worden.

8. Sollte heißen „Absatz 2", wie im Entwurfe gesagt war; die Aenderung beruht auf Versehen; gemeint ist die Vertheilung der Kosten nach dem Interesse und nach der Verursachung der Nothwendigkeit der Unterhaltung. Der Inhalt des § 24 Abs. 3 ist in § 27 Abs. 2 wiederholt.

9. § 24 Abs. 4 schreibt ein Untersuchungsverfahren vor, dessen Form durch die Ausführungsbestimmungen zu regeln ist. Zu vgl. Vorschr. v. 2. März 1892 (Anh. I Nr. 5) Art. 13.

10. Gemäß § 24 Abs. 5 hat der Bezirkspräsident die zur Ausführung der Verordnung erforderlichen Anordnungen — bei den der Wasserbauverwaltung untergestellten Wasserläufen* jedoch nur, soweit sie nicht technischer Art sind — zu treffen, sowie die Kostenvertheilung im Einzelnen vorzunehmen. Bezüglich der hierbei zu beachtenden Gesichtspunkte (welche im Allgemeinen schon in der Verordnung des Statthalters bezeichnet werden) gilt das in §§ 25, 26 Gesagte. — Der Hinweis auf § 24 Abs. 5 hat zur Folge, daß auch die in § 23 Abs. 3 enthaltene Bestimmung über die Aufstellung der Hebelisten und die zulässigen Rechtsmittel Anwendung finden. Hinsichtlich der letzteren wird auf das in Bem. 9 zu § 24 Gesagte verwiesen. Entsprechend den dort erörterten Grundsätzen kann vor den Verwaltungsgerichten nur die Ausführung der Verordnung des Statthalters erörtert werden, nicht der Inhalt derselben: die gegen letzteren geltend zu machenden Bedenken sind in dem Untersuchungsverfahren (§ 24 Abs. 4 und oben Abs. 2) anzumelden; dies gilt namentlich auch von der Frage, ob die Unterhaltungsarbeiten ausschließlich den Interessen der Schifffahrt dienen oder nicht und ob also Privatpersonen zur Tragung derselben herangezogen werden können. Anders wenn es sich etwa blos um angebliche Irrthümer in der Verrechnung einerseits der auf die Schifffahrtsanlagen bezüglichen, anderseits der sonstigen Kosten oder um andere Fragen der Ausführung handelt.

§ 28.

[1] [2] Die Unterhaltung der Mühl- und Gewerbskanäle,[3] soweit dieselben künstliche Anlagen und Eigenthum der Triebwerksbesitzer[3] sind, hat ausschließlich durch diese zu erfolgen.

1. **Begründung:** „Auf die lediglich im Interesse einzelner industrieller Anlagen errichteten und in deren Privateigenthum

* S. Anhang III.

stehenden Kanäle, mögen dieselben von öffentlichen oder Privatwasserläufen abzweigen, finden die Grundsätze über Theilnahme der Anlieger u. s. w. an den Unterhaltungskosten nicht Anwendung. Insoweit in Folge Uebereinkommens mit dem Eigenthümer die Uferbesitzer oder sonstige Dritte Nutzen aus solchen Kanälen ziehen, ist es Sache der Betheiligten, die etwa sachgemäße Beitragsleistung derselben gleichfalls durch Uebereinkommen zu regeln."

2. Wie aus der Fassung der Begründung ersichtlich ist, hat § 28 den Zweck, die Kostentragung bei der Unterhaltung künstlicher, im Privateigenthum stehender Wasserläufe zu regeln und zwar ist dieser Zweck mehr ein negativer; denn es soll festgestellt werden, daß § 22 auf solche Wasserläufe nicht Anwendung findet. Positive Bestimmungen über das Verfahren bei Anordnung der Unterhaltung schienen nicht erforderlich. Zumeist stehen die Privatkanäle mit anderen Wasserläufen in solchem Zusammenhang, daß die für die Unterhaltung der letzteren zu erlassenden Anordnungen sich auch auf jene erstrecken; dann wird das Erforderliche durch die auf Grund des § 23 Abs. 2 u. 3, bezw. § 24 Abs. 5 oder § 27 Abs. 3 ergehenden Verfügungen des Bezirkspräsidenten mit geregelt. Oder ein solcher Zusammenhang besteht nicht; dann handelt es sich um eine polizeiliche, bezw. wenn das öffentliche Interesse nicht betheiligt ist, um eine private Angelegenheit und es greift die Zuständigkeit der allgemeinen Polizeiorgane, beziehungsweise der Gerichte Platz. — Wesentlich das gleiche gilt von den im Privateigenthum stehenden Teichen und Seen, welche im Texte nicht erwähnt sind, weil sie nicht „Wasserläufe" bilden.

3. Die Anführung der „Mühl- und Gewerbskanäle" und der „Triebwerksbesitzer" ist nur als eine beispielsweise, mit Rücksicht auf die große Mehrheit der Fälle, aber nicht als eine ausschließliche aufzufassen. Auf künstliche im Privateigenthum stehende Wasserläufe, welche nicht für Triebwerke, sondern für andere industrielle Zwecke bestimmt sind, z. B. Wasserzuführungen zu Färbereien, Bleichereien, Papierfabriken u. s. w. oder welche überhaupt nicht industriellen Zwecken dienen, wie Bewässerungs-, Entwässerungskanäle finden die sich aus der Natur der Sache ergebenden Bestimmungen des § 28 gleichfalls Anwendung; s. auch Bem. 5 zu § 29.

§ 29.

[1] [2] Die Uferbesitzer sind verpflichtet, das Betreten ihrer Grundstücke zu Räumungszwecken [3] und das vorübergehende Ablagern von Ausraum auf denselben ohne Entschädigung zu gestatten. [4] Nur bei den künstlichen Mühl- und Gewerbskanälen, [5] welche Eigenthum der Werkbesitzer [5] sind (§ 28), steht ihnen, soweit nicht zufolge Ortsgebrauch, alter [6] Ver-

ordnung oder Privatrechtstitel andere Grundsätze gelten, Anspruch auf Entschädigung zu.[7]

[1] Die Uferbesitzer sind außerdem verpflichtet, auf den Ufergrundstücken die vorübergehende Ablagerung der zur Unterhaltung der Ufer erforderlichen Materialien gegen Entschädigung zu dulden.[8] Auf die Geltendmachung dieses Entschädigungsanspruchs findet § 6 entsprechende Anwendung.[9]

[10] Den Triebwerksbesitzern kann durch Anordnung der zuständigen Behörde[11] die Auflage gemacht werden, den Stillstand ihrer Wasserkraftmaschinen ohne Entschädigung insoweit zu dulden,[12] als derselbe zur Ausführung der Unterhaltungsarbeiten unbedingt erforderlich ist.[13]

1. **Begründung** zu Abs. 1 und 2. „Die Verpflichtung der Uferbesitzer zur Duldung der mit den Unterhaltungsarbeiten verbundenen Unbequemlichkeiten auf ihrem Grundeigenthum besteht zur Zeit schon auch ohne ausdrückliche gesetzliche Bestimmung (s. Huber, Wassergesetze S. 113 Ziff. 10). Auch bei der Räumung künstlicher Mühlkanäle u. s. w., welche lediglich dem Eigenthümer obliegt, muß das Betreten der Grundstücke und das vorübergehende Ablagern des Abraums geduldet werden, doch steht den Grundeigenthümern hier Anspruch auf Schadensersatz zu. Dies rechtfertigt sich dadurch, daß diese Kanäle lediglich privaten Interessen der Besitzer dienen. – Außerdem empfiehlt es sich im Interesse der Ausführbarkeit der Unterhaltungsarbeiten, die Verpflichtung, die vorübergehende Ablagerung von Baumaterialien zu dulden, gleichfalls zu regeln. Doch muß hier, weil dies nicht alle Betheiligten in gleicher Weise wie beim Aushub gleichmäßig trifft und unter Umständen größere Unbequemlichkeit und Benachtheiligung zu Folge hat, Entschädigung vorgesehen werden."

2. § 29 bezieht sich auf schiff- und flößbare Wasserläufe ebenso wie auf andere. Bezüglich des Rheins s. die besonderen Bestimmungen in § 41.

3. „Räumungszwecke" ist nicht im engsten Sinne aufzufassen. Abs. 1 findet Anwendung, wenn sonstige Unterhaltungsarbeiten mit der Räumung verbunden sind oder auch allein angenommen werden: nur für die Ablagerung von Material ist in Abs. 2 eine anderweite Regelung getroffen.

4. Die näheren Bestimmungen über die Dauer der Ablagerung auf den Ufergrundstücken und über die weitere Verbringung derselben werden durch die Ausführungsanordnungen des Bezirkspräsidenten (§ 23 Abs. 3, § 24 Abs. 5, § 27 Abs 3) getroffen, können durch diese Anordnung jedoch auch dem mit Leitung der Ueberwachung der Arbeiten betrauten Beamten überlassen werden.

Es ist selbstverständlich, daß sowohl bei der Betretung der Grundstücke als bei der Ablagerung von Ausraum mit möglichster Schonung zu verfahren und die Belästigung der Ufereigenthümer thunlichst zu beschränken ist. Für Beschädigungen, welche bei pflichtgemäßer Sorgfalt sich hätten vermeiden lassen, kann Ersatzanspruch erhoben werden. (Zuständig sind die Gerichte).

Ein Anspruch auf Belassung des Ausraums steht den Uferbesitzern nicht zu.

5. Zu vergl. Bem. 3 zu § 28. — Hierher gehören auch die auf Grund der §§ 11 ff. auf fremdem Grund und Boden angelegten Kanäle, soweit sie nicht etwa von dem Eigenthümer des belasteten Grundstücks mitbenutzt werden. Der Uferbesitzer hat Anspruch auf Entschädigung für den ihm bei den Unterhaltungsarbeiten erwachsenden Schaden jedoch nur, sofern nicht bei der ursprünglichen Festsetzung der Schadloshaltung die Benachtheiligung durch die voraussichtlich nothwendig werdenden Räumungsarbeiten schon mitberücksichtigt worden ist. S. Bem. 7 zu § 11.

6. Der Ausdruck „alte Verordnung" im Gegensatz zu „Verordnung" in den ähnlichen Fällen der §§ 9 und 23 ist gewählt, weil hier nicht wohl Verordnungen aus neuerer Zeit, welche etwas gegentheiliges bestimmen, zu Recht bestehen können.

7. Der Anspruch ist erforderlichenfalls vor Gericht geltend zu machen: § 6 findet, da es sich um eine rein privatrechtliche Angelegenheit handelt, hier nicht, wie in Abs. 2, Anwendung.

8. Die Entschädigung ist nur zu leisten für das Ablagern der Materialien und den durch das hierdurch verursachte Ab- und Zugehen der Leute, nicht aber für den sonstigen durch die Unterhaltungsarbeiten etwa erwachsenen Schaden.

9. Hiernach ist der Anspruch auf Entschädigung spätestens vor Ablauf eines Jahres nach Beginn der Ablagerung („der Herstellung des der Anordnung der Behörde entsprechenden Zustandes", § 6 Abs. 1) anzumelden. Ueber den Anspruch wird durch den Wasserbauinspektor bezw. Meliorationsbauinspektor entschieden. (Art. 5 der Vorschr. über die Zuständigkeit und das Verfahren in Bezug auf Wasserbenutzung und Wasserschutz, vom 14. März 1892, s. unten Anhang II Nr. 7). Gegen die Entscheidung ist binnen 6 Monaten nach Behändigung des Beschlusses Klage zu erheben. Zuständig sind die Amtsgerichte, wenn die beanspruchte Entschädigung 300 M. nicht übersteigt, andernfalls die Landgerichte; die Klage ist zu richten gegen den Unternehmer, welcher die Ausführung der Arbeiten übernommen hat bezw. gegen die mit der Ausführung (bei Arbeiten an schiff- und flößbaren Wasserläufen) etwa betraute Behörde.

10. Die **Begründung** zu Abs. 3 besagte:

„Den Triebwerkbesitzern ist allgemein in den ihre Anlagen genehmigenden Verordnungen der Stillstand der Anlage zu Zwecken der Unterhaltungsarbeiten auferlegt. Es empfiehlt sich, dies im Gesetze selbst ausdrücklich auszusprechen, damit auch die Rechtslage der älteren Triebwerke, welche sogenannte gesetzliche Existenz besitzen, in dieser Beziehung klar gestellt wird. Auch bei diesen ist übrigens die Verpflichtung, den Stillstand zu dulden, zur Zeit schon allgemein anerkannt, und sachliche Bedenken können hiergegen um so weniger bestehen, als die Triebwerkbesitzer ebenso wie die Grundeigenthümer die vorübergehende Benachtheiligung, welche ihnen die in ihrem eigenen Interesse nicht weniger als in dem der Allgemeinheit nothwendige Unterhaltung bringt, auf sich nehmen müssen. — Um irrige Auslegungen zu verhüten, soll hier besonders hervorgehoben werden, daß aus der Bestimmung des Absatzes 3 nicht e contrario ein Anspruch der Triebwerkbesitzer auf Entschädigung für die Fälle abgeleitet werden darf, in welchen aus sonstigen Gründen des öffentlichen Interesses ein Stillstand ihrer Werke nothwendig wird. In dieser Beziehung besondere Bestimmungen hier im Gesetze vorzusehen, erscheint wegen der Verschiedenartigkeit der Fälle in thatsächlicher und rechtlicher Beziehung nicht möglich. Diese Frage ist von Fall zu Fall nach den besonderen Verhältnissen zu entscheiden."

Bezüglich der in der Begründung erwähnten Frage der Entschädigung für Stillstand von Triebwerken in anderen Fällen ist zu unterscheiden zwischen schiffbaren (bezw. flößbaren) und andern Wasserläufen:

a. Bei schiffbaren Wasserläufen steht in der Regel dem Triebwerkbesitzer ein Anspruch auf Entschädigung nicht zu, wenn der Stillstand der Mühle durch Arbeiten oder sonstige Maßnahmen des öffentlichen Interesses, beispielsweise wasser- oder gesundheitspolizeiliche Angelegenheiten oder Förderung der Schifffahrt oder sonstige öffentliche Arbeiten veranlaßt ist. Denn dem Triebwerkbesitzer steht ein klagbarer Privatrechtsanspruch auf Benutzung des Wassers nicht zu; s. auch oben § 5. Triebwerke mit sog. gesetzlicher Existenz (s. Bem. 1 zu § 49) stehen in dieser Beziehung den Werken an nicht schiffbaren Wasserläufen gleich. — Ist die Betriebsunterbrechung lediglich Folge einer im Privatinteresse vorgenommenen Maßnahme, z. B. wegen Errichtung einer anderen Wasserbenutzungsanlage, so steht dem Triebwerksbesitzer ein Entschädigungsanspruch gegen denjenigen zu, in dessen Interesse der Stillstand angeordnet worden ist. — Besondere Vorschriften bestehen bezüglich des Stillstands wegen Durchfuhr von Schiffen oder wegen der Flößerei, s. § 51 Ziff. 5 und Bem. das.

b. An nicht schiff- und flößbaren Wasserläufen wird nach den Grundsätzen, auf welchen § 5 Abs. 3 beruht, in der Regel ein Anspruch auf Entschädigung für Stillstand bestehen, auch wenn es sich um Maßnahmen des öffentlichen Interesses handelt (sofern nicht etwa nach den Grundsätzen des Art. 30 des Gesetzes vom 16. Sept. 1807 eine Ausgleichung mit den Vortheilen, welche dem Eigenthümer durch die Anlage erwächst, stattfindet). Das Gleiche gilt von denjenigen Triebwerken an schiff- oder flößbaren Wasserläufen, welche sog. gesetzliche Existenz haben. Immerhin sind Fälle denkbar, in welchen ein Anspruch auf Entschädigung nicht besteht, z. B. wenn die Genehmigung zur Errichtung der Anlage nur unter ausdrücklichem Vorbehalte des demnächstigen Stillstandes wegen einer bereits in Aussicht genommenen öffentlichen Arbeit erfolgt ist. (Ein allgemeiner Vorbehalt jederzeitiger Anordnung des Stillstandes stünde bei den nach § 1 gegenwärtigen Gesetzes genehmigten Anlagen in Widerspruch mit dem Grundsatz des § 5 Abs. 3; bei den unter dem älteren Rechte concessionirten Triebwerken wird er nach der französischen Rechtsprechung als bedeutungslos behandelt). Die Zuständigkeit für den Ersatzanspruch richtet sich nach § 6. — Bezüglich der Betriebsunterbrechung infolge privater Maßnahmen gilt das unter a) Gesagte.

11. Zuständige Behörde ist diejenige, welche die Unterhaltungsarbeiten auszuführen oder — bei nicht schiff- und flößbaren Wasserläufen — zu überwachen hat.

12. Zuwiderhandlungen sind gemäß § 31 des Feldpolizeistrafgesetzes (s. § 46 und 51 Ziffer 6 sowie Bem. das.) strafbar. Das gegenwärtige Gesetz läßt die betreffende Anordnung als eine Polizeiverordnung im Sinne jenes Gesetzes erscheinen. — Neben der Bestrafung kann, soweit nothwendig, auch ein Zwang ausgeübt werden; dies liegt im Worte „dulden“.

13. „Unbedingt erforderlich“ bezweckt die Behörde darauf aufmerksam zu machen, daß sie den für die Betheiligten oft sehr nachtheiligen Stillstand auf das Aeußerste zu beschränken haben.

2. Flußbauverbände.

Zu §§ 30—35.

Vorbemerkungen.

Die **Begründung** zu den bezeichneten Paragraphen besagte im Allgemeinen:

„Bei einer Reihe nicht schiffbarer Wasserläufe kann in Folge der natürlichen und künstlichen Verhältnisse, welche den Wasserlauf und die Ausbildung des Flußbettes bedingen, durch einfache Räumungen ein den öffentlichen Interessen entsprechender Zustand nicht erhalten werden. Es sind hierzu vielmehr technische Maßregeln erforderlich, welche zu ihrer Durchführung die Mitwirkung eines ständigen Organs der Betheiligten nöthig machen. Die Bildung von Genossenschaften auf Grund des Gesetzes vom 21. Juni 1865 ist zu diesem Zweck selten möglich, denn es handelt sich hierbei häufig um einen ausgedehnten Interessenkreis, indem in der Regel durch Arbeiten an einer oberen Flußstrecke der Wasserlauf und die Ueberschwemmungsverhältnisse auch an den unteren Theilen des Flußgebietes in Mitleidenschaft gezogen werden. Die Genossenschaften eignen sich aber der Art ihrer Bildung nach nur für örtlich beschränktere Unternehmungen. Schon unter französischer Herrschaft wurden daher mehrfach in Verordnungen, welche auf Grund des Art. 2 des Gesetzes vom 14. Floréal XI erlassen worden sind, die Betheiligten in „Syndikate" (wohl zu unterscheiden von den associations syndicales des Gesetzes von 1865) vereinigt, um auf diese Weise die erforderliche Vertretung derselben zu schaffen. — Neuerdings hat sich mehrfach die Nothwendigkeit, theils der Umgestaltung bestehender Syndikate, theils der Schaffung neuer derartiger Vertretungskörper für andere Wasserläufe ergeben. So wurden derartige Verordnungen erlassen für die große Seille am 3. Januar 1889 (C. u. Bez. A. Bl. 1889 S. 11), die Rose am 31. Dezember 1889 (C. u. Bez. A. Bl. 1890 S. 21), den Zwölfmühlenkanal am 12. April 1890 (ebendas. S. 136), die Fecht am 6. November 1890 (ebendas. S. 327). — In diesen Verordnungen ist zur Vermeidung von Verwechselungen mit den vielfach noch als Syndikate bezeichneten Genossenschaften und den sonst im Verwaltungsrecht noch vorkommenden Syndikaten der Ausdruck „Flußbauverbände" gebraucht worden, welcher den Zweck der Vereinigung deutlich erkennen läßt und auch anderwärts angewendet wird. — Die nicht schiffbaren Wasserläufe oder Theile von solchen, welche für die Bildung derartiger Verbände nach ihrer Beschaffenheit etwa noch in Betracht kommen könnten, sind außer den vier genannten noch die folgenden (wobei jedoch selbstverständlich nicht unmittelbar an die thatsächliche Einführung zu denken ist): die Zembs, ferner die ganzen auf elsaß-lothringischem Gebiete verlaufenden Flußstrecken: der Lauter, der Seille, der vereinigten Nied, der Rossel, der Orne und der Blies; und die Flußstrecken: der Ill von der Straßenbrücke bei Hirsingen bis zum Ladhof bei Colmar, der Doller von der steinernen Straßenbrücke bei Masmünster bis zur Ill, der Thur von der Brücke in Altthann bis zur Ill, der Lauch von der Einmündung des Linthalbaches oberhalb Lautenbachzell bis zur Ill, der Weiß von der Straßenbrücke bei Alspach bis zur Fecht, der Leber von der Einmündung des Rauenthalbachs bei Eckerich bis zum Gießen, des Gießen von der Brücke in Weiler bis zur Ill, der Blind von der Vereinigung mit dem Widensohlenkanal bis zur Ill, der Andlau von der Eisenbahnbrücke bei Eichhofen bis zur Ill,* der Ehn von der Eisenbahnbrücke bei Oberehnheim bis zur Ill,* der Breusch von der Straßenbrücke in Rothau bis zur Ill, der Suffel von der Straßenbrücke bei Stützheim bis zur Ill, der Zorn von der Brücke in Monsweiler bis zur Moder, der Zinsel von der Straßenbrücke bei Oberhof bis zur Zorn, der nicht schiffbaren Moder von der unteren Brücke in Ingweiler bis zur Gemarkung Stattmatten, des Selzbachs von der Brücke in Niederröbern bis zum Rhein, der Eichel von der Einmündung des Soolbachs oberhalb Diemeringen bis zur Saar, der kleinen Seille von der Brücke im Dorfe Habudingen bis zur Seille, der deutschen Nied von der Brücke in der Straße von

* Für die Andlau und Ehn ist noch vor Inkrafttreten des gegenwärtigen Gesetzes ein Flußbauverband gebildet worden; s. V. v. 28. Juni 1891 (C. u. Bez. A. Bl. S. 118).

Tetingen nach Geßlingen bis zur vereinigten Nied, der französischen Nied von der Brücke in der Straße von Chicourt nach Château-Bréhain bis zur vereinigten Nied, der Kanner von der Brücke am Nördlinger Hof, Gemeinde Endorf, bis zur Mosel, der Albe von der Brücke in der Straße von Leiningen nach Albesdorf bis zur Saar, der Schwalb von der Einmündung des Untergrabens der Lambacher Mühle bis zur Landesgrenze.

Auch bei schiffbaren Wasserläufen erscheint die Bildung solcher Organe der Betheiligten nothwendig, allerdings nicht für die eigentlichen Unterhaltungsarbeiten am Wasserlauf, welche hier vom Staate ausgeführt werden, vorbehaltlich der Beitragsleistung seitens der Betheiligten, aber für Arbeiten zum Schutz gegen Ueberschwemmungen an den Ufergrundstücken."

§ 30.

[1]Sofern bei größeren nicht schiff- oder flößbaren Wasserläufen oder Theilen von solchen eine den Erfordernissen des öffentlichen Interesses entsprechende Instandhaltung ohne ständige Mitwirkung einer Vertretung der Betheiligten nicht möglich ist und Genossenschaften nach Art. 1 Ziffer 1 und 2 des Gesetzes vom 21. Juni 1865 nicht bestehen, können die Betheiligten (§ 22)[2] zum Zwecke der Unterhaltung (§ 21) und, soweit erforderlich, zum Zwecke der Eindämmung und Regulirung des Flußbettes, sowie zur Herstellung von Bauten behufs Verbesserung der Hochwassernutzung und des Hochwasserabzugs im Ueberschwemmungsgebiete zu Flußbauverbänden vereinigt werden.

Ebenso können bei schiff- oder flößbaren Wasserläufen[3] oder Theilen von solchen zum Zwecke der Herstellung und Unterhaltung von Hochwasserdämmen, Kunstbauten und Fluthgräben Flußbauverbände gebildet werden.[4]

Die Bildung der Flußbauverbände erfolgt durch Verordnung des Statthalters.[1]

1. Beispiele für die Bildung von Flußbauverbänden sind in den in den Vorbemerkungen S. 75 erwähnten Verordnungen gegeben. Diese Verordnungen enthalten theilweise gleichzeitig Bestimmungen über die Wasserbenutzung, insbes. die Vertheilung des Wassers, so bei der Verordnung über den Zwölfmühlenkanal vom 12. April 1890, Art. 14 ff.; über die Fecht vom 6. Nov. 1890, Art. 15 ff.

2. Die betheiligten Grundstücke erlangen durch die Arbeiten des Flußbauverbandes Vortheile hinsichtlich des Schutzes gegen das Wasser

wie hinsichtlich der Wasserbenutzung. In letzterer Beziehung kommt namentlich der gleichmäßige Wasserbezug der Triebwerke und Wässerungen in Betracht. Wenn dann nach der Ausführung der Arbeiten Triebwerke neu errichtet oder vorhandene Triebwerke für stärkeres Gefälle eingerichtet werden u. ähnl. mehr, also Umstände eintreten, welche bei der Bildung des Verbandes und der Vertheilung der Anlagekosten nicht Berücksichtigung gefunden haben, ist es billig, denjenigen, welche in dieser Weise nachträglich Nutzen von dem Unternehmen ziehen, die Leistung eines entsprechenden Beitrages zu den Kosten aufzuerlegen. Dieser Beitrag dient dann dazu, die von den übrigen für die Vollendung oder gegebenenfalls die Unterhaltung der Arbeiten aufzuwendenden Kosten zu mindern. Eine solche nachträgliche Beitragsleistung ist beispielsweise vorgesehen in Art. 11 der Verordnung über den Flußbauverband der Fecht (s. oben Bem. 1). Die Auferlegung derselben hat nicht die Natur einer Bedingung im Sinne der §§ 18, 21 der Gewerbeordnung; es finden deßhalb nicht die an letzterer Stelle vorgesehenen Rechtsmittel statt, sondern die in Bem. 1 zu § 33 erwähnten, soweit solche zuläßig sind. Nachträglich errichtete Wässerungsanlagen geben in der Regel zu besonderer Auferlegung von Kostenbeiträgen nicht Anlaß, weil die Vertheilung der auf die Wiesenbesitzer treffenden Antheile nach der wässerbaren Fläche, nicht nach Maßgabe der vorhandenen Anlagen erfolgt.

3. Auf den Rhein findet § 30 nicht Anwendung, s. § 38.

4. Bei schiff- und flößbaren Wasserläufen ist gemäß § 27 die Unterhaltung im Sinne des § 21 Aufgabe des Staates; zur Bildung von Flußbauverbänden liegt also kein Anlaß vor. Wohl aber ist dies der Fall bezüglich der zum Schutze des Hinterlandes gegen die Hochwasser, nicht in oder am Flußbett sondern außerhalb desselben, erforderlichen Bauten, wie sie in Abs. 2 bezeichnet sind. Zu den Kosten dieser Arbeiten hat nicht, wie nach § 27, der Staat einen Beitrag von mindestens 10% zu leisten. Thatsächlich werden derartige umfangreiche, im öffentlichen Interesse liegende Arbeiten zumeist nicht ohne erhebliche, den bezeichneten Prozentsatz übersteigende Beitragsleistung des Staats ausgeführt werden können.

Bei den erwähnten, lediglich zum Schutze gegen die Hochwasser bestimmten Arbeiten wird eine besondere Heranziehung der Triebswerksbesitzer und sonstiger das Wasser benutzenden Personen als solche (§ 22 Ziffer 2) zu einem bestimmten Kostenbetrag nicht wohl gerechtfertigt sein; es kommen vielmehr für die Kostenvertheilung in den Fällen des Abs. 2 nur die in § 22 Ziffer 1 bezeichneten Grundeigenthümer (s. Bem. 3 zu § 22) in Betracht.

§ 31.

Die Flußbauverbände können unter ihren Namen Rechte erwerben und Verbindlichkeiten eingehen, vor Gericht klagen und verklagt werden.

§ 32.

Durch die Verordnung über Bildung eines Flußbauverbandes sind zu regeln:

1. der Gegenstand des Unternehmens,[1]
2. die Umgrenzung des Verbandsgebietes,[2]
3. die Grundlagen der Kostenvertheilung,[3]
4. die Form der Ernennung bezw. Wahl des Vorstandes, dessen Zusammensetzung und Befugnisse,[4]
5. die technische Leitung der Arbeiten,[5]
6. das Rechnungswesen, sowie die Zuständigkeit zur Vollstreckbarerklärung der Hebelisten,[6]
7. die der Verwaltungsbehörde zustehende Mitwirkung und Oberaufsicht über die Verbandsangelegenheiten,[7]
8. die den Grundbesitzern für ihre Grundstücke etwa aufzuerlegenden Beschränkungen des Eigenthums innerhalb und außerhalb des Verbandsgebiets.[8]

Der Entwurf der Verordnung ist mit den Plänen einem Untersuchungsverfahren zu unterziehen. Die Form dieses Verfahrens wird durch die Ausführungsbestimmungen geregelt.[9]

Ueber Streitigkeiten darüber, ob ein Grundstück in die Umgrenzung des Verbandsgebiets (Ziffer 2) fällt, entscheidet der Bezirksrath; Rekurs an den Kaiserlichen Rath ist zulässig.[10]

1. Der Gegenstand des Unternehmens muß sich nicht auf Unterhaltungsarbeiten oder Neubauten zum Schutze gegen das Wasser beschränken, sondern kann auch Arbeiten umfassen, welche im allgemeinen Interesse eine ergiebigere Wassernutzung bezwecken, so die Anlage der zur Hochwasser-Bewässerung oder Ableitung erforderlichen größeren Gräben (Beispiel: Art. 1 der Verordnung über den Flußbauverband der Ehn und Andlau v. 25. Juni 1891), die Sicherstellung und Ueberwachung einer richtigen Ausnutzung des Wassers (Beispiel: Art. 1 der Verordnung über den Zwölfmühlenkanal v. 12. April 1890).

2. Die Umgrenzung des Verbandsgebiets bezieht sich auf die Flußstrecke, sowie auf die Entfernung vom Wasserlauf, innerhalb deren die Grundstücke zum Verband gehören. Diese Entfernung wird zuweilen nicht genau angegeben werden können, es genügen allgemeine Bezeichnungen, z. B. der Bereich des Verbandes erstreckt sich auf das ganze Ueberschwemmungsgebiet des Wasserlaufs in den Gemarkungen von ... (so in der Verordnung über die Rose vom 31. Dezember 1889)

Für Meinungsverschiedenheiten über die Zugehörigkeit eines Grundstückes zum Verband enthält Abs. 3 nähere Bestimmungen.

3. Die Grundlagen der Kostenvertheilung sind in ähnlicher Weise anzugeben wie in den in §§ 24 bezw. 27 vorgesehenen Verordnungen (s. Bem. 6, 7 zu § 24 und Bem. 7 zu § 27). Die in Anwendung kommenden Grundsätze sind selbstverständlich nach den Verhältnissen des einzelnen Falles zu bemessen. Beispiele bieten Art. 10 der V. O. über die Rose, Art. 11 der V. O. über den Zwölfmühlenkanal, Art. 10, 12 der V. O. über die Fecht (vom 6. November 1890); s. auch Bem. 2 und 4 zu § 30.

4. In den bisherigen Fällen wurde dem Bezirkspräsidenten die Ernennung des Vorstandes übertragen und je nach der Lage des einzelnen Falles die Zusammensetzung aus einer bestimmten Anzahl von Vertretern der Landwirthschaft und der Industrie vorgesehen, so Zwölfmühlenkanal Art. 3; Fecht, Art. 3; Ehn und Andlau, Art. 3. Die Ernennung erfolgt auf bestimmte Zeit, zumeist auf 7 Jahre, unter Ausscheiden je eines Mitgliedes in der durch Loos zu bestimmenden Reihenfolge mit Befugniß der Wiederernennung. An der Spitze steht ein vom Bezirkspräsidenten ernannter Direktor bezw. Stellvertreter desselben. Doch können selbstverständlich auch andere Arten der Zusammensetzung z. B. freie Wahl der Betheiligten vorgesehen werden. — Die Befugnisse des Vorstandes bestehen zumeist in Genehmigung der Entwürfe für die Arbeiten, Bestimmung der Art der Ausführung derselben, Veranlassung der Vergebung der Arbeiten, Feststellung des Gesammtplanes der betheiligten Grundstücke und Festsetzung des jeden Eigenthümer treffenden Kostenantheils, Aufstellung des jährlichen Haushaltentwurfs, Aufnahme von Anleihen vorbehaltlich der Genehmigung des Bezirkspräsidenten, Abschluß sonstiger Rechtsgeschäfte, Beschlußfassung über Prozeßführung und Vertretung des Verbandes vor Gericht, Ueberwachung der Wassertriebwerke und Wasserentnahmen im Interesse des Verbandes, Vertretung des letzteren in allen Angelegenheiten gegenüber der Verwaltung u. s. w.

5. Die technische Leitung der Arbeiten wurde bisher regelmäßig dem Meliorationsbauinspektor übertragen, welcher auch die Entwürfe (vorbehaltlich technischer Feststellung durch das Ministerium) zu bearbeiten, die Arbeiten zu vergeben, nach Fertigstellung abzunehmen hat u. s. w. Die Ueberwachung der Ausführung erfolgt durch den Verbandsdirektor und ein vom Vorstand zu bezeichnendes Mitglied; s. Rose Art. 12 ff., Zwölfmühlenkanal Art. 19 ff., Fecht Art. 19 ff., Ehn und Andlau Art. 15 ff.

6. Für das Rechnungswesen wird in der Regel vom Vorstand ein besonderer Verbandsrechner ernannt, dessen Kaution und Bezüge der Bezirkspräsident festsetzt. Die Beiträge der einzelnen Betheiligten sind durch die Gemeinderechner einzuziehen (gegen Hebegebühren) und an den Verbandsrechner abzuführen. Die Zahlungen sind vom Verbandsrechner

auf Grund einer Anweisung des Direktors, wenn nöthig auch des Bezirkspräsidenten, zu leisten. Alljährlich ist Rechnung zu stellen, welche öffentlich aufzulegen und dann vom Bezirkspräsidenten zu prüfen ist. Die Hebelisten werden durch den Verbandsrechner aufgestellt und während einer bestimmten Frist öffentlich aufgelegt. Die Vollstreckbarerklärung erfolgt durch den Bezirkspräsidenten. Rose Art. 21 ff., 17, 18, 20; Zwölfmühlenkanal Art. 28 ff. 23—25, 27; Fecht Art. 20 ff., 24, 25, 27; Ehn und Andlau Art. 24 ff., 20, 21, 23.

7. Eine Mitwirkung und Oberaufsicht der Verwaltungsbehörde ist theilweise schon in den oben erwähnten Befugnissen des Bezirkspräsidenten und des Meliorationsbauinspektors vorgesehen. Außerdem bestimmen die bisherigen Verordnungen übereinstimmend, daß die Beschlüsse des Vorstandes der Genehmigung des Bezirkspräsidenten unterliegen und daß der Meliorationsbauinspektor (sowie theilweise der Kreisdirektor) zu den Sitzungen des Vorstandes einzuladen und berechtigt ist, sich an den Verhandlungen zu betheiligen. Rose Art 11; Zwölfmühlenkanal Art. 12; Fecht Art. 13; Ehn und Andlau Art. 13.

8. Zu Ziffer 8 sagt die **Begründung**:

„Es ist hierbei wesentlich an Wasserläufe gedacht, bei welchen eine größere Ueberschwemmungsgefahr besteht. Die Hochdammanlagen können die gewollte Wirkung unter Umständen nur dann haben, wenn an bestimmten Oertlichkeiten Bauten, welche auf den Ablauf des Hochwassers von nachtheiligem Einfluß sein können, verboten werden können. Die Gesetze anderer Staaten sehen deßhalb allgemein das Erforderniß der Genehmigung von derartigen Anlagen im Ueberschwemmungsgebiet derjenigen Wasserläufe, für welche sich ein solches Bedürfniß ergibt, vor; so Bayern, Wasserbenützung Art. 10, 11, 40; Hessen, Bäche, Art. 114, Flüsse, Art. 1. Auch erscheint dies hier für den Rhein unumgänglich, s. § 38*. Im übrigen aber hält es der Entwurf nach den bis jetzt gemachten Erfahrungen nicht für erforderlich, allgemein derartige Beschränkungen einzuführen. Bei denjenigen Wasserläufen, deren Verhältnisse dieselben nothwendig machen, wird die Bildung eines Flußbauverbandes nicht zu umgehen sein, und es wird daher genügen, in den betreffenden Verordnungen die bezeichneten Bestimmungen vorzusehen. Außerdem kann in dringenden Fällen durch Polizeiverordnungen die erforderliche Sicherheit getroffen werden, wie dies ähnlich durch Art. 4 Abs. 2 der Verordnung für Unter-Elsaß vom 8. Juli 1880 (Amtsblatt S. 150), der Verordnung für Ober-Elsaß vom 12. Juli 1880 (Amtsblatt S. 101) und der Verordnung für Lothringen vom 18. Juli 1880 (Amtsblatt S. 147) geschehen ist. — Durch das Untersuchungsverfahren, welchem der Entwurf zu dieser Verordnung zu unterziehen ist, wird allen Betheiligten Gelegenheit geboten, ihre Interessen zu wahren."

* Jetzt § 39.

Die hier in der Begründung erwähnten Polizeivorschriften sehen die Einholung einer Erlaubniß des Bezirkspräsidenten für solche Bauten oder Anlagen in der Nähe eines weder schiff- noch flößbaren Wasserlaufs vor, „welche zu dem Zwecke gemacht werden, den Ablauf des Hochwassers zu ändern oder zu reguliren." Die in Ziffer 8 vorgesehenen Beschränkungen können sich selbstverständlich auch auf Anlagen beziehen, welche zwar nicht den bezeichneten Zweck verfolgen, aber die gleiche Wirkung äußern können, wie das auch in § 39 für das Ueberschwemmungsgebiet des Rheins vorgesehen ist. — Ein weiteres Beispiel zulässiger Beschränkungen s. in Bem. 3 zu § 3.

Ueber die Bestrafung von Zuwiderhandlungen gegen die gemäß Ziffer 8 auferlegten Beschränkungen s. § 44 Ziffer 3.

9. S. Vorschriften, betreffend das Untersuchungsverfahren zur Vorprüfung der Verordnungen über Wasservertheilung, Unterhaltung von Wasserläufen und Bildung von Flußbauverbänden, vom 2. März 1892, Anhang II Nr. 5.

10. Absatz 3 bildete im Entwurf einen besonderen Paragraphen (33) — Eine Frist zur Anrufung des Bezirksraths ist im Gesetze nicht vorgesehen. In der Regel wird dieselbe erfolgen aus Anlaß der Heranziehung des Grundstückseigenthümers zu den Kosten. Dann ist sie in Form der Reklamation wie bei den direkten Steuern geltend zu machen (s. Bem. 1 zu § 33) und demgemäß innerhalb 3 Monaten von Offenlegung der Hebeliste ab (Art. 28 G. v. 21. April 1832). Eine spätere Anrufung hätte jedenfalls für die bereits vollstreckbar erklärte Hebeliste keine Bedeutung. Das Verfahren vor dem Bezirksrath und dem Kaiserlichen Rath richtet sich nach V. v. 23. März 1889 (G. Bl. S. 39).

§ 33.

Die Einziehung der Beiträge zum Flußbauverband erfolgt nach den Vorschriften über die direkten Steuern.[1]

[2]Die Verpflichtung zur Tragung derselben geht auf den neuen Erwerber eines zum Verbandsgebiet gehörigen Grundstücks, Triebwerks oder einer sonstigen bleibenden Betriebsanlage zur Benutzung des Wassers (§ 22 Ziffer 2) über; entgegenstehendes Uebereinkommen ist dem Verbande gegenüber ohne Wirkung.

1. Die Vorschriften über die Einziehung der direkten Steuern sind zur Zeit enthalten in der Verordnung des Statthalters, betreffend die Zwangsvollstreckung behufs Beitreibung öffentlicher Gefälle, vom 15. November 1880 (A. Bl. Min. S. 84). Daß gegen die Einziehung auch dieselben Rechtsmittel zulässig sind, wie bei den direkten Steuern, ist — anders wie in dem ähnlichen Falle des § 23 Abs. 3 (s. Bem. 6 das.) — nicht ausdrücklich gesagt. Es ist daraus aber nicht zu schließen, daß hier Rechtsmittel nicht zugelassen wären oder daß etwa der Rechts-

weg offen stünde. Denn für den wichtigsten Fall der Einwendung gegen Anforderung der Beiträge sind die gleichen Rechtsmittel, wie sie bei den direkten Steuern zulässig sind, bereits in § 32 Abs. 3 vorgesehen und aus diesem Grunde konnte hier von der Wiederholung abgesehen werden. Selbstverständlich kann durch die Reklamation nicht etwa der Inhalt der Verordnung angefochten werden. Das in Bem. 9 zu § 24 und Bem. 10 zu § 27 für ähnliche Fälle Gesagte gilt auch hier.

2. Absatz 2 bezieht sich auf alle noch rückständigen Beiträge; es ergibt sich dies auch unzweideutig aus der **Begründung**, in welcher gesagt ist:

„In § 34* wird die Verpflichtung zur Tragung der Beiträge zum Flußbauverband als auf dem Grundstücke ruhend in der Weise vorgesehen, daß der jeweilige Eigenthümer des Grundstücks ohne Rücksicht auf etwaige anderweite Verabredung für die fälligen Beträge persönlich haftet. Ein Vorzugsrecht auf die Erträgnisse der Liegenschaft, welches für den Fall des Konkurses landesrechtlich nicht eingeführt werden könnte, oder ein Anspruch des Verbandes auf vorzugsweise Befriedigung aus dem Kaufpreise des Grundstücks ist dadurch nicht geschaffen. Die fragliche Bestimmung erscheint nothwendig, um die Einziehung der Beiträge zu sichern und Schwierigkeiten, welche bei Besitzwechsel bezüglich der Frage entstehen könnten, ob die Beiträge vorher oder nachher angefallen sind, zu beseitigen."

Für die erst nach dem Eigenthumsübergang fällig gewesenen Beiträge wäre zudem eine solche gesetzliche Bestimmung nicht nothwendig gewesen.

§ 34.

Auf Zwangsenteignungen, welche im Interesse der Flußbauverbände nothwendig werden, findet bezüglich des Verfahrens behufs Festsetzung der Entschädigungen Art. 16 des Gesetzes über die Vicinalwege vom 21. Mai 1836 Anwendung.[1]

1. Ueber die Gründe für diese Bestimmung und die Bedeutung derselben s. Bem. zu § 20.

§ 35.

[1]Wenn in Folge der Regulirung eines Wasserlaufs eine Verlegung des Bettes desselben stattfindet, wird der Flußbauverband Eigenthümer des alten Bettes. Sofern der Flußbauverband das alte Bett oder Theile desselben verkaufen will, ist dasselbe zunächst den Anliegern[2] zum Ankauf anzubieten und, falls mit diesen eine Einigung nicht erfolgt, zur öffentlichen Versteigerung zu bringen.[3]

* Diese Nummer trug § 33 im Entwurf.

1. Der **Entwurf** (§ 35 Abs. 2, der jetzige § 34 bildete den Absatz 1) enthielt nur den ersten Satz des Paragraphen. In der **Begründung** war gesagt:

„Das Eigenthum am Bett der Wasserläufe aller Art steht dem Staate zu. Daher nimmt, wenn in Folge Verlegung eines Wasserlaufs ein Theil des Bettes trocken gelegt wird, nach dem bisherigen Rechte der Staat das anfallende Gelände in Anspruch. Hierdurch entstehen oft große praktische Schwierigkeiten. Vor Allem ist die Rechtslage nicht allgemein bekannt, so daß die Genossenschaften u. s. w., welche mit Ermächtigung des Staates die Verlegung vorgenommen haben, gewöhnlich im Glauben sind, über das trocken gelegte Bett verfügen zu können, dasselbe mit Weiden behufs Erzielung von Faschinen u. s. w. anpflanzen, Verträge mit den Anliegern abschließen, so daß, wenn später der Fiskus seine Rechte geltend macht, Weiterungen erwachsen, welche zumeist mit dem Werthe des Gegenstandes nicht in Einklang stehen. Denn gewöhnlich hat ein solches, unregelmäßig verlaufendes, von anderen Grundstücken eingeschlossenes, sumpfiges Gelände für den Fiskus keinen irgend erheblichen Geldwerth. Es empfiehlt sich daher, allgemein auszusprechen, daß den öffentlich-rechtlichen Körperschaften, welche zu Zwecken der besseren Gestaltung der Wasserbenutzung oder des Schutzes gegen das Wasser derartige Wasserlaufverlegungen vornehmen, das trocken gelegte Bett zufallen soll. § 35 Absatz 2 sieht dies für die Flußbauverbände im Anschluß an die Regelung ihrer Rechtsverhältnisse vor, § 50 für autorisirte Genossenschaften. Für andere Fälle einer Wasserlaufverlegung empfiehlt es sich nur, der Verwaltung die Möglichkeit der unentgeltlichen Abtretung des Bettes zu geben. Die Verhältnisse können hier verschiedenartig liegen, so daß es nicht angezeigt ist, den Unternehmern einen A n s p r u ch hierauf zu gewähren.

Es kommt dabei in Frage, ob etwa ähnlich wie in Baden, Art. 84 Abs. 5, den Anliegern ein Anspruch auf Abtretung des Bettes oder doch ein Vorkaufsrecht gewährt werden soll. Die Frage dürfte zu verneinen sein. Die vorliegende Bestimmung hat ihr Vorbild in Art. 563 Code civil, und dort ist ein solcher Anspruch der Anlieger des ausgetrockneten Bettes nicht vorgesehen. Die Gewährung desselben würde für den Flußbauverband leicht Benachtheiligungen zur Folge haben können, wenn etwa nur für einzelne Theile des Bettes Anspruch durch die Anlieger erhoben und dadurch der Rest des Geländes entwerthet würde. — Der in Baden, ebendaselbst Absatz 6, vorgesehene Anspruch auf Entschädigung für die Nachtheile, welche die Verlegung des Wasserlaufs zur Folge hat, beruht auf allgemeinen Rechtsgründen und dürfte einer besonderen Hervorhebung im Gesetz nicht bedürfen."

Der Schlußsatz wurde auf Antrag der Kommission vom Landesausschuß zugesetzt. Er enthält ein Vorkaufsrecht insofern, als der Flußbauverband das Gelände nicht zum Verkaufe bringen kann, ohne dasselbe zunächst den Anliegern angeboten zu haben, nicht aber, wie in

Baden (Art. 84 Abs. 5), ein Recht der Anlieger, das Gelände (zu einem Schätzungspreis) auch gegen den Willen des Verbandes zu kaufen. — Der am Schlusse der Begründung erwähnte Anspruch auf Schadenersatz wegen Abschneidung eines Grundstücks vom fließenden Wasser ist gegebenenfalls gerichtlich geltend zu machen; er besteht nur in soweit als nicht etwa auf andere Weise z. B. durch Herstellung einer Wasserzuleitung Abhilfe getroffen ist. Die Vortheile, welche der Grundbesitzer durch die Arbeiten des Flußbauverbands erlangt, werden in der Regel nicht als Ausgleichung behandelt werden können, weil der Grundbesitzer nach Maßgabe des Nutzens, welchen er aus dem Unternehmen zieht, zu den Kosten beizutragen hat (vergl. § 26 Ziffer 1). Nur wenn und insoweit etwa bei der Kostenvertheilung auf den einem Betheiligten erwachsenden Nachtheil durch Festsetzung eines geringeren Beitrags Rücksicht genommen wäre, könnte selbstverständlich der Entschädigungsanspruch abgelehnt werden.

2. Jeder Anlieger kann nur das Angebot des Theils des Bettes verlangen, welcher an sein Grundstück angrenzt, und nur bis zur Hälfte des alten Wasserlaufs. Dies ergibt sich aus der Natur der Sache, da für die übrigen Theile andere Personen „Anlieger" sind.

3. Der Flußbauverband ist nicht verpflichtet, auf den Antrag eines Anliegers einzugehen; er kann denselben ablehnen, weil der gebotene Preis zu niedrig ist, oder weil andere Anlieger nicht gleichfalls die auf sie treffenden Theile kaufen wollen und durch den Einzelverkauf der Rest des Geländes entwerthet würde. — Zur Versteigerung ist das ganze Gelände oder nur ein Theil zu bringen, je nach der Lage des einzelnen Falles; der Anlieger kann nur verlangen, daß der an sein Grundstück angrenzende Theil versteigert wird, er kann aber nicht verlangen, daß dieser Theil allein zum Ausgebot gelangt.

Bestimmte Fristen, innerhalb welcher der Anlieger auf das Angebot sich äußern muß, die Form derselben und ähnliche Fragen sind im Gesetze nicht geregelt. Die Kommission des Landesausschusses sah von Vorschlägen in dieser Beziehung ab, weil die Verhältnisse zu verschieden sein können. Nach richterlichem Ermessen ist hiernach zu entscheiden, ob im einzelnen Falle der Absicht des Gesetzes entsprochen ist. Die Nichtbeachtung des Gesetzes hätte selbstverständlich eine Nichtigkeit des Verkaufs nicht zur Folge, sondern würde nur zu Schadensersatzanspruch Anlaß geben.

B. Sicherung des Wasserablaufs.

§ 36.

[1] Die Besitzer von Triebwerken können durch die Verwaltungsbehörde[2] angehalten werden, an ihren Betriebskanälen bestimmte Einrichtungen auf eigene Kosten herzustellen und zu unterhalten, durch welche der ungehinderte Durchfluß des

bei bordvollem Zustande des ungestauten Wasserlaufs zufließenden Wassers sicher gestellt wird.[2]

Im Weigerungsfalle kann Stillstand der Wasserkraftmaschinen ohne Entschädigungsanspruch verfügt werden.[3]

1. Der **Entwurf** war in Absatz 1 etwas anders gefaßt, hatte sachlich aber den gleichen Inhalt; in Absatz 2 enthielt er anstatt „Wasserkraftmaschinen" das Wort „Werke". Die **Begründung** lautete:

„Hier wird den Triebwerksbesitzern die Verpflichtung auferlegt, wenn nöthig Einrichtungen herzustellen und zu unterhalten, welche den ungehinderten Wasserdurchfluß ermöglichen. Aehnliche Bestimmungen sind in den neueren Genehmigungen von Triebwerken regelmäßig vorgeschrieben; es ist aber im öffentlichen Interesse nothwendig, auch die bestehenden Anlagen, welche die erforderlichen Sicherungsmaßregeln nicht enthalten, hierzu anhalten zu können. Bei den nicht sogenannte gesetzliche Existenz besitzenden Triebwerken kann dies zur Zeit schon wegen der jederzeitigen entschädigungsfreien Widerruflichkeit der Anlage geschehen; nur für die älteren Werke hat daher der Paragraph praktische Bedeutung. — Der Entwurf enthält keine Strafandrohung für den Fall, daß den Anordnungen der Behörde nicht Genüge geleistet werden sollte. Die Zulässigkeit, den Stillstand des Werkes anzuordnen, erscheint als genügendes Zwangsmittel."

Wenngleich hiernach der Paragraph in erster Linie Bestimmungen für ältere Triebwerke treffen wollte (und zwar im Interesse des Schutzes des oberhalb des Werkes liegenden Geländes gegen Ueberschwemmung, Versumpfung, Abbruch u. s. w.) ist seine Anwendung doch nicht hierauf beschränkt. Auch bei einer auf Grund des vorliegenden Gesetzes genehmigten Anlage kann ungeachtet des § 5 Abs. 3, also auch bei nicht schiff- und flößbaren Wasserläufen ohne Entschädigungsverpflichtung, die Auflage der Herstellung eines ungehinderten Wasserabflusses gemacht werden, falls etwa bei der Genehmigung den Verhältnissen nicht genügend Rechnung getragen wurde oder Aenderungen eintreten, welche die damals getroffenen Maßnahmen ungenügend erscheinen lassen.

2. Zuständig ist der Bezirkspräsident. Zur Beseitigung von Gefahren für öffentliche oder private Interessen kann jedoch auch der zuständige Wasserbauinspektor oder Meliorationsbauinspektor jederzeit einstweilige Anordnungen treffen: Art. 6 der Vorschriften, betr. die Zuständigkeit und das Verfahren in Bezug auf die Wasserbenutzung und den Wasserschutz, vom 14. März 1892; s. Anfang II Nr. 7.

Die Anordnung des Bezirkspräsidenten ist mit Gründen zu versehen und den Betheiligten schriftlich gegen Behändigungsschein zu eröffnen. Gegen dieselbe ist Beschwerde an das Ministerium zulässig; diese hat aufschiebende Wirkung, sofern sie innerhalb 14 Tagen, vom Tage der Eröffnung der Anordnung an gerechnet, eingereicht worden ist (ebendas.). Für die einstweilige Anordnung des Bauinspektors ist eine bestimmte Form nicht vorgesehen; dieselbe kann auch mündlich erfolgen. Der Bauinspektor wird dafür Sorge zu tragen haben, daß seine vorläufige Anordnung alsbald dem Bezirkspräsidenten mitgetheilt wird. Den Betheiligten steht gegen die Anordnung des Inspektors das Recht der Beschwerde, bei den der Wasserbauverwaltung unterstellten Wasserläufen (s. Anhang III) an das Ministerium, im übrigen an den Bezirkspräsidenten zu; aufschiebende Wirkung hat diese Beschwerde nicht.

3. „Wasserkraftmaschinen" anstatt „Werke" wurde von der Kommission des Landesausschusses im Anschluß an die Fassung des § 29 Abs. 3 vorgeschlagen zum Zwecke der Verhütung einer irrigen Auslegung, als könnte auch der Stillstand derjenigen Kraftmaschinen veranlaßt werden, welche nicht durch Wasser betrieben werden. Die Verfügung des Stillstandes erfolgt durch die Behörde, deren Anordnung durchgeführt werden soll. Dieser Stillstand ist erforderlichenfalls durch die Verwaltungsorgane zu erzwingen. Ein Rechtsmittel, wie in § 47 für die dort vorgesehenen Maßnahmen, ist hier nicht gegeben. Beschwerde an die vorgesetzte Verwaltungsbehörde kann selbstverständlich — ohne aufschiebende Wirkung — erfolgen.

§ 37.

[1] [2] Ohne Genehmigung der Verwaltungsbehörde [3] ist untersagt:

1. die Vornahme von Uferbauten und sonstigen Bauten am Ufer [4] eines Wasserlaufs, von Einbauten in das Bett eines Wasserlaufs, von Ueberbauungen oder Ueberbrückungen eines Wasserlaufs,
2. die Abänderung bestehender Veranstaltungen dieser Art,
3. das Ablagern von Steinen, Schutt, Erde, sowie die Anpflanzung von Bäumen und Gesträuchen in einem Wasserlauf.

Das bei Ertheilung der Genehmigung zu beobachtende Verfahren wird durch die Ausführungsbestimmungen geregelt. [5]

Im Falle der Meinungsverschiedenheit wird die Grenze des Ufers im Sinne der Ziffer 1 durch die Verwaltungsbehörde bestimmt. [6]

1. **Begründung:** „In § 37 werden Uferbauten, Einbauten oder Ueberbauungen des Wasserlaufs sowie sonstige Veranstaltungen, welche den freien Wasserablauf beschränken könnten, an die Genehmigung der Verwaltungsbehörde gebunden. Diese Bestimmungen sind in gleichem Umfang zur Zeit schon geltendes Recht. Zu vergl. bezüglich der schiff- und flößbaren Flüsse Tit. 27 Art. 42 O. vom

August 1669, bezüglich der Privatwasserläufe Art. 4 Abs. 1 und Art. 5 der Polizeiverordnungen für Unter-Elsaß vom 8. Juli 1880, Ober-Elsaß vom 12. Juli 1880, Lothringen vom 18. Juli 1880. Auch die Gesetze der Bundesstaaten enthalten allgemein derartige Beschränkungen, so Bayern, Uferschutzgesetz Art. 20, Wasserbenützungsgesetz Art. 10, 16, 40; Baden Art. 86, Hessen, Bäche, Art. 112. Zur Sicherung des Verbots dienen die Vorschriften in §§ 44 (Ziff. 3) und 46*. — Die Bestimmung des Abs. 3, wonach die Verwaltungsbehörde die Grenze des Ufers festsetzt, entspricht gleichfalls dem bisherigen Recht. Zur Zeit schon bestimmt allgemein der Bezirkspräsident die Baulinie an Wasserläufen jeder Art (an schiffbaren Flüssen bildet die Uferlinie zugleich das Alignement). Durch diese Festsetzung werden die etwaigen Ansprüche auf Entschädigung nicht berührt."

Außer den in der Begründung angeführten Strafvorschrift des § 44 Ziffer 3 (bezw. § 367 Ziffer 15 St.-G.-B., s. Bem. 1 zu § 44) kann unter Umständen bei schiffbaren Wasserläufen die Voraussetzung des § 321 St.-G.-B. (Störung des Fahrwassers) vorliegen.

2. Der Paragraph, welcher auf schiffbare wie nicht schiffbare Wasserläufe Anwendung findet, bezweckt, bauliche Veranstaltungen und sonstige Maßnahmen, welche geeignet sind, durch Einengung oder anderweite Veränderung des Bettes den freien Wasserablauf, namentlich auch des Hochwassers, zu beschränken, an die Genehmigung der Verwaltungsbehörde zu binden. Er unterscheidet sich von der Vorschrift des § 1, welche auf „Veranstaltungen, die geeignet sind, den Lauf des Wassers zu hemmen" gleichfalls Anwendung findet, dadurch, daß bei der letzteren nach der Stellung des Paragraphen eine Veranstaltung behufs Benutzung des Wassers vorausgesetzt wird. § 37 greift also nur dann Platz, wenn die Anlage nicht eine Wasserbenutzung bezweckt. (Die Frage ist von praktischer Bedeutung wegen der Zuständigkeit zur Genehmigung und wegen des Verfahrens, sowie hinsichtlich der Strafe bei Vornahme ohne Genehmigung). In gleicher Weise wie dort gelten jedoch auch hier die Ausführungen in Bem. 2 zu § 1, wonach es den Absichten der Regierung nicht entsprechen würde, wenn jede formell als Zuwiderhandlung gegen die Vorschrift des Gesetzes erscheinende Maßnahme, auch wenn sie das öffentliche Interesse oder auch ein das Eingreifen der öffentlichen Gewalt rechtfertigendes Privatinteresse nicht berührt, zum Gegenstand eines Strafverfahrens gemacht würde.

3. Zuständig zur Ertheilung der Genehmigung ist bei den der Wasserbauverwaltung unterstellten Wasserläufen (s. Anhang III) das Ministerium, im übrigen der Meliorations(Wasser)bauinspektor. Gegen die Entscheidung des letzteren ist Beschwerde an das Ministerium zulässig (Art. 26 f. Vorschr. betr. das Verfahren bei Ertheilung der wasserpolizeilichen Genehmigung und Erlaubniß für Bauten oder Vorrichtungen

* Jetzt § 47.

an den Wasserläufen in Elsaß-Lothringen, vom 12. März 1892, Anhang II Nr. 6). Die Gesuche sind jedoch auch im ersteren Falle an den (Wasser)-Bauinspektor zu richten.

4. Unter die Bestimmungen der Ziffer 1 fallen insbesondere auch die Uferbefestigungen und sonstigen Uferbauten, welche den Schutz eines Grundstücks gegen die Wirkungen des Hochwassers bezwecken. So gerechtfertigt es an sich ist, daß der Einzelne seine Liegenschaft gegen die Angriffe des Wassers schützt, so nothwendig ist es anderseits, das dies nicht ohne Prüfung und Genehmigung seitens der Wasserpolizeibehörde geschieht, da derartige Maßnahmen häufig schädliche Wirkungen auf Grundstücke des entgegengesetzten Ufers u. s. w. ausüben.

Allerdings verbietet das Gesetz nicht alle Veranstaltungen, welche solche Wirkungen äußern können; denn nur Uferbauten und Bauten am Ufer sind an die Genehmigung gebunden. Bauten auf dem Grundstücke selbst, entfernt vom Ufer, fallen nicht unter das Gesetz *. Dasselbe enthält so weitgehende Vorschriften nur für den Rhein (§ 39) und gestattet für andere Wasserläufe ihren Erlaß für den Fall der Bildung eines Flußbauverbandes; s. § 32 Ziffer 8 und Bem. 8 daselbst. Die in der Begründung zu § 32 angeführten Polizeiverordnungen von 1880, welche für nicht schiffbare Wasserläufe das Verbot derartiger Bauten (allerdings nur insoweit sie Einfluß auf den Ablauf des Hochwassers bezweckten) enthielt, kommen für die Folge nicht mehr zur Anwendung, da sie einen „im gegenwärtigen Gesetz geregelten Gegenstand betreffen“ (§ 51).

5. Für das Verfahren sind besondere Formen nicht vorgeschrieben, insbesondere nicht eine Bekanntmachung, Offenlegung u. ähnl. Die Gesuche sind auf Stempelpapier an den Bauinspektor zu richten. (Art. 26 der in Bem. 2 bezeichneten Vorschriften.)

6. Bezirkspräsident und im Falle der Beschwerde Ministerium, § 7 der Vorschr., betreffend die Zuständigkeit und das Verfahren in Bezug auf die Wasserbenutzung und den Wasserschutz, vom 14. März 1892, Anhang II Nr. 7.

Die Festsetzung der Grenze des Ufers wird der Verwaltungsbehörde im Sinne der Ziffer 1 übertragen d. h. für die Anwendung der dort enthaltenen Vorschrift und der damit im Zusammenhang stehenden Bestimmung des § 47. (Hieraus folgt nicht, daß der Bezirkspräsident nicht auch in anderen Beziehungen die Ufergrenze festzusetzen hätte, s. Bem. 2 zu § 21. Dies bildet nur nicht Gegenstand der Regelung durch das vorliegende Wasserpolizeigesetz.) Die Verwaltungsbehörde kann hiernach auf Grund der Ziffer 1 Bauten untersagen und die ohne Ermächtigung errichteten Anlagen beseitigen lassen, weil sie dieselben als am Ufer vorgenommen erklärt und an diese Bestimmung der Grenze des Ufers sind dann die Gerichte hinsichtlich der Anwendung der Strafbestimmungen

* Sie geben auch zu einem Schadenersatzanspruch seitens der Eigenthümer derjenigen Grundstücke keinen Anlaß, welche in Folge der Ableitung des Hochwassers mehr beschädigt werden als früher. R. Ger. 29. Dezember 1882, Entsch. Civ. VIII. 304.

in § 44 Ziffer 3 sowie die Verwaltungsgerichte im Falle des § 47 Absatz 2 gebunden. — Die Grenze des Ufers in diesem Sinne deckt sich mit der „Uferlinie" im Sinne der Bem. 2 zu § 21 (unter b).

In der Begründung (Bem. 1) ist gesagt, daß durch die Festsetzung der Uferlinie die etwaigen Ansprüche auf Entschädigung nicht berührt werden. Hieraus kann nicht etwa gefolgert werden, daß dem Uferbesitzer eine Entschädigung zustehe, weil die Vornahme einer beabsichtigten Veranstaltung nicht genehmigt wird, oder daß er Entschädigung beanspruchen könne, wenn die Uferlinie in einer Weise festgesetzt wird, daß ein Theil des von dem Anlieger als sein Eigenthum behandelten Grundstücks in dasselbe fällt. Das in Bem. 2 zu § 21 (unter Ziffer b) Gesagte gilt auch hier. Ein begründeter Entschädigungsanspruch könnte nur unter ganz besonderen Voraussetzungen an nicht schiff- oder flößbaren Wasserläufen auf Grund privatrechtlicher Vertragsverhältnisse vorkommen.

C. Besondere Bestimmungen für den Rhein.

§ 38.

[1]Die Vorschriften des § 27 über die Beitragleistung zur Unterhaltung schiff- oder flößbarer Wasserläufe und des § 30 Absatz 2 über die Bildung von Flußbauverbänden finden auf den Rhein nicht Anwendung. Die gewöhnlichen Unterhaltungsarbeiten sowohl am korrigirten Rheinbett als an den Hochwasserdämmen erfolgen ausschließlich auf Kosten des Staates.[2]

1. Dieser Paragraph war in dem **Entwurfe** nicht enthalten; er wurde vom Landesausschuß auf Antrag der Kommission eingesetzt, um, wie es im **Berichte** (S. 642) heißt, auszusprechen, „daß beim Rhein nicht, wie nach § 27 bezw. 30 bei anderen schiffbaren Wasserläufen, die Interessenten zu den gewöhnlichen Unterhaltungsarbeiten beizutragen haben."

2. Nicht geregelt sind die Rheinneubauten, d. h. die Fortführung der Rheinkorrektion sowie die Neubauten und die Erhöhung und Verstärkung der Hochwasserdämme. Hinsichtlich der Rheinkorrektionsbauten war eine Regelung nicht erforderlich, weil die Staatsverwaltung bei der Entscheidung über die Ausführung dieses Unternehmens die sämmtlichen entstehenden Kosten auf Staatsfonds übernommen hatte. Anlangend die Errichtung neuer, sowie die Erhöhung und Verstärkung der bestehenden Hochwasserdämme ist es besonderer gesetzlicher Regelung, gegebenenfalls durch die Etatsgesetze, vorbehalten, ob auch diese Kosten ganz aus Staatsmitteln bestritten, oder ob, auf Grund des Gesetzes vom 16. September 1807 und nach der bisherigen Uebung, die Bezirke, Gemeinden und Grundeigenthümer zu einem Theile der Kosten auch ferner herbeigezogen werden sollen.

§ 39.

[1]Im Ueberschwemmungsgebiet des Rheins dürfen ohne Genehmigung der zuständigen Behörde[2] keinerlei Bauten errichtet oder andere Veranstaltungen getroffen werden, welche geeignet sind, auf den natürlichen Ablauf des Wassers einzuwirken.[3]

Das Ueberschwemmungsgebiet im Sinne dieser Bestimmung erstreckt sich auf das Gelände zwischen den Korrektionswerken und den Hauptrheindämmen,[4] mindestens aber auf einen Geländestreifen in der Breite von 1000 Meter von der wasserseitigen Kante des Korrektionswerkes ab.

1. § 39 bildete im **Entwurf** den § 38 und befand sich im vorhergehenden Abschnitt über Sicherung des Wasserablaufs. In der **Begründung** war gesagt:

„Für den Rhein ist eine besondere Bestimmung dahin erforderlich, daß im Ueberschwemmungsgebiete desselben ohne Genehmigung der zuständigen Behörde keinerlei Bauten oder sonstige Veranstaltungen vorgenommen werden dürfen, welche auf den natürlichen Ablauf des Hochwassers einwirken können. Die Reichskommission zur Untersuchung der Rheinstromverhältnisse hat in der 6. Tagung zu Berlin vom 10. bis 15. April 1888 eine Resolution dahin gefaßt, daß ein derartiges Verbot der selbstständigen Einwirkung der Grundbesitzer oder Gemeinden auf den Abfluß des Hochwassers in allen Uferstaaten zu erlassen sei, und hat diesen Beschluß in der 7. Tagung zu Lorch vom 17. bis 19. Juni 1890 wiederholt. Die anderen Bundesstaaten haben derartige Bestimmungen auch bereits getroffen: Bayern, Wasserbenützung, Art. 10, 11; Baden auf Grund des Art. 85; Hessen, Flüsse, Art. 1, Bäche, Art. 114. — Weiter zu gehen und ein solches Verbot allgemein für alle mit größerer Ueberschwemmungsgefahr drohenden Wasserläufe vorzusehen, empfiehlt sich aus den oben zu § 32 Ziff. 8 dargelegten Gründen nicht."

2. Zuständige Behörde ist der Wasserbauinspektor; gegen die Entscheidung desselben ist Beschwerde an das Ministerium zuläffig (§§ 2, 6 der Ausführungsbestimmungen vom 14. Februar 1892 zu §§ 39 und 41 des Gesetzes, betreffend Wasserbenutzung und Wasserschutz, s. Anhang II Nr. 3). In § 4 sind die für die Beurtheilung der Gesuche hauptsächlich zu beachtenden Gesichtspunkte bezeichnet, in §§ 3 und 5 ist das Verfahren geregelt.

3. Die in Bem. 2 bezeichneten Ausführungsbestimmungen bezeichnen gewisse Anlagen, welche insbesondere der Genehmigung bedürfen (§ 1 das.); es sind dies Dammbauten jeder Art, Wegeanlagen unter gewissen

Voraussetzungen, Gebäude jeder Art und jeden Umfangs, Einfriedigungen, Pflanzungen, welche eine wesentliche Beeinträchtigung des Abflußquerschnitts des Stromes verursachen, Ablagerungen und Anhäufungen von Stein- und Erdmassen, Veranstaltungen, welche Verlandung und sonstige Aenderungen des natürlichen Zustandes der Altwasser bezwecken. Auf Anlagen, welche in dieser beispielsweisen Aufzählung nicht enthalten sind, findet § 39 gleichfalls Anwendung, sofern die Voraussetzung gegeben ist. Diese Voraussetzung besteht nur darin, daß die Anlage „geeignet" ist, auf den natürlichen Ablauf des Wassers einzuwirken, also nur in der objektiven Thatsache; nicht nothwendig zur Bestrafung wegen Zuwiderhandlung gemäß § 44 Ziffer 3 ist, daß der Thäter solche Einwirkung beabsichtigt hat. Es ist daher zweckmäßig, bei allen, auch den in § 1 der Ausführungsbestimmungen nicht genannten Arten von Veranstaltungen innerhalb des in Abs. 2 bezeichneten Gebietes die Genehmigung nachzusuchen. — Neben der Bestrafung kann die Beseitigung der nicht genehmigten Anlagen veranlaßt werden, s. § 47.

4. Das Gebiet zwischen den Korrektionswerken und den Hauptrheindämmen gehört ganz zum Ueberschwemmungsgebiet im Sinne des Abs. 1, auch wenn dasselbe eine Breite von 1000 Met. übersteigt.

§ 40.

[1] Sind zur Abwehrung drohender oder bereits eingetretener Wassergefahr augenblickliche Vorkehrungen nothwendig, so sind alle benachbarten Gemeinden, auch wenn sie selbst nicht bedroht sind, verpflichtet, die erforderliche Hilfe durch Hand- und Spanndienste zu leisten.

Die Gemeindebehörden haben den Polizei- und Baubehörden die nöthige Beihilfe zu leisten und für die schnellste Stellung von Mannschaften und Lieferung der erforderlichen Bedarfsgegenstände zu sorgen.

Die zu leistende Hilfe kann im Voraus organisirt werden. Die erforderlichen näheren Anordnungen werden von dem Ministerium getroffen.[2]

1. Abs. 1 und 2 bildeten im **Entwurf** den § 39 und zwar in einem besonderen Abschnitt „Hilfeleistung bei Ueberschwemmungsgefahr;" ihr Inhalt sollte auf alle Wasserläufe Anwendung finden. In der **Begründung** war gesagt:

„Hier wird ein Grundsatz ausgesprochen, welcher zur Zeit schon in der Praxis besteht, dessen gesetzliche Feststellung jedoch erwünscht ist. Auch in den Gesetzen der Bundesstaaten ist derselbe enthalten; so Bayern, Uferschutz, Art. 17; Baden Art. 83; Hessen, Bäche, Art. 110."

Abs. 3 dagegen bildete in entsprechender Fassung einen selbstständigen Paragraphen, § 40, im Abschnitt „besondere Bestimmungen für den Schutz gegen Ueberschwemmungen des Rheines." Die **Begründung** lautete:

„Das nach § 39 zulässige Aufgebot der an einem Wasserlaufe benachbarten Gemeinden zu Hand- und Spanndiensten bei drohender Wassersnoth wird hinsichtlich der kleineren Flüsse genügen, und es wird nicht beabsichtigt, so weit zu gehen, wie es z. B. in Baden geschehen ist, wo das Ministerium auf Grund der ihm nach Art. 83 und 85 des Gesetzes vom 25. August 1876 zustehenden Befugniß in der Wasserwehrordnung vom 24. Dezember 1876 für alle Flüsse die Hülfeleistung bei drohender Wassersnoth organisirt hat. Für den Rhein erscheint es jedoch unabweislich, diesem Vorgange zu folgen. Die von den im Ueberschwemmungsgebiete liegenden Gemeinden zu leistende Hülfe kann bei den besonderen Verhältnissen dieses Stromes nur dann zweckmäßig wirken, wenn die Leistungen der Einzelnen zum Voraus möglichst genau feststehen. Es werden namentlich auch die zu Gebote stehenden Mannschaften in Abtheilungen unter besonders gewandten und mit den Verhältnissen vertrauten Obmännern zu formiren und wird durch von Zeit zu Zeit abzuhaltende Uebungen dafür zu sorgen sein, daß im Falle der Noth keine Verwirrung eintritt und in der Hauptsache Jedem bekannt ist, was er zu thun hat."

Der Landesausschuß beschränkte auf Antrag der Kommission die Wirksamkeit der jetzt in Abs 1 und 2 enthaltenen Bestimmungen auf den Rhein. Der Antrag war im **Kommissionsbericht** S. 642 dahin begründet,

„daß für den Rhein allein das Bedürfniß einer derartigen Regelung bestehe. Bezüglich der übrigen Wasserläufe, bei welchen die Ueberschwemmungsgefahr nicht die gleiche Bedeutung habe, könne eine solche Bestimmung leicht zu mißbräuchlicher Anwendung Veranlassung geben."

Seitens der Regierungsvertreter wurde dieser Auffassung nicht entgegengetreten, da allerdings ein dringendes Bedürfniß nur für den Rhein besteht; bei Nothfällen an anderen Wasserläufen wird es sich wohl immer nur um die Hilfeleistung Einzelner, nicht ganzer Gemeinden und nur um persönliche oder doch nicht in großem Umfange um sächliche Leistungen handeln und für solche Fälle wird die Bestimmung in § 360 Ziffer 10 St.-G.-B. genügen.

2. Diese Anordnungen sind erfolgt in der Wasserwehrordnung vom 14. Februar 1892, s. unten Anhang II Nr. 2. In derselben ist für eine Anzahl besonders bedrohter Gemeinden die Hilfe im Voraus organisirt. (§§ 4 ff. daselbst). Zuwiderhandlungen gegen die Vorschriften der Wasserwehrordnung und die gemäß derselben erlassenen besonderen Anordnungen der zuständigen Behörden und Beamten werden nach § 360 Ziffer 10 St.-G.-B. bezw. § 44, Ziffer 4 des vorliegenden Gesetzes bestraft.

§ 41.

[1] In dem von Ueberschwemmungen des Rheins bedrohten Gebiete sind die Grundeigenthümer verpflichtet, die Anlage und Verstärkung von Hochwasserdämmen durch den Staat auf ihren Grundstücken,[2] die Entnahme der zur Ausführung, Verbesserung und Unterhaltung dieser Dammarbeiten erforderlichen Materialien aus ihren Grundstücken, sowie die Benutzung ihrer Grundstücke zur Lagerung und Durchbeförderung der Baumaterialien und zum Durchgang der bei den Dammbauten beschäftigten Personen gegen Entschädigung zu dulden. Auf die Festsetzung der Entschädigung findet § 6 entsprechende Anwendung.[3]

Das Ministerium kann zum Schutze der Korrektionswerke und Hochwasserdämme Vorschriften erlassen. Durch dieselben können insbesondere Beschränkungen für die Benutzung der Damm- und Böschungsflächen sowie eines diese Bauwerke begrenzenden Schutzstreifens in der Breite bis zu 2 Meter auferlegt werden.[4]

1. **Begründung**: „Die Bestimmungen des Absatzes 1 sind im Interesse der vom Privatwillen unabhängigen Durchführung der erforderlichen, der Allgemeinheit dienlichen Dammbauten nicht zu entbehren. Sie entsprechen auch dem thatsächlich seither bestehenden Zustande und sind theilweise schon in dem Gesetze vom 16. Sept. 1807 begründet. Es erscheint zweckmäßig, diese Grundsätze in dem gegenwärtigen Gesetze zum klaren Ausdruck zu bringen. — Die in Absatz 2 vorgesehene Bestimmung enthält sachlich nichts Neues. Die zum Schutze der Hauptrheindämme erforderlichen Polizeiverordnungen sind bisher durch die Bezirkspräsidenten auf Grund des Art. 27 des Gesetzes vom 16. September 1807 und des Dekrets vom 14. November 1807 erlassen worden. Es erscheint zweckmäßig, für den Rhein dem Ministerium, welchem die Strombauten des Rheins unmittelbar unterstellt sind, die Befugniß zum Erlasse der genannten Polizeiverordnungen zu ertheilen und dabei auch außer Zweifel zu stellen, daß den Eigenthümern der zu Rheinschutzdämmen umgeschaffenen Bodenflächen die zur Erhaltung der Sicherheit dieser Dämme erforderlichen Beschränkungen in der Benutzung auferlegt werden dürfen. Während Baden in der Wasserpolizeiverordnung vom 24. Dezember 1876 (§ 4) den längs der Dämme laufenden Schutzstreifen auf 3—5 Meter, je nach den besonderen Verhältnissen, festsetzt, wird diesseits eine Breite von durchweg 2 Meter für ausreichend erachtet."

2. Die Grundbesitzer, auf deren Eigenthum Hochwasserdämme errichtet werden, bleiben Eigenthümer der betreffenden Geländeflächen. Dies ist in § 13 der auf Grund des Abs. 2 vom Ministerium erlassenen Ausführungsbestimmungen vom 14. Februar 1892 (s. Anhang II Nr. 3) ausdrücklich ausgesprochen. Denselben steht auch die Benutzung der Dämme mit den in den Ausführungsbestimmungen vorgesehenen Beschränkungen zu. Eigenthumsrechte an dem Material, aus welchem die Dämme bestehen, kann der Grundbesitzer jedoch nicht beanspruchen; die Rechtsvermuthung des Art. 553 C. c. trifft hier nicht zu. Daher kann die Wasserbauverwaltung, wenn sie einen Damm wieder beseitigen will, auch das Material frei benutzen, sie hat nur die Grundfläche einzuebnen, gegebenenfalls mit Mutterboden aufzufüllen und für etwaige Ernteverluste Entschädigung zu leisten. (§ 13 Abs. 2 der Ausf. Best.)

3. Hiernach ist der Anspruch innerhalb 6 Monaten nach „Herstellung des der Anordnung entsprechenden Zustandes", d. h. auf den vorliegenden Fall übertragen, nach Vollendung der Arbeiten, als dem Zeitpunkt, an welchem der Umfang des erwachsenen Schadens genau übersehen werden kann, geltend zu machen. In Ermangelung gütlicher Einigung entscheidet die Verwaltungsbehörde (Ministerium, § 12 der Ausf.-Best. vom 14. Februar 1892). Gegen den Beschluß steht innerhalb 6 Monaten nach Behändigung desselben der Rechtsweg offen.

4. Zu vergl. die in Bem. 2 bezeichneten Ausführungsbestimmungen §§ 14 ff. Hiernach dürfen die Flächen der Hochwasserdämme nur zur Grasnutzung dienen, Gesträuche und Stauden dürfen auf den Dammflächen weder gepflanzt noch geduldet werden. Der Schutzstreifen beträgt auf der Wasserseite mindestens 1, auf der Landseite 2 m. Auf den Schutzstreifen und Dämmen dürfen Bäume nicht gepflanzt und die vorhandenen sollen allmählich beseitigt werden; außerdem ist das Umbrechen und Anbauen der Flächen und Schutzstreifen, sowie das Weiden des Viehes untersagt. Endlich sind beschränkende Vorschriften über das Betreten, das Fahren, Reiten und Gehen gegeben.

III. Zuwiderhandlungen gegen die Vorschriften über Wasserbenutzung oder Wasserschutz.

§ 42.

[1] Mit Geldstrafe bis zu dreihundert Mark wird, sofern nicht die Strafbestimmungen der Gewerbeordnung Anwendung finden,[2] bestraft:

1. wer entgegen den Vorschriften in § 1 Veranstaltungen der dort bezeichneten Art ohne Genehmigung der zuständigen Verwaltungsbehörde oder entgegen den Bedingungen der Genehmigung vornimmt;[3]

2. wer Anlagen der in § 1 bezeichneten Art, deren Genehmigung widerrufen oder beschränkt ist, nicht innerhalb der von der Verwaltungsbehörde festgesetzten Frist beseitigt oder entsprechend abändert.[4]

1. Die **Begründung** besagte:

„Die Strafe bei Zuwiderhandlungen gegen die Vorschriften des § 1 ist dieselbe, wie sie in § 147[2] der Gewerbeordnung für die Errichtung genehmigungsbedürftiger gewerblicher Anlagen ohne Genehmigung vorgesehen ist. Letztere Bestimmung findet, da die Errichtung von Stauanlagen für Triebwerke in § 16 der Gewerbeordnung geregelt ist, auf diesen Fall Anwendung. Die Gleichheit der thatsächlichen und Aehnlichkeit der rechtlichen Verhältnisse erfordert die gleiche Strafandrohung für die vorliegenden Fälle. — Dieselbe Strafe erscheint erforderlich für die Zuwiderhandlung gegen die Anordnungen der Behörde, durch welche die Genehmigung einer Anlage widerrufen oder beschränkt wird. Wie zu § 5 hervorgehoben ist, kann die Widerrufung nur aus Gründen eines öffentlichen Interesses erfolgen. Gerade in Wassersachen erheischt aber das öffentliche Interesse zumeist ein rasches Handeln bei Beseitigung nachtheiliger Anlagen; die Befugniß der Verwaltungsbehörde, einen ihren Anordnungen entsprechenden Zustand bei Säumigkeit des Besitzers selbst herzustellen, wird oft nicht genügen, um den Schädigungen des öffentlichen Wohles vorzubeugen. Es erscheint daher eine Strafandrohung nothwendig, welche zweckmäßigerweise, da die sonstigen Folgen der Zuwiderhandlung die gleichen sind, sich an die unbefugte Errichtung von Anlagen anschließt."

§ 147 Ziffer 2 der Gewerbeordnung lautet:

„Mit Geldstrafe bis zu dreihundert Mark und im Unvermögensfalle mit Haft wird bestraft: ..... 2) wer eine gewerbliche Anlage, zu der mit Rücksicht auf die Lage oder Beschaffenheit der Betriebsstätte oder des Lokals eine besondere Genehmigung erforderlich ist (§ 16 . . .), ohne diese Genehmigung errichtet, oder die wesentlichen Bedingungen, unter welchen die Genehmigung ertheilt worden, nicht innehält, oder ohne neue Genehmigung eine wesentliche Veränderung der Betriebsstätte oder eine Verlegung des Lokals oder eine wesentliche Veränderung in dem Betriebe der Anlage vornimmt ......

In dem Falle zu 2 kann die Polizeibehörde die Wegschaffung der Anlage oder die Herstellung des den Bedingungen entsprechenden Zustandes derselben anordnen."

2. Dies ist der Fall bei Errichtung von Stauanlagen für Triebwerke; s. Begründung, Bem. 1.

3. Strafbar erscheint (Vorbild ist § 147 Gew.-O.), der Geschäftsführer (Eigenthümer, Betriebsleiter, Pächter), nicht der Beauftragte desselben, z. B. der Baumeister.

4. Die Beseitigung der Abänderung muß auch dann innerhalb der Frist geschehen, wenn der Eigenthümer Anspruch auf Entschädigung hat (§ 5 und Bem. das.). Dem Eigenthümer, welcher die Feststellung des bestehenden Zustandes für die Geltendmachung seines Anspruches nothwendig hält, kann nach §§ 447 ff. C.-P.-O. Antrag auf Einnahme des Augenscheines u. s. w. behufs Sicherung des Beweises bei dem Amtsgericht stellen.

§ 43.

[1] Mit Geldstrafe bis zu einhundertfünfzig Mark oder mit Haft wird, sofern nicht nach den allgemeinen Strafgesetzen andere Bestimmungen Anwendung finden,[1] bestraft, wer im Falle des § 40 von den Gemeindebehörden oder der Polizei- beziehungsweise Baubehörde zur Hilfe anfgefordert, keine Folge leistet, obgleich er der Aufforderung ohne erhebliche eigene Gefahr genügen konnte.

1. **Begründung.** „Die hier vorgesehene Strafandrohung entspricht derjenigen in § 360 Ziffer 10 des Strafgesetzbuchs.* Letztere Bestimmung wird in der Regel bei Zuwiderhandlungen gegen § 39** von selbst Anwendung finden. Immerhin können im einzelnen Falle Zweifel bestehen, namentlich wenn die Gemeinde selbst noch nicht unmittelbar bedroht ist. Um praktische Schwierigkeiten zu vermeiden, empfiehlt sich daher eine besondere Strafbestimmung für § 39**, wobei die Höhe der Strafe der des § 360 St. G. B. ganz gleich genommen werden muß, also insbesondere (im Gegensatz zu § 44) auch Haft anstatt Geldstrafe vorzusehen ist."

§ 44.

[1] Mit Geldstrafe bis zu einhundertfünfzig Mark wird, sofern nicht nach den allgemeinen Strafgesetzen andere Bestimmungen Anwendung finden,[2] bestraft:

1. wer an einem Aichzeichen (§ 7) eigenmächtige Aenderungen vornimmt oder ohne Genehmigung ein beschädigtes Aichzeichen erneuert, ausbessert oder neu befestigt;[3]
2. wer den Vorschriften über die Freihaltung des Leinpfades (§§ 18, 19) zuwiderhandelt;[4] [5]
3. wer entgegen den Vorschriften der §§ 37, 39 oder entgegen den auf Grund des § 32 Ziffer 8 erlassenen

* § 360 St. G. B.: Mit Geldstrafe bis zu einhundertfünfzig Mark oder mit Haft wird bestraft: — 10) Wer bei Unglücksfällen oder gemeiner Gefahr oder Noth von der Polizeibehörde oder deren Stellvertreter zur Hülfe aufgefordert, keine Folge leistet, obgleich er der Aufforderung ohne erhebliche eigene Gefahr genügen konnte.
** Diese Nummer trugen die beiden ersten Absätze des jetzigen § 40 im Entwurfe.

Anordnungen Veranstaltungen der dort vorgesehenen Art ohne Genehmigung oder entgegen den Bedingungen der Genehmigung ausführt;[5]

4. wer die gemäß § 40 Abs. 3, § 41 Abs. 2 erlassenen Vorschriften und Anordnungen nicht befolgt.[6]

1. **Begründung:** „In Ziffer 1 ist zunächst die eigenmächtige Aenderung an dem Aichpfahl oder der Aichmarke sowie die in ihrer Wirkung gleiche unbefugte Erneuerung solcher Zeichen u. s. w. mit Strafe bedroht. Die Strafe darf hier wegen der erheblichen Nachtheile, welche Anderen aus solchen unbefugten Maßnahmen erwachsen können, nicht zu niedrig gegriffen werden. Gleiche Strafandrohung hat Baden, Art. 28; Hessen, Bäche, Art. 18; Bayern hat 100 fl = 160 Mk. (Wasserbenützung, Art. 98). Die Aenderung u. s. w. eines Aichpfahls in der Absicht, einem Anderen Nachtheil zuzufügen, wird nach Art. 274² St. G. B.* als Vergehen mit Gefängniß, neben welchem auf Geldstrafe bis zu 3000 Mk. erkannt werden kann, bestraft. — Für die Fälle in Ziffer 2 und 3 empfahl sich die Strafandrohung von 150 Mk., mit Rücksicht auf § 367¹⁵ St. G. B.**, woselbst bereits für Baue, welche ohne die vorgeschriebene polizeiliche Genehmigung oder entgegen derselben ausgeführt werden, diese Strafe vorgesehen ist. Da es sich hier um eine polizeiliche (wasserpolizeiliche) Genehmigung handelt, finden Ziffer 2 und 3 nur auf diejenigen Veranstaltungen Anwendung, welche nicht als Baue im Sinne des § 367¹⁵ anzusehen sind. Das Gleiche gilt für die in Ziffer 4 vorgesehenen Zuwiderhandlungen gegen die auf Grund des § 41 Abs. 2 erlassenen Anordnungen. — Für die Verletzung der gemäß § 40 ergehenden Vorschriften (gleichfalls Ziffer 4) empfiehlt sich wegen des inneren Zusammenhangs mit den Zuwiderhandlungen gegen § 43 die Androhung der gleichen Geldstrafe wie dort."

2. Die in Betracht kommenden Bestimmungen des Strafgesetzbuchs sind in der Begründung (Bem. 1) zu den einzelnen Ziffern des Paragraphen angeführt. Vgl. ferner zu Ziffer 3 (wegen § 37) §§ 321, 325, 326 sowie § 366a St. G. B.*

3. Strafbar erscheint der Geschäftsherr (Eigenthümer der Anlage, Betriebsleiter, Pächter), nicht der Beauftragte, z. B. der Schlosser, welcher die lose gewordenen Aichzeichen neu befestigt.

4. Nach §§ 18, 19 ist die Freihaltung des Leinpfades nur auf Verlangen der Verwaltungsbehörde nothwendig; eine strafbare Zuwiderhandlung ist daher davon abhängig, daß ein solches Ver-

---

* S. Anhang I Nr. 8. — ** § 367 St. G. B. Mit Geldstrafe bis zu einhundertfünfzig Mark oder mit Haft wird bestraft:.. 15) wer als Bauherr, Baumeister oder Bauhandwerker einen Bau oder eine Ausbesserung, wozu die polizeiliche Genehmigung erforderlich ist, ohne diese Genehmigung oder mit eigenmächtiger Abweichung von dem durch die Behörde genehmigten Bauplan ausführt oder ausführen läßt.

langen gestellt war. Die Vorschriften, betr. die Leinpfade, vom 1. März 1892 (s. Anhang II Nr. 4) enthalten ein allgemeines Verlangen in dem Sinne, daß neue Verkehrshindernisse nicht geschaffen werden dürfen (die zur Zeit des Inkrafttretens des Gesetzes vom 2. Juli 1891 thatsächlich bestehenden Leinpfade sind in der bisherigen Breite für den Verkehr frei zu halten u. s. w., Art. 1). Die, wenn auch rechtswidrig, früher errichteten Anlagen dürfen bis auf Weiteres belassen werden, ihre Beseitigung wird erst dann nothwendig, wenn der Bauinspektor in näher bestimmter Form die Freilegung angeordnet hat (Art. 3). Demnach kann eine Bestrafung auf Grund des § 44 Ziffer 2 nur erfolgen, wenn entweder nach dem 1. April 1892 neue Verkehrshindernisse geschaffen, oder wenn die vorhandenen entgegen ausdrücklicher Anordnung und innerhalb der vorgesehenen Frist nicht beseitigt werden. Bestehen Zweifel, ob ein Verkehrshinderniß am 1. April 1892 vorhanden war, so wird der Bauinspektor zweckmäßigerweise die Beseitigung — wenn nothwendig — anordnen und erst nach Versäumung der Frist die Bestrafung anregen. Frühere Zuwiderhandlungen könnten auch nach dem 1. April 1892 wohl noch nach der früheren Gesetzgebung bestraft werden, doch wird hieran ein Interesse nicht bestehen, außerdem wird am 1. Juli 1892 Verjährung eingetreten sein, indem der Fortbestand des rechtswidrigen Zustandes nur in solange als strafbar angesehen werden kann, als die strafandrohende Gesetzgebung bestanden hat.

Soll an bisher nicht schiff- oder flößbaren Wässerläufen ein Leinpfad neu angelegt oder in Folge Einführung des Schiffszugs ein „Flößpfad" (s. Bem. 3 zu § 18) zum Leinpfad im engeren Sinne erbreitert werden (§ 19), so wird die Anordnung der Freilegung jedesmal besonders erfolgen. § 44 Abs. 2 findet dann Anwendung, wenn die gegebene Frist versäumt worden ist.

5. Strafbar erscheint der Geschäftsherr (Eigenthümer, Pächter, Betriebsleiter), auf dessen Anordnung hin die rechtswidrige Veranstaltung vorgenommen wurde, nicht der Beauftragte. Bei den Veranstaltungen, welche die Natur von Bauten haben, ist jedoch gemäß § 367 15 St. G. B. außerdem auch der Baumeister, Bauhandwerker (nicht der einzelne Arbeiter, Geselle) strafbar.

6. Bezüglich § 40 Abs. 3, s. die Wasserwehrordnung vom 14. Februar 1892 (Anhang II Nr. 2). Eine Strafe steht gemäß § 44 Ziffer 4 hiernach auch beispielsweise auf dem Nichterscheinen zu den in § 12 dieser Verordnung vorgesehenen Uebungen. — Bezüglich § 41 Abs. 2 vergl. die Ausführungsbestimmungen vom gleichen Tage (Anhang II Nr. 3).

§ 45.

[1] Mit Geldstrafe bis zu sechzig Mark wird, soweit nicht nach anderen strafgesetzlichen Bestimmungen eine höhere Strafe Anwendung findet,[2] bestraft:

1. wer entgegen der Vorschrift des § 3 ohne Erlaubniß oder entgegen den Bedingungen der Erlaubniß eine der dort vorgesehenen Benutzungen ausübt;[3]
2. wer in der Absicht, den Zutritt zu einem Aichzeichen zu verhindern oder zu erschweren, hierzu geeignete Maßnahmen trifft;[4]
3. wer die im § 8 Absatz 2 vorgesehene Anzeige über Beschädigung eines Aichzeichens unterläßt.[5]

1. **Begründung:** „Für diejenigen Wasserbenutzungen an schiff- oder flößbaren Wasserläufen, welche nur einer „Erlaubniß" bedürfen (§ 3), genügt die Androhung einer geringeren Strafe als für die Fälle des § 1 (§ 42 Ziffer 1). Sofern freilich eine Veranstaltung die Natur eines Baues im Sinne des § 367[15] St. G. B. hat, greift die dort vorgesehene Strafe Platz. — Ebenso genügt für solche Zuwiderhandlungen gegen die Vorschriften bezüglich der Aichzeichen, welche nicht eine Aenderung derselben bezwecken oder bewirken können, sondern nur zur Folge haben, daß der Aichpfahl oder die Aichmarke den Zweck nicht erfüllt, eine geringere Strafe als in dem Falle des § 44 Ziffer 1. In dem Falle des § 45 Ziffer 2 soll die Bestrafung jedoch nicht schon dann eintreten, wenn thatsächlich die Einsichtnahme des Stauhöhezeichens unmöglich oder erschwert ist, sondern nur, wenn bestimmte auf diesen Zweck gerichtete Maßnahmen getroffen sind."

2. Eine höhere Strafe wird namentlich in den Fällen der Ziffer 1 (Zuwiderhandlung gegen § 3) Anwendung finden können, z. B. wenn eine besondere Vorrichtung (§ 3 Ziffer 1) die Natur eines Baues hat, gemäß § 367 Ziffer 15 St. G. B. Geldstrafe bis zu 150 M. oder Haft. Ebenso kann eine der in § 3 Ziffer 3 vorgesehenen Benutzungen zugleich eine Sachbeschädigung (§ 303 St. G. B.), unter besonderen Umständen auch einen Diebstahl enthalten, etwa wenn Steine, welche von der Wasserbauverwaltung aus technischen Gründen in das Wasser versenkt waren, zum Zwecke der Aneignung herausgenommen worden sind. Unter gewöhnlichen Voraussetzungen wird die Zueignung nicht als Diebstahl anzusehen sein, weil dem Fiskus ein Privateigenthum an dem Wasserlauf und seinem Zubehör nicht zusteht.

3. Strafbar erscheint in den Fällen des § 3 Ziffer 1 (Benutzung mit Vorrichtungen) der Eigenthümer (Pächter, Betriebsleiter) der Vorrichtung, nicht der lediglich in dessen Auftrag handelnde Arbeiter u. s. w. In den Fällen des § 3 Ziffer 2 (Betrieb von Fähren) und 3 (Abführen von Stoffen aus dem Flußbett) wird der unmittelbar Handelnde strafbar sein, unbeschadet der Strafbarkeit des Geschäftsführers als Anstifter.

4. Strafbar ist Jeder, welcher absichtlich die Maßnahme trifft, auch wenn es nicht im eigenen Interesse geschieht, sondern beispielsweise in

dem des Geschäftsherrn. Strafbar ist aber auch der letztere, wenn er durch seine Organe absichtlich die Maßnahmen treffen läßt.

5. Zur Strafbarkeit gemäß Ziffer 3 ist nicht, wie nach Ziffer 2 (s. Begründung Bem. 1) eine rechtswidrige Absicht erfordert; die bloße Thatsache, daß die Anzeige der Beschädigung nicht innerhalb der 14tägigen Frist erfolgt ist, genügt. Ein strafbares Verschulden liegt, wenn der Verpflichtete (der Betriebsleiter) keine Kenntniß von dem Vorkommniß erhalten hat, in der Unterlassung der geeigneten Maßnahmen zur Beschaffung der Kenntniß oder zur Bestellung eines Vertreters; s. Bem. 3 zu § 8.

§ 46.

[1] In den Fällen des § 31 des Feldpolizeistrafgesetzes vom 9. Juli 1888 (Gesetzblatt Seite 73)[2] ist die Strafe gegen den Besitzer der Anlage oder, wenn dieser die Leitung des Betriebes nicht persönlich ausübt, gegen den Betriebsleiter festzusetzen,[3] sofern nicht nachgewiesen wird oder aus den Umständen sich ergibt, daß die strafbare Handlung gegen seine ausdrückliche Anordnung erfolgt ist.[4] Auf Haft kann gegen den Besitzer oder Betriebsleiter nur erkannt werden, wenn er die strafbare Handlung selbst begangen oder ausdrücklich angeordnet hat.

1. Die **Begründung** lautete:

„Erfahrungsgemäß stößt die Verfolgung von Zuwiderhandlungen gegen wasserpolizeiliche Vorschriften häufig insofern auf Schwierigkeiten, als nicht ohne eingehende Untersuchungen festgestellt werden kann, welche bestimmte Person das Verschulden trifft. Findet beispielsweise an einem Triebwerke eine Ueberstauung statt und es wird das Strafverfahren gegen den Werkbesitzer eingeleitet, so ergibt sich häufig im Laufe des Verfahrens, daß die Ueberstauung angeblich ohne Zuthun des Werkbesitzers durch seine Bediensteten erfolgt sei. Ist dann die Einleitung des Verfahrens gegen den Bediensteten wegen der kurzen Verjährungsfrist noch möglich, so stellt sich oft heraus, daß derselbe nur angeblich mißverstandene Anordnungen des Betriebsleiters ausführen wollte und ähnliches. Es erscheint nothwendig, die strafrechtliche Haftbarkeit des Betriebsleiters für alle diejenigen Handlungen seiner Untergebenen auszusprechen, welche nicht gegen seine ausdrückliche Anordnung erfolgt sind. Daß diese Grundsätze nichts mit dem Wesen der Strafe Unvereinbares enthalten, ergibt sich daraus, daß dieselben auch bei anderen Strafgesetzen Anwendung finden; zu vergl. § 34 des Gesetzes, betreffend die Erhebung von Reichsstempelabgaben, und die Entscheidungen des Reichsgerichts, betreffend die strafrechtliche

Verantwortlichkeit der Firmeninhaber für Wechselstempel- und Reichsstempelabgaben-Hinterziehungen ihrer Angestellten vom 31. Januar 1885 (Entsch. St. XII. 22) und vom 20. September 1886 (ebendas. XIV. 409). Daß es sich dort um Steuerstrafen handelt, ist ohne Bedeutung, weil auch den Steuerstrafen die strafrechtliche Natur innewohnt. Das strafrechtliche Verschulden liegt, wenn der Betriebsleiter die Handlung nicht selbst begangen hat, in der ungenügenden Ueberwachung seiner Angestellten. Auf ähnlicher Grundlage beruht die Haftbarkeit der Arbeitgeber u. s. w. in Zoll- und Forststrafsachen u. ähnl. (Vereinszollgesetz § 153, Forststrafgesetz §§ 3 und 4.) Von der bloß subsidiarischen Haftbarkeit empfahl es sich hier abzusehen, weil diese immer die bei den Wasserpolizeiübertretungen besonders schwierige und mit der Geringfügigkeit der Strafen nicht in Einklang stehende Feststellung und Verfolgung des eigentlichen Thäters nothwendig machen würde. Doch empfiehlt es sich, die Anwendbarkeit der (in § 31 des Feldpolizeistrafgesetzes für zulässig erklärten) unmittelbaren Haftstrafe auf den Fall zu beschränken, daß der Betriebsleiter die strafbare Handlung selbst vorgenommen oder doch ausdrücklich angeordnet hat. — Der Entwurf muß die Strafbarkeit des Unternehmers als solchen auf diejenigen im Feldpolizeistrafgesetz enthaltenen Wasserpolizeiübertretungen beschränken, bezüglich welcher die landesgesetzliche Regelung zulässig ist."

2. Ueberstauung und Unterstauung sowie Zuwiderhandlung gegen Polizeiverordnungen über Schutz gegen das Wasser, Wasservertheilung und Unterhaltung der Wasserläufe; s. Anhang I Nr. 12. Ueber Polizeiverordnungen im Sinne des § 31 s. insbesondere oben § 9 Bem. 6, § 10 Bem. 2, § 23 Bem. 4, § 24 Bem. 5; § 29, Bem. 12.

3. Die Strafe „ist" gegen den Besitzer bezw. Betriebsleiter festzusetzen. Der Bedienstete, welcher die strafbare Handreichung unmittelbar vorgenommen, die Schleuse geschlossen hat u. s. w. kann hiernach nur dann bestraft werden, wenn nachgewiesen wird oder aus den Umständen sich ergibt, daß er dies gegen ausdrückliche Anordnung gethan hat.

4. Das bloße Stillschweigen des Betriebsleiters, die Abwesenheit, Krankheit desselben genügt nicht, um die Strafbarkeit auf den Bediensteten abzuwälzen; der Betriebsleiter mußte in den letzteren Fällen ausdrückliche Anordnung treffen oder für einen Stellvertreter sorgen, welcher dann als Betriebsleiter im Sinne des Gesetzes gilt.

§ 47.

[1] Unabhängig von der Bestrafung [2] sind diejenigen Veranstaltungen, welche entgegen den Vorschriften dieses Gesetzes [3] vorgenommen oder nach Widerruf oder Beschränkung der Ge-

nehmigung belassen worden sind,[3] auf Aufforderung der Verwaltungsbehörde[4] innerhalb der von derselben gesetzten Frist[5] zu beseitigen; andernfalls kann die Beseitigung auf Kosten der Betheiligten durch die Verwaltungsbehörde veranlaßt werden. Die Einziehung der Kosten erfolgt nach Maßgabe der Vorschriften über die direkten Steuern.[6]

Bei Meinungsverschiedenheit darüber, ob eine Veranstaltung den Vorschriften des Gesetzes widerspricht[7], steht den Betheiligten innerhalb einer Frist von 14 Tagen von dem Empfang der Aufforderung ab Beschwerde an den Bezirksrath zu; gegen die Entscheidung des Letzteren ist Rekurs an den Kaiserlichen Rath zulässig.[8]

Diese Rechtsmittel haben aufschiebende Wirkung; die Verwaltungsbehörde[9] kann jedoch gegebenenfalls zur Beseitigung von Gefahren für öffentliche oder erhebliche private Interessen einstweilige Anordnungen treffen.[10]

1. **Begründung:** „Die Bestrafung der Zuwiderhandlungen gegen die im öffentlichen Interesse vorgeschriebenen Beschränkungen in der Benutzung des Wassers und wider die im Interesse des Schutzes gegen das Wasser erlassenen Vorschriften kann nicht genügen; es müssen der Verwaltung Mittel gegeben werden, die entgegen diesen Vorschriften errichteten Anlagen zu beseitigen. Zur Zeit steht die Befugniß, derartige Anordnungen zu treffen, den Bezirkspräsidenten zu, welchen im Allgemeinen die Ausübung der Polizei obliegt (zu vergl. Dalloz. jur. générale v⁰ eaux n⁰ 473 ff. und die zahlreichen dort angeführten Entscheidungen). Als ein in der Praxis recht fühlbarer Mangel muß es bezeichnet werden, daß dieser Grundsatz keinen bestimmten Ausdruck in den einzelnen Gesetzen gefunden hat und nur aus den allgemeinen organisatorischen Bestimmungen abgeleitet werden muß, so daß mancherlei Unklarheit in dieser Beziehung besteht. Im allgemeinen Interesse liegt es daher, die Befugniß der Verwaltungsbehörde klar auszusprechen, wie dies auch in der Gewerbeordnung (mit Wirksamkeit auch bezüglich der Stauanlagen für Triebwerke) geschieht, § 147 Absatz 3,* und ebenso in den Gesetzen der Bundesstaaten, so Bayern, Wasserbenutzung, Art. 12 und 40, Uferschutz Art. 20 Abs. 2; Baden Art. 24 (Verweisung auf § 147 der Gewerbeordnung); Hessen, Bäche, Art 20. — Der Entwurf bezeichnet die Verwal=

* § 147 Abs. 3 Gew.-O. lautet: „In dem Falle zu 2 (Errichtung, Abänderung u. s. w. einer gewerblichen Anlage, zu der eine besondere Genehmigung erforderlich ist, § 16, ohne diese Genehmigung) kann die Polizeibehörde die Wegschaffung der Anlage oder die Herstellung des den Bedingungen entsprechenden Zustandes derselben anordnen."

tungsbehörde, welche diese Befugniß ausüben soll, nicht; es bleibt dies den Ausführungsbestimmungen überlassen (§ 48). Dabei wird zu erwägen sein, ob für einzelne Wasserläufe an Stelle der Bezirkspräsidenten die technischen Beamten zu bestimmen seien. Jedenfalls wird für dringende Fälle das Ergreifen vorläufiger Maßnahmen durch die technischen Behörden gestattet werden müssen. — Gegen die Anordnung der Verwaltungsbehörde soll bezüglich der Frage, ob die gesetzlichen Voraussetzungen derselben vorliegen, also ob die Anordnung zulässig war, Beschwerde an die Verwaltungsgerichte gestattet sein. Die Frage, ob die Anordnung im öffentlichen Interesse nothwendig oder zweckmäßig war, ist der verwaltungsgerichtlichen Prüfung entzogen; es handelt sich hierbei um eine technische, nicht um eine Rechtsfrage, für welche nur Beschwerde an die vorgesetzte Verwaltungsbehörde statthaft sein kann. Die Bestimmung des Abs. 3 über die aufschiebende Wirkung der Rechtsmittel sucht die Interessen der Betheiligten nach Thunlichkeit zu vereinigen. — Die fraglichen Anordnungen der Verwaltungsbehörde sollen zulässig sein „unabhängig von der Bestrafung". Dies bedeutet, daß sie statthaft sind, sowohl wenn ein Strafverfahren stattgefunden und mit der Verurtheilung geendet hat, als wenn aus irgend welchem Grunde von Einleitung eines solchen abgesehen worden ist, als während der Dauer des Strafverfahrens, als endlich, wenn, aus gleichviel welchem Grunde, Freisprechung erfolgt ist. Die Verwaltungsanordnung ist eben eine durch das öffentliche Interesse gebotene selbstständige Maßregel, deren bloße Verschiebung bis zum Austrag eines Strafverfahrens Gefahren mit sich bringen könnte."

2. Zu vergl. den letzten Absatz der Begründung, Bem. 1. Auch bei den in erster Linie nach der Gewerbeordnung zu behandelnden Stauanlagen für Triebwerke kann die Beseitigung ohne Rücksicht auf die Bestrafung erfolgen, gleichviel ob dies schon nach § 147 Abs. 3 Gew.O. zulässig wäre oder nicht; denn auf solche Stauanlagen finden neben der Gewerbeordnung die landesgesetzlichen Vorschriften Anwendung (s. § 23 Abs. 1 daselbst, oben Bem. 7 zu § 1).

3. Zu den Veranstaltungen im Sinne des § 47 gehören insbes. die in § 1, § 3 Ziffer 1 und 2, § 18, § 37 bezeichneten Anlagen. Dagegen findet § 47 nicht Anwendung, wenn es sich um Durchführung der in § 36 bezeichneten Anordnungen handelt, denn der Zweck dieser letzteren ist nicht die Beseitigung einer Veranstaltung, sondern die Schaffung einer solchen. Hierfür sind besondere Zwangsmittel gegeben, gegen deren Anordnung nicht die in § 47 Abs. 3 vorgesehenen Rechtsmittel ergriffen werden können. Würde eine gemäß § 36 geschaffene Einrichtung durch den Triebwerkbesitzer wieder beseitigt, so würde, wenn es sich lediglich um Wiederherstellung des früheren Zustandes handelte, die einfachere Anwendung des § 36 Abs. 2 (Stillstand der Wasserkraftmaschinen) zulässig sein; wenn zugleich die Voraussetzungen des § 1 gegeben sind, was immer der Fall ist, wenn es sich um Ab-

leitungen aus dem Oberwasser des Mühlkanals in das Unterwasser desselben oder in den Wasserlauf handelt, so steht auch dem Eingriff nach Maßgabe des § 47 kein Bedenken entgegen.

4. Die Anordnung erfolgt gemäß Art. 8 der Vorschriften über die Zuständigkeit und das Verfahren in Bezug auf die Wasserbenutzung und den Wasserschutz, vom 14. März 1892 (s. Anhang II Nr. 7) durch diejenige Behörde, welche zur Ertheilung der Genehmigung oder Erlaubniß zuständig wäre, bezw. welche den Widerruf oder die Beschränkung verfügt hat, sohin bei den der Genehmigung nach § 1 bedürftigen Anlagen durch den Bezirkspräsidenten, bei Anlagen, zu welchen die Erlaubniß nach § 3 erforderlich ist, durch den Bauinspektor, bei Verkehrshindernissen auf dem Leinpfad (§ 18) gleichfalls durch den Bauinspektor, bei Uferbauten (§ 37) am Rhein, der Mosel, der Saar und der Ill von der Einmündung des Rhein-Rhonekanals ab durch das Ministerium, im übrigen durch den Bauinspektor (s. die Bem. zu den einzelnen Paragraphen). Die Anordnung ist mit Gründen zu versehen und den Betheiligten schriftlich gegen Behändigungsschein zu eröffnen.

5. Die Frist wird in der Regel mindestens auf 14 Tage zu bemessen sein, weil während dieser Zeit Rechtsmittel mit aufschiebender Wirkung zuläßig sind, s. Abs. 2 und 3 sowie Bem. 7; für dringende Fälle trifft Abs. 3 Vorsorge.

6. Die in Bem. 4 bezeichneten Ausführungsvorschriften bestimmen, daß das Verzeichniß der durch die Beseitigung erwachsenen Kosten von der Behörde, welche zum Erlaß der Anordnung zuständig war, aufgestellt und vollstreckbar erklärt wird. Bezüglich der Vorschriften über die Einziehung der direkten Steuern und hinsichtlich der zulässigen Rechtsmittel gilt das in Bem. 1 zu § 33 Gesagte.

7. Zu vergl. Abs. 3 der Begründung, Bem. 1. Die Verwaltungsgerichte haben hiernach wohl darüber zu entscheiden, ob eine gewisse Veranstaltung den Vorschriften des Gesetzes widerspricht, also ob sie unter § 1, § 3 Ziffer 1 und 2, § 18, § 37 fällt und ob die vorgeschriebene Genehmigung oder Erlaubniß nicht eingeholt wurde, bezw. der Widerruf zuläßig war und erfolgt ist u. s. w.; sie können aber nicht etwa die Belassung der Veranstaltung um deswillen aussprechen, weil öffentliche Interessen nicht benachtheiligt seien. Bezüglich dieser Zweckmäßigkeitsfrage bestimmen die in Bem. 4 bezeichneten Ausführungsvorschriften, daß gegen die Anordnung neben dem in § 47 Abs. 2 des Gesetzes vorgesehenen Rechtsmittel Beschwerde an das Ministerium zuläßig ist; dieselbe hat aufschiebende Wirkung, sofern sie innerhalb 14 Tagen von Empfang der Anordnung ab eingereicht worden ist. — Diese Beschwerde als solche fällt selbstverständlich weg, wenn die Anordnung durch das Ministerium selbst erfolgt ist, s. Bem. 4.

8. Das Verfahren vor dem Bezirksrathe und dem Kaiserlichen Rathe richtet sich nach der auf Grund der §§ 8, 13 des Verwaltungsgesetzes vom 30. Dez. 1871 erlassenen Verordnung vom 23. März

1889 (G.Bl. S. 35). Die Frist zur Einlegung des Rekurses beträgt nach § 36 dieser Verordnung 30 Tage vom Tage der Zustellung der Entscheidung des Bezirksrathes ab.

9. Wasserbauinspektor oder Meliorationsbauinspektor, zu vergl. Abs. 3 der in Bem 4 bezeichneten Ausführungsvorschrift.

10. Die Kosten der einstweiligen Anordnungen sind wie die in § 1 vorgesehenen, von dem Zuwiderhandelnden einzuziehen. Das Verzeichniß ist nach den Ausführungsvorschriften von dem anordnenden Bauinspektor aufzustellen und vollstreckbar zu erklären.

IV. Allgemeine und Schlußbestimmungen.

§ 48.

Die für die einzelnen Anordnungen und Entscheidungen zuständigen Behörden werden, insoweit nicht das Gesetz darüber bestimmt, durch die Ausführungsvorschriften bezeichnet.[1]

1. Die in den Ausführungsbestimmungen enthaltenen Zuständigkeitsregelungen sind jeweils bei den betreffenden Paragraphen angeführt.

§ 49.

[1]Die Vorschriften des § 6 finden auf die Festsetzung der Entschädigungen Anwendung, auf welche die Eigenthümer von Triebwerken, deren Nutzung nicht auf Widerruf verliehen ist, bei Aufhebung oder Beschränkung[2] ihrer Anlage Anspruch erheben.

1. Der Zweck des § 49 (bezüglich dessen die **Begründung** lediglich auf die Erläuterungen zu §§ 5 und 6 verweist), ist, das Verfahren in den Fällen zu regeln, in welchen ein Triebwerkbesitzer zwar nicht auf Grund des gegenwärtigen Gesetzes aber gemäß früherer gesetzlicher oder vertragsmäßiger Bestimmungen Anspruch auf Entschädigung wegen Beseitigung oder Beschränkung seiner Anlage hat. Es soll in diesen Fällen das gleiche Verfahren Anwendung finden, wie bei den auf Grund des gegenwärtigen Gesetzes zulässigen Ersatzansprüchen. Hiernach findet in den Fällen der bezeichneten Art für die Folge der Rechtsweg vor den ordentlichen Gerichten statt, es ist aber vorher ein Vorentscheid der Verwaltungsbehörde (Ministerium, Art. 9 der Vorschriften. betr. die Zuständigkeit und das Verfahren in Bezug auf die Wasserbenutzung und den Wasserschutz, v. 14. März 1892, s. Anh. II Nr. 7) einzuholen und die Klage dann innerhalb spätestens 6 Monaten zu erheben. —

Die Fälle, auf welche § 49 Anwendung findet, sind die der sogenannten gesetzlichen Existenz eines Triebwerks. Hierzu gehören diejenigen Werke, welche in den damals schon französischen Gebietstheilen vor dem Jahre 1566 bestanden haben; diejenigen, welche in den übrigen Landestheilen von den Landesherren oder mit dem Wasserregal ausgestatteten Grundherrn verliehen wurden sowie solche, welche auf sonstige rechtswirksame Weise entstanden sind; ferner diejenigen Werke, welche der Staat ohne Beschränkung oder Vorbehalt bezüglich der Benutzung der Wasserkraft an einen Rechtsvorgänger des jetzigen Eigenthümers verkauft hat. (In einem bei Dalloz, jur. gén. v° eaux Nr. 404 Ziffer 2 erwähnten Falle wird zur gesetzlichen Existenz verlangt, daß der verkaufende Staat die Freiheit von Dienstbarkeiten gewährleistet habe). Nach der Rechtsprechung gelten auch diejenigen Werke als gesetzlich, welche 30 Jahre vor 1789 unanfechtbar bestanden haben.

2. Auch die Triebwerke mit sog. gesetzlicher Existenz sind jederzeit widerruflich. Allerdings nicht auf Grund des § 5, welcher vielmehr nur diejenigen Veranstaltungen zum Gegenstand hat, welche nach Maßgabe des gegenwärtigen Gesetzes genehmigt worden sind. Aber auch nach dem bisherigen Recht konnten alle Anlagen an Wasserläufen jeder Art, auch wenn sie nicht „auf Widerruf verliehen" waren, aus Gründen des öffentlichen Interesses, jederzeit widerrufen werden, wie dies in der Begründung zu § 5 (Bem. 1 das.) erwähnt ist.

§ 50.

[1]Die Bestimmung des § 35 findet gleichmäßig Anwendung, wenn die Regulirung eines Wasserlaufs durch autorisirte Genossenschaften[2] erfolgt ist.

In anderen Fällen der Verlegung des Bettes eines Wasserlaufs kann das Ministerium den Uebergang des trocken gelegten Bettes in das Eigenthum desjenigen gestatten, für welchen die Verlegung erfolgt ist.[3]

1. Zu vergl. die **Begründung** zu § 35 (Bem. 1 das.).

2. Also nicht durch freie Genossenschaften nach Maßgabe des Tit. II des Gesetzes vom 21. Juni 1865.

3. Im **Entwurf** war gesagt „in das Eigenthum des Unternehmers." Die veränderte Fassung ist von der Kommission des Landesausschusses vorgesehen worden, um, wie es im **Berichte** S. 642 heißt, „eine falsche Auslegung des Wortes „Unternehmer" zu vermeiden. Hierunter ist nicht derjenige zu verstehen, welcher die Arbeiten ausführt, sondern derjenige, für welchen dieselbe ausgeführt wurde." Also nur dem Bauherrn, nicht dem Bauunternehmer kann der trocken gelegte Wasserlauf überwiesen werden. — Die Fälle, welche zunächst hier in Betracht kommen,

sind die Verlegung eines Wasserlaufs in Folge des Baues einer Eisenbahn, einer Straße ꝛc.

Wenn das Ministerium den Uebergang des Eigenthums auf Grund des Absatz 2 gestattet, greift auch das beschränkte Vorkaufsrecht der Anlieger nach Maßgabe des vom Landesausschuß in § 35 eingesetzten Schlußsatzes Platz. Der Gedanke des § 50 ist der, daß das Ministerium entscheidet, ob § 35 auch auf andere Fälle als die des Flußbauverbandes oder autorisirter Genossenschaften Anwendung finden soll; bejahendenfalls gilt dies eben von dem ganzen § 35. Anders ist es, wenn das Ministerium von der Befugniß des § 50 nicht Gebrauch macht, wohl aber in anderer Weise dem Bauherrn das Eigenthum am Bett überträgt, z. B. durch Verkauf oder tauschweise.

§ 51.

Die bisherigen Bestimmungen über Wasserbenutzung und Wasserschutz, welche die in gegenwärtigem Gesetze geregelten Gegenstände betreffen,[1] sind aufgehoben. Unberührt bleiben:

1. die besonderen Vorschriften bezüglich des Rheins,[2] sowie alle diejenigen Bestimmungen der für einzelne Wasserläufe erlassenen Reglements, und Verordnungen, welche im Interesse der Benutzung des Wassers oder des Schutzes gegen das Wasser weitergehende Beschränkungen auferlegen,
2. die bestehenden besonderen Vorschriften über die Beseitigung und Nutzbarmachung der Sümpfe,[3]
3. die bestehenden Vorschriften über die Mineralquellen,[4]
4. die Vorschriften des Gesetzes über die Genossenschaften vom 21. Juni 1865 und der im Anschluß an dasselbe erlassenen späteren Gesetze,[5]
5. die gesetzlichen Bestimmungen über die Stillstandsgebühren, welche Triebwerksbesitzer für den Durchlaß von Schiffen oder Flößen beanspruchen können,[6]
6. die §§ 30 und 31 des Feldpolizeistrafgesetzes vom 9. Juli 1888.[7]

1. Die **Begründung** bemerkte hierzu: „Als aufgehoben sind insbesondere anzusehen die auf die Wasserbenutzung und den Schutz gegen das Wasser bezüglichen Bestimmungen der Ordonnanz vom August 1669 mit Ausnahme des Art. 45 Tit. XXVII, soweit er sich auf die Stillstandsgebühren bezieht; der Verordnung vom

24. Juni 1777; der Verordnung vom 19. Ventose VI; des Gesetzes vom 6. Frimaire VII; des Gesetzes vom 14. Floréal X; des Gesetzes vom 30. Floréal X; des Gesetzes vom 14. Floréal XI; des Gesetzes vom 16. September 1807; des Dekrets vom 22. Januar 1808; des Gesetzes vom 29. April 1845; des Gesetzes vom 11. Juli 1847; des Dezentralisationsdekrets vom 25. März 1852; des Gesetzes vom 10. Juni 1854; des Gesetzes vom 28. Mai 1858; des Dezentralisationsdekrets vom 13. April 1861."

Im Einzelnen ist zu den in der Begründung bezeichneten Vorschriften zu bemerken:

a. Die Ordonnanz vom August 1669 ist, soweit sie sich überhaupt auf Wassersachen bezieht, mit Ausnahme der Bestimmung über die Stillstandsgebühren, also hinsichtlich der Art. 42, 43, 44 Tit. XXVII und des Art. 7 Tit. XXVIII aufgehoben.

b. Die Verordnung vom 24. Juni 1777 ist nicht weiter anwendbar. Mit Ausnahme des ersten Satzes von Art. 9, welcher von den Stillstandsgebühren handelt, aber, weil nur auf die früheren Ordonnanzen verwiesen wird, keine selbstständige Bedeutung beanspruchen kann, enthält die Verordnung nur Bestimmungen, welche Gegenstand der Regelung des vorliegenden Gesetzes und deßhalb auch in soweit aufgehoben sind, als letzteres nicht eine vollkommen deckende Vorschrift gibt.

c. Die Verordnung vom 19. Ventose VI hatte hauptsächlich vorübergehende Bedeutung. Art. 5, 6 u. 11, welche sich auf Beseitigung von Triebwerken und sonstigen Veranstaltungen beziehen, können jedoch bezüglich der nicht auf Grund des gegenwärtigen Gesetzes genehmigten Anlagen für die Folge noch Anwendung finden; s. Anhang I Nr. 2.

d. Das Gesetz vom 6. Frimaire VII handelte von den Fähren; es ist durch die Vorschrift in §§ 3—5 ersetzt.

e. Von dem Gesetz vom 14. Floréal X gilt das Gleiche. Die Art. 6—8 handeln von den Hafenabgaben und sind veraltet.

f. Das Gesetz vom 30. Floréal X, welches die Schifffahrtsabgaben zum Gegenstande hatte, ist bezüglich der darin ausgesprochenen Verpflichtung des Staates zur Unterhaltung der schiffbaren Wasserläufe durch §§ 27, 38 ersetzt,

g. Für das Gesetz vom 14. Floréal XI über die Ausräumung der nicht schiffbaren Wasserläufe ꝛc. bieten die §§ 21 ff., 30 ff. Ersatz.

h. Das Gesetz vom 16. September 1807 ist hinsichtlich der auf die Austrocknung der Sümpfe bezüglichen Vorschriften in Ziffer 2 ausdrücklich aufrecht erhalten. Auch die Bestimmungen über sonstige öffentliche Arbeiten können, insoweit es sich nicht um Unterhaltungsarbeiten im Sinne des § 21 handelt, Weitergeltung beanspruchen. Namentlich gilt dies auch von denjenigen öffentlichen Arbeiten zum Zwecke des Schutzes gegen das Wasser, welche neben den gewöhnlichen Unterhaltungsarbeiten in § 30 genannt sind, denn die Bildung von Flußbauverbänden ist dort nur für zulässig erklärt; insoweit eine solche nicht erfolgt, bleibt die bisherige Gesetzgebung unberührt. Praktische Bedeutung werden die fraglichen Bestimmungen aber für Arbeiten zum Schutze gegen das Wasser nicht wohl mehr erlangen.* Dagegen wird die Vorschrift des Art. 48 über Beseitigung älterer Triebwerke (s. Anhang I Nr. 4) noch für die Folge zu beobachten sein; vgl. den letzten Absatz der Begründung zu § 5, Bem. 1 das.

i. Das Dekret vom 22. Januar 1808 handelt vom Leinpfad und ist durch die §§ 18, 19 ersetzt.

k. Das Gesetz vom 29. April 1845 über die Bewässerung findet Ersatz in den §§ 11 ff.

l. Ebenso das Gesetz vom 11. Juli 1847 gleichen Betreffs in den §§ 14 ff.

m. Die in den Dezentralisationsdekreten vom 25. März 1852 und 13. April 1861 enthaltenen Bestimmungen über die Zuständigkeit in Angelegenheiten der Wasserbenutzung oder des Schutzes gegen das Wasser (Tabelle D Ziffer 1—7, 9, 10) sind mit dem vorliegenden Gesetz außer Wirksamkeit getreten.

n. Das Gesetz vom 10. Juni 1854 über den ungehinderten Ablauf des von Drainirungsanlagen herrührenden Wassers ist ersetzt durch §§ 12 ff.

o. Das Gesetz vom 28. Mai 1858, betreffend die Arbeiten zur Sicherstellung der Städte gegen Ueberschwemmungen, wird neben den Bestimmungen in §§ 21 ff., 30 ff. nicht mehr Anwendung finden können, insbesondere auch insofern nicht, als hiernach Bezirke und Gemeinden zur Theilnahme an den Kosten verpflichtet erklärt werden konnten. Die Maßnahmen gegen Ueberschwemmungen sollten in Titel II vollständig geregelt werden, unbeschadet selbstverständlich der Heranziehung der Bezirke und Gemeinden zu Kostenbeiträgen bei größeren Unternehmungen, in Folge Vereinbarung.

p. Außer den in der Begründung aufgezählten Vorschriften sind auch die wesentlich gleichlautenden Verordnungen der drei Bezirkspräsidenten vom 8, 12 und 18. Juli 1880 mit Inkrafttreten des vorliegenden Gesetzes außer Wirksamkeit getreten, z. vergl. Bem. 4 zu § 37.

Nicht als beseitigt anzusehen ist die Bestimmung in § 5 G. v. 11. Mai 1877 (s. Anhang I Nr. 10) über die Benutzungsordnungen für Be- und Entwässerungsanlagen, welche von Genossenschaften oder in Ausübung von Dienstbarkeiten errichtet worden sind. Das Recht der Genossenschaften wird durch vorliegendes Gesetz überhaupt nicht berührt. Die Dienstbarkeiten sind zwar in §§ 11—17 geregelt, aber nur insoweit als dies durch die frühere französische Gesetzgebung geschehen war (oben k, l, n). Von Aufnahme einer dem § 5 G. v. 11. Mai 1877 entsprechenden Bestimmung wurde abgesehen, weil dieser § 5 doch für Genossenschaften hätte weiter gelten müssen.

* Vom Abdruck dieser Bestimmungen im Anhang ist daher abgesehen worden.

2. Zu Ziffer 1 lautete die **Begründung**:

„Zu den besonderen Vorschriften bezüglich des Rheins, welche nach Ziffer 1 aufrecht erhalten bleiben, gehören wegen der im Interesse des Uferschutzes dem Grundbesitzer auferlegten Beschränkungen die Art. 136—143 des Code forestier nebst den bezüglichen Bestimmungen der Ausführungsordonnanz vom 1. August 1827 (Art. 162 ff.) sowie Art. 8 Abs. 2 und Art. 13—15 des badisch-französischen Staatsvertrags vom 5. April 1840 (B. d. L. 1840 I. S. 415). Keiner besonderen Hervorhebung bedarf, daß neben den in Ziffer 1 weiter erwähnten Reglements u. s. w. für einzelne Wasserläufe auch diejenigen Bestimmungen dieser Art in Kraft bleiben, welche für einzelne Wasserentnahmen, Triebwerke als landesherrliche Verordnungen oder bloße Verwaltungsverfügungen erlassen worden sind, soweit sie nicht etwa in Widerspruch mit den Vorschriften des Entwurfs stehen sollten."

Bezügl. der hier erwähnten besonderen Bestimmungen über den Rhein s. Anhang I Nr. 5, 5a und 6.

3. Als zu den in Ziffer 2 bezeichneten besonderen Vorschriften gehörig nennt die Begründung die bezüglichen Bestimmungen des Gesetzes vom 16. September 1807 und das Gesetz vom 28. Juli 1860*

4. Durch Ziffer 3 ist aufrecht erhalten das Gesetz vom 14. Juli 1856, betreffend die Mineralquellen, nebst den auf Grund desselben erlassenen Ausführungsbestimmungen, s. Anhang 7 und 7a.

5. Außer dem Gesetze vom 21. Juni 1865 kommen hierbei in Betracht das Gesetz, betreffend die Abänderung der Gesetzgebung hinsichtlich des Wasserrechts vom 11. Mai 1877, sowie das Gesetz, betreffend die autorisirten Genossenschaften zum Zwecke der Regelung von Feldwegen sowie Herstellung von Bewässerungen und Entwässerungen, vom 30. Juli 1890.**

6. Zu Ziffer 5 bemerkte die **Begründung**:

„Ziffer 5 betrifft Art. 45 des Tit. XXVII der Ordonnanz von 1669. Es wäre an sich erwünscht, auch die Weitergeltung dieser Einzelbestimmung zu beseitigen. Es hat sich aber auf Grund derselben am oberen Laufe der Saar eine Praxis ausgebildet, wonach die Müller für den Durchlaß von Flößen eine Entschädigung beziehen; in dieses einzig im Lande noch bestehende Verhältniß wesentlich privatrechtlicher Natur durch Beseitigung seiner Grundlage einzugreifen, erschien nicht angezeigt."

Art. 45 des Titel XXVII s. im Anhang I Nr. 1; zu vergl. oben Bem. 1 b.

7. Abgedruckt im Anhang I Nr. 12.

---

* Vom Abdruck derselben ist wegen der geringen praktischen Bedeutung abgesehen worden. — ** Die Darstellung des Rechts der Meliorationsgenossenschaften geht über den Zweck des Gegenwärtigen hinaus. Die rein wasserrechtliche Bestimmung in § 5 G. v. 11. Mai 1877, s. Anhang I Nr. 10.

§ 52.

Gegenwärtiges Gesetz tritt am 1. April 1892 in Kraft.[1] Die zur Ausführung desselben erforderlichen Bestimmungen erläßt das Ministerium.[2]

Urkundlich unter Unserer Höchsteigenhändigen Unterschrift und beigedrucktem Kaiserlichem Insiegel.

Gegeben Amsterdam, den 2. Juli 1891.

(L. S) gez. **Wilhelm.**

gez. Fürst v. Hohenlohe.

1. Besondere Uebergangsbestimmungen über die Anwendung des Gesetzes auf ältere Angelegenheiten enthält dasselbe nicht. Bezüglich der unter § 1 fallenden Anlagen bestimmt § 7 Abs. 2 der V. v. 1. Februar 1892, daß über die anhängigen Anträge nach Maßgabe der V. Entscheidung zu treffen ist. Hiernach ist der Bezirkspräsident zuständig und Rekurs an den Kaiserlichen Rath zulässig, auch soweit dies nicht schon, wie für Triebwerke nach der Gewerbeordnung, bisher der Fall war. Aus jener Bestimmung ist aber nicht etwa zu folgern, daß auch das Vorverfahren sich in allen Einzelheiten nach den am 1. April 1892 in Kraft tretenden Vorschriften zu regeln hätte; Letztere gelten der Natur der Sache nach nur für die noch nicht begonnenen Theile des Verfahrens. (Die Ausführungsbestimmungen regeln diese Angelegenheit nicht, weil einerseits die vorkommenden Fälle zu verschieden, anderseits wesentliche Unterschiede zwischen dem bisherigen, meist nur in der Praxis befolgten Verfahren und den neuen Vorschriften nicht bestehen.) Bezüglich der unter §§ 3, 37 vorgesehenen Veranstaltungen, ferner bezüglich der Verordnungen über Wasservertheilung, Unterhaltung von Wasserläufen, Bildung von Flußbauverbänden gelten die gleichen Grundsätze; die Entscheidung oder der Erlaß der Verordnung hat durch die nach dem neuen Rechte zuständige Behörde zu erfolgen, die vor Inkrafttreten des Gesetzes vorgenommenen Verhandlungen können zu Grunde gelegt werden, wenn sie dem damaligen Rechte entsprechen.

Besondere Erwähnung bedürfen noch die unter §§ 1, 3, 37 fallenden Veranstaltungen, welche vor Inkrafttreten des Gesetzes wohl thatsächlich bestanden haben, aber nicht genehmigt (wasserpolizeilich geregelt) waren. Wird die nachträgliche Regelung von dem Besitzer beantragt, so richtet sich Zuständigkeit und Verfahren nach den neuen Vorschriften, wie wenn es sich um Neuanlagen handelt; wenn die Regelung von Amtswegen — oder auf Antrag Dritter — erfolgen soll, findet § 5 Anwendung; s. Art. 1 Abs. 4 Vorschr. v. 14. März 1892 (Anh. II Nr. 7) und Anm. das.

2. Die bis jetzt ergangenen Ausführungsbestimmungen sind im Anhang II Nr. 2—7 abgedruckt.

Anhang I.

Weitergeltende Gesetze,

welche Wasserbenutzung und Wasserschutz betreffen oder das Wasserrecht zum Gegenstand haben.

1. Ordonnanz vom August 1669,

betreffend die Gewässer und Wälder.

Titel XXVII Art. 45.* Wir regeln und bestimmen die Stillstandsgebühren für alle Mühlen, welche kraft Rechten, Titeln und Konzessionen an schiff- oder flößbaren Wasserläufen errichtet sind, auf 40 Sols für die Zeit von 24 Stunden; dieser Betrag ist den Eigenthümern der Mühle oder den Pächtern und Müllern durch diejenigen zu zahlen, welche den Stillstand durch ihre Schifffahrt oder Flößerei verursacht haben. Wir verbieten ganz ausdrücklich allen Personen, mehr zu verlangen oder auf irgend eine Weise die Schifffahrt oder Flößerei zu verzögern, bei einer Geldstrafe von 1000 Livres** neben dem Ersatz des Schadens, der Kosten und Auslagen .... welche durch unsere Beamten der Maitrise geregelt werden, ohne daß eine Ermäßigung stattfinden könnte.

2. Verordnung des vollziehenden Direktoriums,

enthaltend Maßnahmen zur Sicherung des freien Laufs der schiff- und flößbaren Flüsse und Kanäle.†

Vom 19. Ventose VI.

B. d. L. II. Ser. Nr. 1766.

Art. 4. Die Bezirksverwaltungen stellen ein besonderes Verzeichniß aller Triebwerke, Mühlen, Dämme u. s. w. auf, welche als gefährlich oder nachtheilig für die Schifffahrt, den freien Lauf des Wassers, die Entwässerung oder die Bewässerung der Felder sind, deren Eigenthum aber auf Rechtstitel beruht.

---

* Ueber die Weitergeltung dieser Bestimmung s. Bem. 6 zu § 51 W.-G. — ** Diese Strafandrohung ist wohl durch § 366 Ziffer 10 St.-G.-B. Anhang I Nr. 8 (Uebertretung der zur Erhaltung der Sicherheit auf Wasserstraßen erlassenen Polizeiverordnungen) ersetzt. — † Ueber die fortdauernde Bedeutung der abgedruckten Artikel vergl. Bem. 1 c zu § 51 W.-G.

Art. 5. Sie* verfügen innerhalb Monatsfrist die Beseitigung aller derjenigen Anlagen dieser Art, welche nicht auf Rechtstitel beruhen oder keine andern Rechtstitel als aufgehobene feudale Verleihungen besitzen.

Art. 6. Die im vorhergehenden Artikel vorgesehene Frist kann bis nach Ablauf der 2 folgenden Monate verlängert werden. Alsdann ist, abgesehen von dem Falle, wenn die Centralverwaltung** unüberwindliche Hindernisse anerkennt, die durch die Eigenthümer nicht bewerkstelligte Zerstörung durch den Kommissar des vollziehenden Direktoriums bei jeder Centralverwaltung*** auf deren Kosten vorzunehmen.

Art. 11. Da die Eigenthümer der privaten Entwässerungs- oder Bewässerungskanäle in dieser Beziehung dieselben Rechte haben wie der Staat, ist ihnen die Beschreitung des Rechtsweges zur Erlangung der Beseitigung aller Triebwerke, Schleusen, Wehre, Fischereien, Fischwehre, Dämme, Baumpflanzungen, Netze, Stauweiher, Reusen, Waschanstalten, Tränken, Wasserentnahmen und überhaupt alle dem freien Lauf des Wassers schädlichen und nicht zu Recht bestehenden Veranstaltungen vorbehalten.

3. Code civil.

Art. 538. Die vom Staate zu unterhaltenden Wege, Land- und Ortsstraßen, die schiff- oder flößbaren Ströme und Flüsse ..... und überhaupt alle Theile des Staatsgebietes, welche nicht im Privateigenthum stehen können, sind als Bestandtheile des öffentlichen Staatsguts anzusehen.

Art. 552.† Das Eigenthum am Boden umfaßt das Eigenthum an dem über und unter demselben Befindlichen .....

(Abs. 3.) Der Eigenthümer kann unter dem Boden alle Bauten und Grabungen vornehmen, welche er für angezeigt hält und aus diesen Grabungen alle Vortheile ziehen, welche sie gewähren, unbeschadet der Beschränkungen, welche sich aus den auf das Bergwesen bezüglichen Gesetzen und Verordnungen sowie aus den Polizeigesetzen und Polizeiverordnungen ergeben.

Art. 556. Verlandungen und Vergrößerungen, welche sich allmählich und unmerklich an dem einem Flusse oder Bache angrenzenden Grundeigenthum bilden, heißen Alluvion.

Die Alluvion kommt dem angrenzenden Eigenthümer zu Gute sowohl bei den Strömen und den schiff- oder flößbaren Flüssen als bei den nicht schiff- oder flößbaren Flüssen mit der Maßgabe, daß bei den ersteren der Leinpfad, den Verordnungen†† gemäß frei gelassen werden muß.

Art. 557. Das Gleiche gilt von dem Lande, welches sich durch unmerkliche Zurückziehung des Wasserlaufs von dem einen Ufer und

* An Stelle der administrations départementales ist später der Präfekt, jetzt der Bezirkspräsident getreten. Für die der Wasserbauverwaltung unterstellten Wasserläufe wäre jetzt das Ministerium zuständig. — ** Ministerium; s. Anh. III. — *** Zu vergl. Art 1 Abs. 4 Vorschr. v. 14. März 1892. Anh. II Nr. 7. — † S. Bem. 3 zu § 1 W.-G. — †† S. §§ 18, 19 W.-G.

Vorrücken gegen das andere bildet: der Eigenthümer des freigewordenen Ufers hat den Vortheil von der Anschwemmung, ohne daß der an das andere Ufer Angrenzende das verlorene Gelände* beanspruchen kann ....

Art. 558. Die Alluvion findet nicht Statt bei Seen und Teichen; der Eigenthümer behält dort das Gelände, welches vom Wasser dann bedeckt wird, wenn dieses auf der Abflußhöhe des Teiches steht, und zwar auch wenn der Stand des Wassers sinkt.

Andererseits erwirbt der Eigenthümer des Teiches keinen Anspruch auf das angrenzende Gelände, welches sein Wasser bei außergewöhnlichem Ansteigen bedeckt.

Art. 559. Wenn ein Strom oder Fluß, schiffbar oder nicht, durch plötzlichen Andrang einen erheblichen und erkennbaren Theil des angrenzenden Landes wegnimmt und denselben an ein unterhalb liegendes Grundstück oder an das entgegengesetzte Ufer antreibt, kann der Eigenthümer des weggenommenen Theils sein Eigenthum in Anspruch nehmen; aber die Klage muß innerhalb Jahresfrist erhoben werden; nach Ablauf dieser Frist ist sie nicht mehr zulässig, es sei denn, daß der Eigenthümer des Grundstückes, welchem der weggenommene Theil zugeführt worden ist, noch nicht Besitz davon ergriffen hat.

Art. 560. Inseln, Inselchen, Verlandungen, welche sich im Bette von Strömen und schiff- oder flößbaren Flüssen befinden, gehören dem Staate, wenn nicht ein Rechtstitel oder Verjährung entgegensteht.

Art. 561. Inseln oder Verlandungen, welche sich in nicht schiff- oder flößbaren Flüssen bilden, gehören den angrenzenden Eigenthümern auf der Seite, auf welcher die Insel entstanden ist; wenn die Insel sich nicht bloß auf der einen Seite gebildet hat, gehört sie den angrenzenden Eigenthümern auf beiden Seiten und zwar nach Maßgabe einer Linie, welche man sich mitten durch den Fluß gezogen denkt.

Art. 562. Wenn ein Fluß oder Strom durch Abzweigung eines neuen Armes das Grundstück eines angrenzenden Eigenthümers abschneidet und einschließt und dasselbe zu einer Insel macht, so behält dieser Eigenthümer das Grundstück auch wenn die Bildung der Insel in einem Strome oder einem schiff- oder flößbaren Flusse entstanden ist.

Art. 563. Wenn sich ein Strom, ein schiff- oder flößbarer oder ein nicht schiff- oder flößbarer Fluß einen neuen Lauf bildet,** indem er das alte Bett verläßt, so erhalten die Eigenthümer des neu bedeckten Grund und Bodens als Entschädigung das alte, verlassene Bett, jeder im Verhältniß zu dem ihm entzogenen Gelände.

Art. 640. Die tiefer liegenden Grundstücke sind gegenüber den höher liegenden damit belastet, daß sie die von Natur aus und ohne Mitwirkung der Menschenhand abfließenden Wasser aufnehmen müssen.

Der untere Eigenthümer darf keinen Damm errichten, welcher diesen Abfluß hindert.

---

* Vergl. Bem. 2 (b) zu § 21 W.-G. — ** Ueber den Fall einer künstlichen Verlegung des Bettes eines Wasserlaufs, s. §§ 35, 50 W. G.

Der obere Eigenthümer darf nichts thun, was die Dienstbarkeit des unteren erschwert.

Art. 641. Wer eine Quelle in seinem Grundstück hat, darf dieselbe nach Belieben verwenden,* unbeschadet der Rechte, welche der Eigenthümer des unterhalb belegenen Grundstücks durch Rechtsstreit oder Verjährung etwa erworben hat.

Art. 642. Die Verjährung tritt in diesem Falle nur ein durch ununterbrochenen Genuß während 30 Jahren, welche von dem Zeitpunkt ab laufen, an welchem der Eigenthümer des unterhalb belegenen Grundstücks sichtbare Veranstaltungen vorgenommen und vollendet hat, welche dazu bestimmt sind, den Fall und den Lauf des Wassers auf seinem Eigenthum zu erleichtern.

Art. 643. Der Eigenthümer der Quelle darf den Lauf derselben nicht verändern, wenn sie den Bewohner einer Gemeinde, eines Dorfes oder Weilers das nothwendige Wasser liefert;* wenn aber die Bewohner das Gebrauchsrecht der Quelle nicht erworben oder ersessen haben, kann der Eigenthümer Entschädigung beanspruchen, welche durch Sachverständige festgesetzt wird.

Art. 644. Derjenige, dessen Eigenthum an fließendes Wasser angrenzt, welches nicht zu dem durch Art. 538 als Bestandtheil des öffentlichen Staatsguts erklärten gehört, darf sich desselben im Vorüberlauf zur Bewässerung seines Eigenthums bedienen.**

Derjenige, dessen Eigenthum durch solches Wasser durchflossen wird, darf dasselbe auf der Strecke, welche es durchfließt, sogar gebrauchen** mit der Verpflichtung, es beim Ausgang aus seinem Grundstücke, dem gewöhnlichen Laufe zurückzugeben.

Art. 645. Wenn Streitigkeiten zwischen Grundeigenthümern entstehen, welchen solches Wasser nützlich sein kann, sollen die Gerichte bei ihren Entscheidungen die Interessen der Landwirthschaft mit der dem Eigenthum schuldigen Achtung in Einklang bringen; und unter allen Umständen sollen die besonderen und örtlichen Verordnungen über den Lauf und den Gebrauch der Gewässer beobachtet werden.***

4. Gesetz vom 16. September 1807,

betreffend die Austrocknung der Sümpfe u. s. w.

Bull. des lois IV. Ser. Nr. 2797.

Art 48.† Wenn in Ausführung einer Entwässerung, der Eröffnung einer neuen Wasserstraße, einer Brücke die Beseitigung, Ver-

* Ueber den Einfluß des W.-G. auf das Recht der Benutzung der Quelle. s. Bem. 3 zu § 1 das. — ** Ueber die polizeilichen Beschränkungen dieser Benutzung s. § 1 W.-G. — *** Hierzu gehören insbes. die auf Grund der §§ 9 f. W.-G. erlassenen Verordnungen und Anordnungen über Wasservertheilung. — † Vom Abdruck der auf die Austrocknung der Sümpfe bezüglichen sowie der allgemeineren Bestimmungen ist abgesehen s. Bem. 1. h zu § 51 W.-G.

legung, Abänderung oder die Herabsetzung der Stauhöhe von Mühlen oder sonstigen Triebwerken in Frage kommt, ist die Nothwendigkeit durch die Baubeamten festzustellen. Der Schätzungspreis ist durch den Staat zu zahlen, wenn dieser die Arbeiten ausführt. Geschieht dies durch Unternehmer, so ist der Schätzungspreis zu zahlen, bevor diese den Stillstand der Mühlen oder Triebwerke veranlassen.

Es ist zunächst zu untersuchen, ob die Errichtung der Mühlen oder Triebwerke gesetzlich ist oder ob der Rechtstitel, auf welchen diese beruht, nicht die Eigenthümer zur Duldung der Beseitigung ohne Entschädigung verpflichtet, sofern das öffentliche Wohl dies erfordert.*

5. Code forestier.

Vom 31. Juli 1827.

Titel IX Abschnitt 2: Zum Dienst der Bauverwaltung für die Rheinarbeiten bestimmtes Holz.**

Art. 136. In allen Fällen, in welchen die Arbeiten der Eindämmung des Rheines und der Befestigung seiner Ufer eine rasche Lieferung von Holz oder Weiden erfordern, kann der Präfekt unter Feststellung der Dringlichkeit die Abgabe derselben anordnen, und zwar zunächst aus den Staatswaldungen, sodann im Falle der Unzulänglichkeit dieser Waldungen aus denjenigen der Gemeinden und der öffentlichen Anstalten und zuletzt aus den Privatwaldungen: alles innerhalb eines Abstandes von fünf Kilometer von den Ufern des Flusses.

Art. 139.*** In den der Forstordnung unterworfenen Waldungen geschieht der Abtrieb des in Anspruch genommenen Holzes durch die Unternehmer der Wasserbauverwaltung nach den Angaben und unter der Aufsicht der Forstbeamten. Die Unternehmer sind in diesem Falle denselben Verpflichtungen und derselben Haftbarkeit unterworfen wie die Ansteigerer von Schlägen in den Staatswaldungen.

Art. 140. In den Privatwaldungen geschieht der Abtrieb des in Anspruch genommenen Holzes gleichfalls durch die Unternehmer der Arbeiten und unter der gleichen Verantwortlichkeit, sofern der Eigenthümer nicht vorzieht, den Abtrieb selbst vorzunehmen; er muß dies sofort erklären, sobald er von der Inanspruchnahme benachrichtigt worden ist.

Bewerkstelligt der Eigenthümer den Abtrieb nicht in der bei der Inanspruchnahme festgesetzten Frist, so hat dieser nach Ermächtigung des Präfekten auf seine Kosten zu geschehen.

Art. 141. Der Preis des Holzes und der Weiden, welche in Vollzug des Artikels 136 in Anspruch genommen wurden, ist von den Unter-

---

* Zu vergl. Bem. 6, 7 zu § 5 und bezüglich der Festsetzung der Entschädigung § 49 W.-G. — ** Zu vgl. auch badisch-französischen Staatsvertrag vom 5. April 1840. — *** Die Art. 137 und 138 sind durch § 48 des Forststrafgesetzes vom 28. April 1880 ersetzt, s. Anh. I Nr. 11.

nehmern der Arbeiten an den Staat und die Gemeinden oder öffentlichen Anstalten sowie an die Privatpersonen binnen drei Monaten nach Feststellung der Fällung und nach der gleichen Abschätzung durch Sachverständige zu bezahlen, wie solche durch Artikel 127 dieses Gesetzes für die von der der Marine gezeichneten Bäume festgesetzt ist.*

Die Gemeinden und die Privatpersonen sind nach gütlicher Uebereinkunft oder nach dem Gutachten von Sachverständigen für den Nachtheil zu entschädigen, welcher ihnen aus der Fällung zu ungeeigneter Jahreszeit erwächst.

Art. 142. Die Regierung hat die Förmlichkeiten zu bestimmen, welche bei der Inanspruchnahme von Holz sowie bei den Erklärungen und Benachrichtigungen nach Maßgabe der in den vorstehenden Artikeln enthaltenen Vorschriften zu beobachten sind.**

Art. 143. Zuwiderhandlungen sind festzustellen durch Protokolle der Forstverwaltungs- und Forstschutzbeamten, der Wasserbaubeamten und der vereidigten Polizeibeamten......

5a. Ordonnanz zur Ausführung des Code forestier.

Vom 1. August 1827.

B. des L. VIII. Ser. Nr. 6795.

Titel VIII. Abschnitt 2. Zum Dienst der Bauverwaltung für die Uferbefestigung des Rheins bestimmtes Holz.

Art. 162. Jedes Jahr vor dem 1. August hat der Konservator*** den Präfekten der Bezirke des Ober- und Niederrheins ein Verzeichniß der Schläge in den Waldungen des Staates, der Gemeinden und der öffentlichen Anstalten vorzulegen, welche in diesen Bezirken an den Ufern des Flusses und in einem Abstande von fünf Kilometer davon stattfinden sollen.

Dieses Verzeichniß, welches in zwei Theile getheilt wird, von denen der eine die Staatswaldungen und der andere diejenigen der Gemeinden und der öffentlichen Anstalten umfaßt, hat die Lage eines jeden Schlages und den Beitrag anzugeben, welchen derselbe zu den Arbeiten der Eindämmung des Flusses und der Befestigung seiner Ufer leisten kann.

Art. 164.† Der Präfekt hat auf den die Dringlichkeit feststellenden Bericht der Wasserbaubeamten einen Beschluß zu erlassen, behufs Bezeichnung derjenigen Grundstücke in der Nähe der gefährdeten Stelle, auf welchen das für die Arbeiten erforderliche Holz zu fällen ist.

* Wenn eine gütliche Einigung nicht erfolgt, hat jeder Theil einen Sachverständigen und, im Falle der Meinungsverschiedenheit, der Landgerichtspräsident auf Antrag einen dritten Sachverständigen zu ernennen. Die Kosten sind gemeinschaftlich zu tragen. — ** S. die nachfolgende Ordonnanz. — *** Oberförster. — † Art. 163 gegenstandslos in Folge Wegfalls des Art. 137 Code forestier.

Er hat diesen Beschluß dem obersten Forstverwaltungsbeamten des Kreises* und dem Oberingenieur der Wasserbauverwaltung** zu übersenden.

Art. 165. Werden Waldungen in Anspruch genommen, welche unter der Forstverwaltung stehen, so haben die örtlichen Forstverwaltungsbeamten sofort und in den gewöhnlichen Formen zur Bezeichnung der Abtheilung zu schreiten, in welcher das Holz geschlagen werden soll, sowie die Auszeichnung und Anschlagung vorzunehmen.

Gehören die in Anspruch genommenen Waldungen Privatpersonen, so hat der Forstverwaltungsbeamte die Zustellung darüber dem Eigenthümer durch einen Schutzbeamten machen zu lassen.

Art. 166. Die Erklärung, welche gemäß Artikel 140 des Code forestier der Eigenthümer abzugeben hat, wenn er das beanspruchte Holz selbst einzuschlagen vorzieht, ist auf der Unterpräfektur und in den Formen abzugeben, welche für die Erklärung der Absicht zu fällen durch Art. 145 dieser Ordonnanz vorgeschrieben sind.***

Der Unterpräfekt hat dem Präfekten und dem mit Ausführung der Arbeiten beauftragten Beamten der Wasserbauverwaltung unverzüglich Mittheilung davon zu machen.

Art. 168.† Behufs Ausführung der Bestimmungen des Artikels 141 des Code forestier ist die Fällung des in Anspruch genommenen Holzes in den der Forstverwaltung unterstellten Waldungen durch ein Protokoll eines Forstverwaltungsbeamten und in den übrigen Waldungen durch ein vom Bürgermeister der Gemeinde aufzunehmendes Protokoll festzustellen.

Sind Sachverständige zur Feststellung der Entschädigungen zu ernennen, so erfolgt die Ernennung des Sachverständigen der Wasserbauwaltung durch den Präfekten.

Die Beamten der Wasserbauverwaltung dürfen den Unternehmern der Arbeiten die Bescheinigung behufs Auszahlung ihres Guthabens nur dann ausstellen, wenn dieselben den Nachweis liefern, daß sie die ihnen für den Preis des in Anspruch genommenen und gelieferten Holzes zur Last gelegten Summen vollständig entrichtet haben.

6. Vertrag

zur Bestimmung der Grenze zwischen Frankreich und Baden.††

Vom 5. April 1840.
Bull. des Lois IX Ser. Nr. 8694.

Art. 7. Das Eigenthum der Schwemmungen und das der Inseln und Verlandungen, die sich im Bette des Rheins bilden, gehört, in

* Oberförster. — ** Wasserbauinspektor. — *** Nach Art. 154 (nicht 145) hat die Erklärung nähere Bezeichnung der Lage und der Größe des Waldes, des Standortes, der Zahl und Art der zu fällenden Bäume sowie Angabe der ungefähren Stärke derselben zu enthalten und ist in 2 Exemplaren, von denen das eine mit Eingangsbescheinigung zurückgegeben wird, einzureichen. — † Art. 167 gegenstandslos in Folge Wegfall des Art. 138 C. f. — †† Deutscher Text, für Baden bestimmt gewesen.

Gemäßheit der alten Verträge und der bestehenden Uebung auch fernerhin, wenn kein entgegengesetzter Rechtstitel vorhanden ist, den Eigenthümern der denselben zunächst gelegenen früher entstandenen Inseln, Verlandungen und Ufergelände des Strombettes.

Die Ausübung dieses Rechts kann sich jedoch nicht über die Banngrenze hinaus erstrecken. Die Theile der Verlandungen, welche diese Grenze überschreiten, gehören den Eigenthümern in dem Bann der angrenzenden Gemeinde.

Art. 8. Ungeschmälert bleiben die Eigenthumsrechte jedes Staates auf Gelände, die in dem Bereiche seiner Hohheit liegen, und zu Bauten von öffentlichem Nutzen, wie Dämme, Sporne, Zukribbungen, Gräben und andere mehr, oder zu Fähren- und Brücken-Einrichtungen verwendet sind.

Beide Regierungen behalten sich ebenso das Recht vor, auf den nicht mit Holz bewachsenen Inseln und Verlandungen den zu Rheinbauten bestimmten Kies ohne Entschädigung, wie bisher, graben zu lassen; ferner sind vorbehalten alle andern im Interesse der Schifffahrt und der Ufervertheidigung oder in jedem andern öffentlichen Interesse auf dem Rheinstrom üblichen Staatsdienstbarkeiten.

Art. 13. Die Souveraine der beiden Ufer werden auch fernerhin das Recht genießen, in den ihrer Hoheit unterworfenen Inseln und Geländen Faschinenholz zur Vertheidigung der Ufer des Stromes hauen zu lassen.*

Dieses Recht erstreckt sich über das Holz, welches noch nicht in seinem achten Laube steht, sowie über dasjenige, welches, nachdem es dieses Alter überschritten hat, nicht innerhalb der Frist eines Jahres durch den Eigenthümer gehauen worden ist; in diesem Fall wird das Recht einer jeden Regierung um weitere fünf Jahre verlängert.

Jeder bewachsene Walddistrikt oder Theil eines solchen Distrikts, in welchem eine Abholzung, aus welchem Grunde es auch sei, stattfindet soll kahl abgetrieben werden, entweder sogleich oder mittelst eines Nachhiebs

Art. 14. Die Abfuhr des in Gemäßheit des vorigen Artikels aufgearbeiteten Holzes ist nicht eher erlaubt, als bis die Menge desselben durch eine gemeinschaftliche Abzählung, worüber nach den gesetzlichen Formen des Landes, in welchem der Holzhieb stattgefunden, ein Protokoll aufgenommen wird, festgestellt ist.

Art. 15. Der Preis des Holzes, über welches in Folge der vorstehenden Artikel verfügt worden ist, wird auf gütlichem Wege, und, wenn nöthig, nach den Gesetzen festgesetzt werden, die über diesen Gegenstand in dem Lande bestehen, unter dessen Hoheit die Abholzung stattgefunden hat.

Die Bezahlung dafür wird spätestens binnen Jahresfrist, von dem Zeitpunkte an, wo die Menge des in Hieb genommenen Holzes ermittelt worden ist, erfolgen.

---

* Zu vergl. Art. 136 ff. Code forestier, oben Nr. 5.

Art. 17. Die beiden Regierungen werden darüber wachen, daß die kompetenten Behörden in der kürzesten Frist über die Gesuche entscheiden, welche von den Gemeinden und andern Eigenthümern des gegenüber liegenden Ufers an sie gerichtet werden, um die Ermächtigung zu Holzhieben, zum Schneiden des Grases oder Rohres, und zum Waiden zu erlangen, insofern die Gesuche zur gehörigen Zeit und nach den Förmlichkeiten eingereiht werden, die von einer jeden der beiden Regierungen vorgeschrieben sind, und von denen diese sich wechselseitige Kenntniß geben werden.

7. Gesetz

über Erhaltung und Bewirthschaftung der Mineralquellen.*

Vom 14. Juli 1856.

Bull. des lois XI. Ser. Nr. 3827.

Titel I.

Erklärung der Gemeinnützigkeit der Quellen und daraus entspringende Dienstbarkeiten und Rechte.

Art. 1. Die Mineralquellen können nach einem Vorverfahren durch ein im Staatsrath zu erlassendes kaiserliches Dekret als gemeinnützig erklärt werden.

Art. 2. Durch eine nach den Formvorschriften des vorhergehenden Artikels erlassenen Verordnung kann einer als gemeinnützig erklärten Quelle ein Schutzbezirk gewährt werden.

Dieser Schutzbezirk kann geändert werden, wenn neue Umstände die Nothwendigkeit darthun.

Art. 3. Ohne vorherige Erlaubniß darf in dem Schutzbezirke einer als gemeinnützig erklärten Mineralquelle keine Bohrung und keine unterirdische Arbeit vorgenommen werden.

Für Nachgrabungen, Erdarbeiten zur Gewinnung von Materialien oder zu sonstigen Zwecken, für die Fundamentirung von Gebäuden, Kellern und sonstigen Tagebauten kann das den Schutzbezirk festsetzende Dekret ausnahmsweise den Eigenthümern die Verpflichtung auferlegen, mindestens einen Monat vorher bei dem Präfekten, welcher hierüber Empfangsbescheinigung ertheilt, Anzeige zu erstatten.

Art. 4. Die im vorigen Artikel erwähnten und auf Grund einer vorschriftsmäßigen Erlaubniß oder nach vorheriger Anzeige vorge-

* Bezüglich der Mineralquellen stehen außer dem obigen Gesetze und dem Ausführungsdekret vom 8. September 1856 noch die Verordnung vom 6. Nivose XI (theilweise), die Ordonnanz vom 18. Juni 1823 und das Dekret vom 28. Januar 1860 in Geltung; diese haben jedoch nicht wasserpolizeilichen, sondern gesundheitspolizeilichen Inhalt, weshalb vom Abdruck abgesehen wurde. — Besondere Vorschriften bestehen bezügl. der unter die Berggesetzgebung fallenden Soolquellen, s. Ges. v. 16. Dez. 1878, Anh. I Nr. 9.

nommenen Arbeiten können auf Ansuchen des Eigenthümers der Quelle durch den Präfekten verboten werden, wenn festgestellt ist, daß durch dieselben die Quelle verändert oder verringert wird. Der Eigenthümer des Grundstücks ist vorher zu hören.

Der Beschluß des Präfekten ist vorläufig vollstreckbar vorbehaltlich des Rekurses an den Präfekturrath und den Staatsrath im Verwaltungsstreitverfahren.*

Art. 5. Wenn in Folge von Bohrungen oder unterirdischen Arbeiten, welche, obgleich außerhalb des Schutzbezirks vorgenommen, dennoch eine Veränderung oder Verminderung einer als Gegenstand des gemeinen Nutzens erklärten Mineralquelle möglich erscheinen lassen, die Erweiterung des Schutzbezirks nothwendig erscheint, kann der Präfekt auf Ansuchen des Eigenthümers der Quelle vorläufig die Einstellung der Arbeiten verfügen.

Die Arbeiten können wieder aufgenommen werden, wenn binnen 6 Monaten nicht über die Erweiterung des Schutzbezirks Entscheidung getroffen ist.

Art. 6. Die Bestimmungen des vorhergehenden Artikels finden auch auf solche für gemeinnützig erklärte Mineralquellen Anwendung, für welche ein Schutzbezirk noch nicht festgesetzt worden ist.

Art. 7. Der Eigenthümer einer für gemeinnützig erklärten Quelle hat das Recht, innerhalb des Schutzbezirks auf fremden Grund und Boden, mit Ausnahme der Wohnhäuser und zugehörigen Höfe, alle Fassungs- und Betriebsarbeiten vorzunehmen, welche für Erhaltung, Leitung und Vertheilung der Quelle erforderlich sind, sofern er zu diesen Arbeiten durch Beschluß des Ministers für Landwirthschaft, Handel und öffentliche Arbeiten ermächtigt wurde.

Der Eigenthümer des Grund und Bodens ist in der Verhandlung zu hören.

Art. 8. Der Eigenthümer einer für gemeinnützig erklärten Mineralquelle darf auf seinem Grund und Boden alle für Erhaltung, Leitung und Vertheilung der Quelle erforderlichen Fassungs- und Betriebsarbeiten nach Ablauf eines Monats nach Mittheilung seines Vorhabens an den Präfekten ausführen.

Im Falle des Einspruchs seitens des Präfekten darf der Eigenthümer die Arbeiten nur mit Ermächtigung des Ministers für Landwirthschaft, Handel und öffentliche Arbeiten anfangen oder fortsetzen.

Erfolgt binnen drei Monaten keine Entscheidung, so darf der Eigenthümer die Arbeiten ausführen.

Art. 9. Die Besitzergreifung eines innerhalb des Schutzbezirks liegenden fremden Grundstücks zur Ausführung der im Artikel 7 bezeichneten Arbeiten darf nur auf Grund eines Beschlusses des Präfekten, welcher deren Dauer festsetzt, stattfinden.

* Nunmehr Bezirksrath und Kaiserlicher Rath.

Wird durch die Besitzergreifung eines innerhalb des Schutzbezirks liegenden Grundstücks dem Eigenthümer der Ertrag über ein Jahr entzogen, oder ist das Grundstück nach Ausführung der Arbeiten für die frühere Benutzung nicht mehr geeignet, so kann der Eigenthümer des Grundstücks den Eigenthümer der Quelle zur Erwerbung des in Besitz genommenen oder veränderten Grundstücks anhalten Die Entschädigung wird in diesem Falle in den durch das Gesetz vom 3. Mai 1841 vorgeschriebenen Formen festgesetzt. In keinem Falle kann der Eigenthümer der Quelle Zwangsenteignung beanspruchen.

Art. 10. Die Entschädigungen, welche in Folge der Einstellung, Untersagung oder Beseitigung von Arbeiten in den Fällen der Artikel 4, 5 und 6 sowie diejenigen, welche auf Veranlassung der gemäß Artikel 7 und 9 vorgenommenen Arbeiten zu leisten sind, fallen dem Eigenthümer der Quelle zur Last. Die Entschädigung wird durch Uebereinkunft oder durch die Gerichte festgesetzt.

In den durch Artikel 4, 5 und 6 vorgesehenen Fällen darf die von dem Eigenthümer der Quelle zu leistende Entschädigung den Betrag des von dem Grundeigenthümer erlittenen materiellen Verlustes, die Kosten der vergeblichen Arbeiten und außerdem die zur Wiederherstellung des früheren Zustandes erforderliche Summe nicht übersteigen.

Art. 11. Die Entscheidungen über Ausführung oder Beseitigung von Arbeiten auf fremdem Grund und Boden dürfen erst nach Hinterlegung einer Sicherheit vollstreckt werden, deren Höhe durch das Gericht festzusetzen ist und welche zur Sicherstellung der Zahlung der Entschädigung in den im vorigen Artikel aufgezählten Fällen haftet.

Der Staat ist bezüglich der ihm gehörigen Quellen zur Sicherheitsleistung nicht verpflichtet.

Art. 12. Wenn eine für gemeinnützig erklärte Mineralquelle derartig bewirthschaftet wird, daß ihre Erhaltung gefährdet ist, oder wenn die Bewirthschaftung den Bedürfnissen der öffentlichen Gesundheitspflege nicht genügt, so kann ein im Staatsrath beschlossenes kaiserliches Dekret die Zwangsenteignung der Quelle und des zu ihrer Ausbeutung erforderlichen Zubehörs nach Maßgabe der durch das Gesetz vom 3. Mai 1841 vorgeschriebenen Formen gestatten.

Titel II.

Strafbestimmungen.

Art. 13. Die Ausführung einer der im Artikel 3 erwähnten Arbeiten innerhalb des Schutzbezirks ohne Erlaubniß oder vorherige Anzeige, die Wiederaufnahme von Arbeiten, welche gemäß Artikel 4, 5 und 6 von der Verwaltungsbehörde untersagt oder vorläufig eingestellt worden sind, wird mit einer Geldstrafe von 50 bis 500 Frank bestraft.

Art. 14. Zuwiderhandlungen gegen die im letzten Absatz des Artikels 19 des gegenwärtigen Gesetzes vorgesehenen Ausführungs-Verordnungen werden mit einer Geldstrafe von 16 bis 100 Frank bestraft.

Art. 15. Die Feststellung der im gegenwärtigen Gesetze vorgesehenen Zuwiderhandlungen gehört gleichmäßig zu den Amtsbefugnissen der Beamten der gerichtlichen Polizei wie zu denen der Bergbeamten und der denselben unterstellten Beamten, welchen das Recht der Errichtung von Protokollen zusteht.

Art 17.* Artikel 463 des Code pénal** findet auf die nach Maßgabe des gegenwärtigen Gesetzes auszusprechenden Strafen Anwendung.

Titel III.

Allgemeine und Uebergangs-Bestimmungen.

Art. 18. Die zur Deckung der Kosten für ärztliche Inspektion und Ueberwachung der genehmigten Mineralwasseranstalten erforderliche Summe ist von der Gesammtheit dieser Anstalten zu tragen.

Der Betrag wird alljährlich durch das Finanzgesetz bestimmt.

Die Vertheilung auf die einzelnen Anstalten erfolgt nach Maßgabe des Ertrags derselben.

Die Beiträge werden, wie die direkten Steuern, von den Eigenthümern, Verwaltern oder Pächtern dieser Anstalten eingezogen.

Art. 19. Durch Ausführungs-Verordnungen werden bestimmt:

die Formen und Bedingungen der Gemeinnützigkeits-Erklärung, der Festsetzung des Schutzbezirks, der in Artikel 3 erwähnten Ermächtigung und der in Artikel 4 erwähnten Feststellung;

die Einrichtung der ärztlichen Inspektion sowie die Ueberwachung der Quellen und Anstalten natürlicher Mineralwasser; die Grundlagen und die Art und Weise der im Artikel 18 erwähnten Vertheilung;

die allgemeinen Vorschriften im Interesse der Ordnung, Polizei und Gesundheitspflege, welchen sämmtliche Anstalten natürlicher Mineralwasser nachzukommen haben.

Art. 20. Artikel 9 der Konsular-Verordnung vom 6. Nivose XI wird aufgehoben.

Desgleichen werden aufgehoben alle Bestimmungen der Gesetze, Dekrete, Ordonnanzen und früheren Verordnungen, welche den Vorschriften des gegenwärtigen Gesetzes zuwiderlaufen.

---

* Art. 16 bezieht sich auf das Verfahren bei Errichtung der „Protokolle" und ist wie der Schlußsatz von Art. 15 durch die Reichsjustizgesetze beseitigt. — ** Betrifft den Fall der Annahme mildernder Umstände.

7a. Dekret,

enthaltend Vorschriften über Erhaltung und Bewirthschaftung der Mineralquellen.

Vom 8. September 1856.

(Bull. des Lois, XI. Ser. Nr. 4017.)

Titel I.

Erklärung der Gemeinnützigkeit.

Art. 1. Der Antrag auf Erklärung einer Mineralquelle als gemeinnützig ist an den Präfekten zu richten.

Der Antrag ist in zwei Exemplaren, wovon eines auf Stempelpapier, einzureichen.

In demselben ist Namen, Vornamen und Wohnort des Antragstellers anzugeben.

Art. 2. Der Antrag hat die tägliche Ausströmungsmenge der Quelle nebst den durch die Jahreszeiten veranlaßten Aenderungen, die chemische Zusammensetzung und die besonderen Eigenschaften des Wassers, die Beschaffenheit der Mineralwasseranstalt, für welche sie den Bedarf liefert, und die Zahl der in den letzten drei Jahren in der Anstalt aufgenommenen Kranken anzugeben.

Dem Antrag wird ein die Mineralwasseranstalt darstellender Lageplan in dreifacher Fertigung und im Maßstab von 10 Millimeter zu 1 Meter beigefügt, auf welchem die Lage der Wasserbehälter, der Badezellen, Sturzbäder und aller zum Betrieb und zur Benutzung des Wassers dienenden Einrichtungen und Bauten ersehen werden kann.

Der Antragsteller hat alle zur Würdigung des Werthes der Anstalt für die öffentliche Gesundheitspflege erforderlichen Nachweise beizufügen.

Art. 3. Der Präfekt läßt den Antrag in ein besonderes Register eintragen und verordnet binnen 10 Tagen die Bekanntmachungen und Anschläge.

Art. 4. Auf Veranlassung des Präfekten wird der Antrag in der Gemeinde, in welcher die Mineralwasseranstalt sich befindet, und in den Kreisstädten des Bezirks durch Bekanntmachung und Anschlag veröffentlicht, sowie in eine Zeitung aller derjenigen Kreise eingerückt, in welchem die Bekanntmachungen und Anschläge stattfinden; alles auf Kosten des Antragstellers.

Die Anschläge haben einen Monat vom Tage der Anheftung ab an dem betreffenden Orte zu verbleiben.

An jedem Orte findet die Bekanntmachung vor der Thüre des Gemeindehauses und der Pfarr- und Konsistorialkirchen nach Beendigung des Gottesdienstes an einem Sonntage und mindestens einmal während der Dauer der Anschläge statt.

Art. 5. Während derselben Frist wird auf dem Bürgermeisteramt der Gemeinde, in welcher die Anstalt gelegen ist und ebenso in den Kreisstädten des Bezirks ein Verzeichniß zur Aufnahme der Erklärungen und Bemerkungen des Publikums aufgelegt.

Art. 6. Nach Ablauf dieser Frist und in dem darauf folgenden Monat versammelt sich auf der Präfektur eine Kommission, bestehend aus dem Präfekten als Vorsitzenden, zwei Mitgliedern des Generalraths, dem Bergbeamten und dem inspizirenden Arzt, um ihr Gutachten über das Ergebniß des Vorverfahrens und über den Antrag auf Erklärung der Gemeinnützigkeit abzugeben.

Vor der Beschlußfassung der Kommission läßt der Präfekt die tägliche Ausströmungsmenge der Quelle durch den Bergbeamten prüfen; ebenso läßt er eine Analyse des Wassers aufnehmen.

Die hierdurch verursachten Kosten fallen dem Antragsteller zur Last.

Der Präfekt legt ohne Verzug dem Minister für Ackerbau, Handel und öffentliche Arbeiten* den Beschluß der Kommission nebst sämmtlichen Akten des Vorverfahrens vor.

Art. 7. Der berathende Ausschuß der öffentlichen Gesundheitspflege und der Generalrath der Bergwerke sind mit ihrem Gutachten zu vernehmen; über den Antrag auf Erklärung der Gemeinnützigkeit wird endgültig durch ein im Staatsrath berathenes Kaiserliches Dekret entschieden.

Art. 8. Die Verordnung, welche die Erklärung der Gemeinnützigkeit enthält, ist auf Kosten des Antragstellers in der Gemeinde, in welcher die Mineralwasseranstalt sich befindet, und in den Kantonshauptorten des Kreises bekannt zu machen und anzuschlagen.

Art. 9. Wenn in einer und derselben Anstalt verschiedene Quellen Verwendung finden, so kann sich der Antrag wegen Erklärung der Gemeinnützigkeit auf sämmtliche oder auf mehrere derselben erstrecken; das Verfahren findet dann gleichzeitig für alle in dem Antrag einbegriffenen Quellen statt.

Die in Absatz 1 des Artikels 2 erwähnten Nachweise müssen jedoch für jede Quelle besonders geliefert werden, ebenso wie die in Absatz 2 des Artikels 6 erwähnten Untersuchungen und Ermittelungen gesondert vorzunehmen sind.

Titel II.

Festsetzung des Schutzbezirks.

Art. 10. Der Antrag auf Festsetzung eines Schutzbezirks für eine als Gegenstand des gemeinen Nutzens erklärte Quelle wird nach den Vorschriften des vorigen Titels eingereicht und behandelt, vorbehaltlich folgender Aenderungen.

---

* Ministerium, Abtheilung des Innern.

Art. 11. Dem Antrage ist beizufügen:

1. eine Denkschrift;

2. ein Plan im Maßstab von 1: 1000, welcher die in den Schutzbezirk einzubegreifenden Grundstücke darstellt, und aus welchem der muthmaßliche Lauf der Quelle und der Punkt, an dem sie zu Tage tritt, ersehen werden kann.

Der Antrag ist in allen Gemeinden, auf deren Gemarkung der beanspruchte Schutzbezirk sich erstreckt, bekannt zu machen und anzuschlagen, ebendort ist ein Register zur Aufnahme von Erklärungen aufzulegen.

Art. 12. Der Antrag auf Festsetzung eines Schutzbezirks kann gleichzeitig mit dem Antrage auf Erklärung der Gemeinnützigkeit eingereicht und es kann über beide Anträge nach gemeinsamer Verhandlung entschieden werden.

Art. 13. Die Anträge auf Aenderung des Schutzbezirks sind einzureichen und zu behandeln ebenso wie die Anträge auf die erstmalige Festsetzung; über dieselben wird in den gleichen Formen Entscheidung getroffen.

Titel III.

Erlaubniß zur Vornahme von Arbeiten innerhalb des Schutzbezirks und Feststellung der Thatsache der Veränderung oder Verminderung der Quellen.

Art. 14. Der Antrag auf Ertheilung der in Absatz 1 des Artikels 3 des Gesetzes vom 14. Juli 1856 vorgesehenen vorherigen Ermächtigung zur Vornahme von Bohrungen und unterirdischen Arbeiten im Schutzbezirk ist bei dem Präfekten einzureichen.

Zu dem Antrag ist Stempelpapier zu verwenden; derselbe hat Namen, Vornamen und Wohnort des Antragstellers anzugeben; ein Plan, welcher die Einrichtung der beabsichtigten Arbeiten angibt, und eine Denkschrift, welche die Bedingungen der Ausführung enthält, sind beizufügen.

Art. 15. Der Präfekt holt das Gutachten des Bergbeamten und des inspicirenden Arztes ein, er vernimmt den Eigenthümer der Quelle, oder wenn der Eigenthümer diese nicht selbst betreibt, den Verwalter derselben; er gibt sein Gutachten ab und legt dieses mit den Akten dem Minister für Ackerbau, Handel und öffentliche Arbeiten* vor.

Der Minister entscheidet hierüber nach Vernehmung des Generalraths der Bergwerke.

Art. 16. Wenn in den durch Absatz 1 des Artikels 4 des Gesetzes vom 14. Juli 1856 vorgesehenen Fällen der Eigenthümer einer Mineralquelle bei dem Präfekten Antrag auf Untersagung der im Schutzbezirk

* Ministerium, Abtheilung des Innern.

vorgenommenen Arbeiten stellt, so beauftragt der Präfekt unverzüglich den Bergbeamten, mit der Feststellung darüber, ob diese Arbeiten in der That die Veränderung oder Verminderung der Quelle zur Folge haben.

Art. 17. Der Bergbeamte begibt sich an Ort und Stelle und nimmt in Gegenwart der Betheiligten, oder nach gehöriger Vorladung derselben, die Vermessung und alle sonstigen Untersuchungen vor, welche er für angezeigt hält, um den Einfluß der zur Beschwerde Anlaß gebenden Arbeiten auf das Verhältniß der Quelle, das Ergebniß derselben und die Zusammensetzung des Wassers zu ermitteln.

Er nimmt eine genaue Verhandlung auf, unterzeichnet dieselbe gemeinsam mit den erschienenen Betheiligten und übermittelt sie mit seinem Gutachten dem Präfekten; dieser entscheidet nach Maßgabe des Absatzes 2 Artikels 4 des Gesetzes vom 14. Juli 1856.

Jeder der Betheiligten kann die Aufnahme seiner Bemerkungen in die Verhandlung verlangen.

Art. 18. In gleicher Weise wie nach dem vorhergehenden Artikel ist zu verfahren, wenn der Eigenthümer einer als gemeinnützig erklärten Mineralquelle bei dem Präfekten beantragt, gemäß Artikel 5 des Gesetzes vom 14. Juli 1856 die Unterbrechung der außerhalb des Schutzbezirks vorgenommenen Bohrungen und unterirdischen Arbeiten, welche die Beschaffenheit und die Ausströmungsmenge der Quelle gefährden sollen, vorläufig anzuordnen.

8. Strafgesetzbuch für das Deutsche Reich.

(Eingeführt in Elf.-Lothringen 30. August 1871), (Fassung vom 26. Februar 1876, R. G. Bl. S. 40).

§ 274. Mit Gefängniß, neben welchem auf Geldstrafe bis zu dreitausend Mark erkannt werden kann, wird bestraft, wer

2) einen Grenzstein oder ein anderes zur Bezeichnung einer Grenze oder eines Wasserstandes bestimmtes Merkmal in der Absicht, einem Anderen Nachtheil zuzufügen, wegnimmt, vernichtet, unkenntlich macht, verrückt oder fälschlich setzt.*

§ 321. Wer vorsätzlich Wasserleitungen, Schleusen, Wehre, Deiche, Dämme oder andere Wasserbauten, oder Brücken, Fähren, Wege oder Schutzwehre, oder dem Bergwerksbetrieb dienende Vorrichtungen zur Wasserhaltung, zur Wetterführung oder zum Ein- und Ausfahren der Arbeiter zerstört oder beschädigt, oder in schiffbaren Strömen, Flüssen oder Kanälen das Fahrwasser stört** und durch eine dieser Handlungen Gefahr für das Leben oder die Gesundheit Anderer herbeiführt, wird mit Gefängniß nicht unter drei Monaten bestraft.

* Zu vergl. § 44 Ziff. 1 W.-G. u. Bem. 1 dortselbst. — ** Hierher gehört die Anbringung von Bauwerken, Pfählen, sonstigen Vorrichtungen im Fahrwasser, sowie das Hineinwerfen explosiver Stoffe; R. Ger. 18. Sep. 1888, Entsch. St. XVIII. 85.

Ist durch eine dieser Handlungen eine schwere Körperverletzung verursacht worden, so tritt Zuchthausstrafe bis zu fünf Jahren und, wenn der Tod eines Menschen verursacht worden ist, Zuchthausstrafe nicht unter fünf Jahren ein.

§ 325.* Neben der nach den Vorschriften der §§ ... 321 ... erkannten Zuchthausstrafe kann auf Zulässigkeit von Polizei-Aufsicht erkannt werden.

§ 326. Ist eine der in den §§ 321 ... bezeichneten Handlungen aus Fahrlässigkeit begangen worden, so ist, wenn durch die Handlung ein Schaden verursacht worden ist, auf Gefängniß bis zu Einem Jahre und, wenn der Tod eines Menschen verursacht worden ist, auf Gefängniß von Einem Monat bis zu drei Jahren zu erkennen.

§ 366. Mit Geldstrafe bis zu sechzig Mark oder mit Haft bis zu vierzehn Tagen wird bestraft:

3. wer auf öffentlichen Wegen, Straßen, Plätzen oder Wasserstraßen das Vorbeifahren Anderer muthwillig verhindert.

8. wer nach einer öffentlichen Straße oder Wasserstraße oder nach Orten hinaus, wo Menschen zu verkehren pflegen, Sachen, durch deren Umstürzen oder Herabfallen Jemand beschädigt werden kann, ohne gehörige Befestigung aufstellt, oder aufhängt, oder Sachen auf eine Weise ausgießt oder auswirft, daß dadurch Jemand beschädigt oder verunreinigt werden kann.

10. wer die zur Erhaltung der Sicherheit, Bequemlichkeit Reinlichkeit und Ruhe auf den öffentlichen Wegen, Straßen, Plätzen oder Wasserstraßen erlassenen Polizei-Verordnungen übertritt.

§ 366 a. Wer die zum Schutze der Dünen und der Fluß- und Meeresufer, sowie der auf denselben vorhandenen Anpflanzungen und Anlagen erlassenen Polizeiverordnungen übertritt, wird mit Geldstrafe bis zu einhundertfünfzig Mark oder mit Haft bestraft.

9. Berggesetz für Elsaß-Lothringen.

Vom 16. Dezember 1873.

(Gesetzbl. S. 397).

§ 1. Die nachstehend bezeichneten Mineralien sind von dem Verfügungsrechte des Grundeigenthümers ausgeschlossen.

Die Aufsuchung und Gewinnung derselben unterliegt den Vorschriften des gegenwärtigen Gesetzes.

Diese Mineralien sind:

..... Steinsalz nebst den mit demselben auf der nämlichen Lagerstätte vorkommenden Salzen und die Soolquellen.**

---

* § 322 bedroht die Beseitigung von Feuer- oder sonstigen Schifffahrtzeichen mit Strafe, § 323 die vorsätzliche Herbeiführung der Strandung eines Schiffes.

** Ueber sonstige Mineralquellen s. G. v. 14. Juli 1856, Anh. I Nr. 7.

10. Gesetz,

betreffend Abänderung der Gesetzgebung hinsichtlich des Wasserrechtes.

Vom 11. Mai 1877.

Gesetzbl. S. 12.

§ 5.* Ueber die Benutzung und Erhaltung jeder Bewässerungs- und Entwässerungsanlage, sowie über die Erhaltung jeder Verdeichungs- und Strombett-Regulirungsanlage muß eine Ordnung aufgestellt werden, sofern die Anlage

entweder von einer Genossenschaft oder von einem oder mehreren Einzelunternehmern mit Inanspruchnahme der Einräumung von Servituten auf fremden Grundstücken **

errichtet ist.

Diese Ordnungen sind von den Betheiligten beziehungsweise der Genossenschaft aufzustellen und unterliegen der Genehmigung des Bezirkspräsidenten, welchem es gestattet ist, die im polizeilichen Interesse erforderlichen Bestimmungen in der Genehmigungsklausel hinzuzufügen.***

Können die Betheiligten sich nicht über die Ordnung einigen oder wünschen sie es, so stellt der Bezirkspräsident die Ordnung mit verbindlicher Kraft für sie auf.

Uebertretungen der Benutzungsordnungen können in denselben mit Polizeistrafen bis zum Betrage von einhundertfünfzig Mark, vorbehaltlich des Schadenersatzes, bedroht werden.† Ueber die Verwendung des Ertrages der Strafen ist in der Benutzungsordnung in der Weise Bestimmung zu treffen, daß derselbe denen, welche die Kosten der Anlage bestreiten, nach Verhältniß ihres Antheils an diesen Kosten zu gute kommt. Bei genossenschaftlichen Anlagen fließt derselbe stets in die Genossenschaftskasse. Die Verwaltungsbehörden haben den Vollzug der Ordnungen zu überwachen.

§ 6. Die Vorschriften des Gesetzes vom 6. Oktober 1791, betreffend die ländlichen Güter und Gewohnheiten und die ländliche Polizei, Titel 1 Sektion 4 Art. 9, nach welcher die künstlichen Wiesen — prairies artificielles — von der Gemeindeweide und Koppelhütung — parcours et vaine pâture — gänzlich frei sind, wird hiermit dahin erklärt, daß unter künstlichen Wiesen auch alle mit Berieselungs- und Drainageanlagen versehene Grundstücke zu verstehen sind.

11. Gesetz,

betreffend das Forststrafrecht und das Forststrafverfahren.

Vom 28. April 1880.

Gesetzbl. S. 75.

§ 48. Mit Geldstrafe bis zu eintausend Mark wird bestraft, wer als Besitzer von Mittelwald oder ähnlichen Gehölzen auf den Inseln,

* Die §§ 1—3 beziehen sich ausschließlich auf Meliorationsgenossenschaften, § 4 ist durch die Reichsjustizgesetze beseitigt. — ** S. §§ 11—13 W.G. — *** Die Ordnungen haben in Folge der Genehmigung die Natur von Polizeiverordnungen im Sinne des § 31 Feldpolizeistrafgesetzes v. 9. Juli 1888. — † Nunmehr wird § 31 des Feldpolizeistrafgesetzes vom 9. Juli 1888 Anwendung finden.

an den Ufern und innerhalb eines Abstandes von fünf Kilometer von den Ufern des Rheins das Holz eines Schlages, nachdem ihm vom Bezirkspräsidenten bekannt gemacht war, daß dasselbe für Zwecke des Strombaus in Anspruch genommen werde, dieser Bestimmung entzieht.* Neben der Geldstrafe kann auf Gefängnißstrafe bis zu drei Monaten erkannt werden.

12. Feldpolizeistrafgesetz.

Vom 9. Juli 1888.

Gesetzbl. S. 73.

Störung der Wasserverhältnisse.

§ 30. Mit Geldstrafe bis zu einhundertfünfzig Mark oder mit Haft wird bestraft,

1. wer durch Hinderung oder Aenderung des natürlichen und regelmäßigen Wasserablaufs ein fremdes Grundstück unter Wasser setzt oder Versumpfung desselben herbeiführt oder einem fremden Grundstück oder einer fremden zum Wasserbezug berechtigten Anlage in schädigender Weise das Wasser entzieht;
2. wer, abgesehen von den Fällen der §§ 321 und 326 des Strafgesetzbuchs, unbefugt das zur Bewässerung von Grundstücken dienende Wasser ableitet, oder Gräben, Wälle, Rinnen oder andere zur Ab- und Zuleitung des Wassers dienende Anlagen herstellt, verändert, beschädigt, öffnet, verstopft oder beseitigt.

§ 31. Mit Geldstrafe bis zu dreißig Mark oder mit Haft bis zu acht Tagen wird bestraft, wer** den Festsetzungen der Verleihungsurkunde oder der Polizeiverordnung über die Wasserberechtigung der Triebwerke und anderer Anlagen an Gewässern, insbesondere über die Stauhöhe oder die Stau- beziehungsweise Entnahmezeiten, oder den zur Verhütung von Ueberschwemmungen, über Vertheilung des Wassers nicht schiff- oder flößbarer Gewässer zwischen Wässerungsberechtigten oder zwischen Landwirthschaft und Gewerbe oder über die Unterhaltung oder Ausräumung solcher Gewässer erlassenen Polizeiverordnungen*** zuwiderhandelt.

Ist durch die Zuwiderhandlung eine der in § 30 Nr. 1 bezeichneten Folgen herbeigeführt worden, so ist auf Geldstrafe von zehn bis zu einhundertfünfzig Mark oder auf Haft zu erkennen.

---

* Zu vgl. Art. 136 ff. Code forestier, s. oben Anhang I Nr. 5. — ** Zu vgl. § 46 W.-G. — *** Zu vgl. § 9 (Bem. 6) § 10 (Bem. 2) § 23 (Bem. 4) § 24 (Bem. 5) § 29 (Bem. 12) W.-G. und auch § 5 G. v. 11. Mai 1877 (oben Anhang I Nr. 11).

Anhang II.

Ausführungs-Vorschriften

zum

Gesetz, betreffend Wasserbenutzung und Wasserschutz, vom 2. Juli 1891.

1. Verordnung,

betreffend die Genehmigung von Veranstaltungen zur Wasserbenutzung.

Vom 1. Februar 1892.

Gesetzbl. S. 9.

Wir Wilhelm, von Gottes Gnaden Deutscher Kaiser, König von Preußen 2c.

verordnen im Namen des Reichs, für Elsaß-Lothringen, auf Grund des § 2 Absatz 2 des Gesetzes, betreffend Wasserbenutzung und Wasserschutz, vom 2. Juli 1891 (Gesetzbl. S. 82) sowie des § 28 des Gesetzes, betreffend die Einführung der Gewerbeordnung in Elsaß-Lothringen, vom 27. Februar 1888 (Reichs-Gesetzbl. S. 57) was folgt:

§ 1. Ueber Anträge auf Genehmigung der in § 1 des Gesetzes vom 2. Juli 1891 bezeichneten Veranstaltungen entscheidet der Bezirkspräsident, in dessen Bezirk die Anlage oder der größere Theil derselben errichtet werden soll.

Der Antrag auf Ertheilung der Genehmigung ist an den Kreisdirektor (Polizeidirektor) zu richten; dem Kreisdirektor (Polizeidirektor) liegt die Anordnung des vorbereitenden Verfahrens (§ 17 der Gewerbeordnung), sowie die Entscheidung über Abstandnahme von demselben (§ 2 des Gesetzes vom 2. Juli 1891) ob.

§ 2. Sind Einwendungen nicht erhoben worden, und kann die Genehmigung nach dem Antrage des Unternehmers ertheilt werden, so hat der Bezirkspräsident eine Genehmigungsurkunde auszufertigen.

In den übrigen Fällen ist der Bescheid mit Gründen zu versehen und den Betheiligten schriftlich gegen Behändigungsschein zu eröffnen. Die Genehmigungsurkunde ist erst zu ertheilen, wenn der die Veranstaltung für zulässig erklärende Bescheid die Rechtskraft beschritten hat oder ein die Genehmigung aussprechender Rekursbescheid ergangen ist.

Vor Ertheilung der Genehmigungsurkunde ist die Ausführung der Anlage nicht zulässig.

§ 3. Ist zur Vornahme der Veranstaltung außer der wasserpolizeilichen Genehmigung eine weitere Genehmigung erforderlich, so ist das Vorverfahren auch auf die Vorbereitung der Entscheidung über die weitere Genehmigung zu erstrecken und diese Entscheidung, sofern der Bezirkspräsident oder eine demselben unterstellte Behörde zuständig ist, gleichzeitig mit der Entscheidung über die wasserpolizeiliche Genehmigung zu treffen. Ist zu der bezeichneten Entscheidung eine andere Behörde berufen, so hat der Bezirkspräsident die Zulässigkeit der Veranstaltung nur unter entsprechendem Vorbehalt zu erklären und die Genehmigungsurkunde erst zu ertheilen, wenn die außer der wasserpolizeilichen Genehmigung erforderliche weitere Genehmigung beigebracht ist.

§ 4. Ueber den gegen den Bescheid des Bezirkspräsidenten zulässigen Rekurs (§ 20 der Gewerbeordnung) entscheidet der Kaiserliche Rath.

In den Fällen des § 3 ist die Prüfung des Kaiserlichen Rathes, falls dessen weitere Zuständigkeit nicht besonders begründet ist, auf die wasserpolizeiliche Entscheidung beschränkt.

§ 5. Der Rekurs ist bei dem Bezirkspräsidenten einzureichen und zu rechtfertigen. Der Bezirkspräsident ist befugt, den Rekurs zurückzuweisen, wenn derselbe verspätet eingelegt ist.

Gegen die zurückweisende Verfügung ist innerhalb der durch § 20 der Gewerbeordnung vorgesehenen Frist die Beschwerde an den Kaiserlichen Rath zulässig, jedoch ohne aufschiebende Wirkung.

§ 6. Das Verfahren vor dem Kaiserlichen Rathe regelt sich nach den auf Grund des § 8 des Gesetzes, betreffend die Einrichtung der Verwaltung, vom 30. Dezember 1871 (Gesetzbl. von 1872, S. 49) erlassenen Bestimmungen.

§ 7. Die gegenwärtige Verordnung tritt gleichzeitig mit dem Gesetze vom 2. Juli 1891 in Kraft.

Ueber Anträge auf Ertheilung der Genehmigung zu Wasserbenutzungsanlagen, über welche zu dem bezeichneten Zeitpunkte noch nicht entschieden ist, wird nach Maßgabe dieser Verordnung Entscheidung getroffen.

§ 8. Das Ministerium für Elsaß-Lothringen wird mit der Ausführung dieser Verordnung beauftragt.*

Urkundlich unter Unserer Höchsteigenhändigen Unterschrift und beigedrucktem Kaiserlichen Insiegel.

Gegeben im Schloß zu Berlin, den 1. Februar 1892.

(L. S.) **Wilhelm.**

Fürst von Hohenlohe.

---

* S. Vorschr. v. 12. März 1892, unten Anhang II Nr. 6

2. Wasserwehrordnung.

Vom 14. Februar 1892.

Centr.- u. Bez.-A.-Bl. S. 97.

Auf Grund der §§ 40 und 52 des Gesetzes vom 2. Juli 1891, betreffend Wasserbenutzung und Wasserschutz, wird verordnet, was folgt:

§ 1. Erreichen die Hochfluthen des Rheines eine solche Höhe, daß zur Abwendung drohender oder bereits eingetretener Wassergefahr augenblickliche Vorkehrungen nothwendig werden, so sind die Gemeindebehörden der in der Anlage 1 aufgeführten Gemeinden, auch wenn sie selbst nicht unmittelbar bedroht sind, verpflichtet, auf Anordnung der zuständigen Wasserbaubeamten oder der Polizeibehörde für die schnellste Stellung der nöthigen Hülfe durch Hand- und Spanndienste zu sorgen.

Zuständig je für ihre Amtsbezirke sind in dieser Richtung die Wasserbauinspektoren und Dammmeister, die Kreisdirektoren und Polizeikommissare.

In außergewöhnlichen Fällen, und wenn die Hülfeleistung dringend ist, sind die Gemeindebehörden verpflichtet, ohne vorgängige Aufforderung nach bestem Ermessen die geeigneten Schutzarbeiten einzuleiten und zu betreiben.

§ 2. In dem bezeichneten Falle sind die Gemeinden namentlich zu nachstehenden Leistungen verpflichtet:

1. Die anläßlich der Wassergefahr eingehenden Nachrichten und Anordnungen der Polizei- und Wasserbaubehörden, sowie die Meldungen an diese Behörden sind ohne Verzug auf kürzestem und schnellstem Wege zu befördern. Außerdem ist dafür zu sorgen, daß von jeder Wasserbedrohung und jedem für die Beurtheilung der Sachlage wichtigen Ereignisse die Wasserbaubehörde und die Kreisdirektion schleunigst benachrichtigt werden.
2. Sobald seitens eines der zuständigen Beamten die Aufforderung zur Bewachung der Hochwasserdämme ergeht, sind die nöthigen Mannschaften aufzubieten, um diese Dämme und etwa sonst bedrohte Gegenstände während der Dauer der Wassergefahr bewachen zu lassen.
3. Bei dringender Gefahr sind die erforderlichen weiteren Mannschaften und die nöthigen Gespanne aufzubieten und nebst den nothwendigen Geräthen und Materialien an die von der Polizei- oder Wasserbaubehörde bezeichneten Stellen zu beordern.

Die Gemeindebehörden haben hiebei den Anordnungen der Polizei- und Wasserbaubehörden, insbesondere denjenigen des mit der Ueberwachung der Leitung der Schutzarbeiten betrauten Personals, einschließlich der Obmänner (§ 5), Folge zu leisten.

Die Gendarmeriemannschaften sind berufen, bei der Bereitstellung der Mannschaften, Gespanne, Geräthe und Materialien, sowie bei der Beaufsichtigung der Ausführung der getroffenen Wach- und Schutzmaßregeln mitzuwirken.

§ 3. Jeder arbeitsfähige männliche Einwohner der bezeichneten Gemeinden im Alter von 17—60 Jahren ist zur Leistung der Handdienste, jeder im Besitze von Pferden, Gespannen, Material und Geräthschaften befindliche Einwohner zur Leistung von Spanndiensten und zur Lieferung der erforderlichen Materialien und Geräthschaften verpflichtet.

Diese Leistungen können nicht verweigert werden. Die Aufforderung dazu geschieht in ortsüblicher Weise durch allgemeines Aufgebot. Die Gemeindebehörden haben aber, namentlich in denjenigen Gemeinden, in welchen die Hülfeleistung nicht zum Voraus organisirt ist (§ 4), darauf zu achten, daß das allgemeine Aufgebot, soweit es nöthig erscheint, durch direkte mündliche Aufforderung ergänzt wird.

Ausgenommen von der Verpflichtung zu Handdiensten sind:

1. die im öffentlichen Dienste stehenden Beamten (Staats-, Bezirks-, Kreis- und Gemeindebeamten);
2. Geistliche und Lehrer;
3. Aerzte und Apotheker;
4. die in Spitälern beschäftigten Personen.

Ausgenommen von der Gestellungspflicht zu Spanndiensten sind die Fuhrwerke, zu deren Haltung öffentliche Beamten verpflichtet sind, sowie die zur Ausübung des ärztlichen Berufes dienenden Fuhrwerke.

Ausnahmen von der Verpflichtung zur Hergabe von Geräthschaften und Materialien finden nicht statt.

Die Wasserbauverwaltung stellt von den hier in Betracht kommenden Gegenständen diejenigen Stücke und Massen, welche erfahrungsgemäß zur Sicherung der Hochwasserdämme ohne Verzug nöthig werden, in den Ortschaften aber nicht immer zu finden sind. Alle übrigen erforderlichen Geräthe und Materialien sind von den Gemeinden zu stellen. (Vergl. hiezu das Verzeichniß Anlage II.)

Anlage II.

§ 4. In den in der Anlage I mit einem (*) bezeichneten Gemeinden ist die zu leistende Hülfe im Voraus zu organisiren.

§ 5. Zu diesem Zwecke stellt der Gemeinderath im Januar jeden Jahres ein Verzeichniß der zur Leistung der Handdienste verpflichteten Einwohner auf und bildet aus den Namen dieses Verzeichnisses die nach der Anzahl der im Gemeindebezirke gelegenen Dammstrecken (Absatz 2) erforderliche Anzahl von Abtheilungen.

Diesen Abtheilungen liegt in vorauszubestimmender Reihenfolge auf den gleichfalls im Voraus zu bezeichnenden Dammstrecken die Bewachung der Dämme und die Ausführung der erforderlichen Schutzarbeiten ob. Die Abgrenzung der Dammstrecken erfolgt durch die Wasserbauverwaltung. Bis auf Weiteres ist in dieser Hinsicht das Verzeichniß in Anlage III maßgebend.

Anlage III.

Die einzelnen Abtheilungen werden unter Obmänner gestellt, welche der Wasserbauinspektor auf den Vorschlag des Bürgermeisters ernennt. Die Obmänner werden in den ihnen obliegenden Dienstleistungen durch Beamte der Wasserbauverwaltung unterwiesen; sie haben allen ihren

Dienst betreffenden Anordnungen des Wasserbauinspektors zu entsprechen.

§ 6. Gleichzeitig mit dem in § 5 erwähnten Verzeichnisse wird vom Gemeinderathe alljährlich eine Liste derjenigen Pferdebesitzer aufgestellt, welche bei eintretender Wassergefahr die Beförderung von Nachrichten mittels reitender Boten, die Anfuhr von Geräthen und Materialien und gegebenen Falles den Transport von Mannschaften in bestimmter Reihenfolge zu besorgen haben.

§ 7. Dem Bürgermeister liegt ob, durch ein nach Stückzahl aufzunehmendes, alljährlich zu revidirendes Verzeichniß festzustellen, in welchem Umfange die Gemeinde die erforderlichen Geräthschaften jederzeit aufbringen kann (vergl. § 3 und Anlage II).

§ 8. Die Kreisdirektoren haben die richtige und rechtzeitige Erledigung der nach §§ 5—7 den Gemeindebehörden obliegenden Maßnahmen zu überwachen.

Zu diesem Behufe sind ihnen spätestens am 1. Februar jeden Jahres die Beschlüsse des Gemeinderathes über die Eintheilung der Mannschaften und die Leistungen der Pferdebesitzer, sowie das Verzeichniß über die vorhandenen Geräthe durch den Bürgermeister in doppelter Ausfertigung vorzulegen.

Der Kreisdirektor übermittelt die Listen und Verzeichnisse unverweilt dem Wasserbauinspektor zur gutachtlichen Aeußerung, veranlaßt demnächst die etwa erforderlich erscheinenden Abänderungen und entscheidet gleichzeitig über eine etwa bestehende Meinungsverschiedenheit zwischen dem Wasserbauinspektor und dem Bürgermeister bezüglich der zu Obmännern zu ernennenden Personen. Der Kreisdirektor hat jedoch in diesem Falle die Wahl unter den von dem Wasserbauinspektor in technischer Hinsicht als geeignet bezeichneten Personen zu treffen.

Nach erfolgter Genehmigung der Listen und Verzeichnisse gibt der Kreisdirektor die eine Ausfertigung dem Bürgermeister zurück, die andere Ausfertigung erhält der Wasserbauinspektor.

Die genehmigten Listen bilden die Grundlage für die nach § 3 an die Einwohner regelmäßig und abgesehen von dem Falle besonderen Nothstandes (§ 9) zu stellenden Anforderungen. Bis zur erfolgten Genehmigung der neuen Listen bleiben die vorjährigen in Gültigkeit.

§ 9. In Gemeinden von mehr als 1500 Seelen sind zur Bildung der Wasserwehr und zur Eintheilung in die einzelnen Abtheilungen nur soviel Mannschaften heranzuziehen, als nach der Lage und Länge der Dämme geboten ist. Für die Zahl der in den einzelnen Gemeinden zu diesem regelmäßigen Wasserwehrdienst erforderlichen Mannschaften und Obmänner ist bis auf Weiteres die beigegebene Uebersicht (Anlage IV) maßgebend. Anlage IV.

Ergibt sich in diesen Gemeinden ein Ueberschuß an wasserwehrpflichtigen Personen, so hat bei der jährlichen Eintheilung der Mannschaften je nach dem Verhältniß der erforderlichen zu den überzähligen Mannschaften ein Wechsel derart einzutreten, daß die Verpflichtung zum regelmäßigen Wasserwehrdienst der Reihe nach die sämmtlichen Wasserwehrpflichtigen möglichst gleichmäßig trifft.

Auch kann im Falle des Vorhandenseins überzähliger Mannschaften der Kreisdirektor auf den Vorschlag des Gemeinderathes die in § 3 für die allgemeine Verpflichtung zum Wasserwehrdienste gesetzte Altersgrenze (60 Jahre) hinsichtlich der Heranziehung zum regelmäßigen Dienste unter Wahrung des nach Absatz 1 zu berücksichtigenden Bedürfnisses entsprechend herabsetzen.

§ 10. Die Gemeindebehörden größerer Städte können auf ihren Antrag durch das Ministerium davon entbunden werden, die Wasserwehr nach Maßgabe der §§ 4—7 zu organisiren oder, wo diese Organisation ohnehin nicht einzutreten hat (§ 4), die allgemeinen Aufgebote (§ 3) in Fällen gewöhnlicher Art zu erlassen, wenn sie nachweisen, daß sie im Falle eintretender Wassergefahr stets in der Lage sind, die erforderliche Mannschaft in ausreichender Zahl anderweit (z. B. durch die seitens der Militärbehörde zugesagte Theilnahme der Garnison, durch Mitwirkung des Feuerwehrkorps, durch Bildung freiwilliger oder bezahlter Wasserwehrkorps) zur Stelle zu schaffen und die nöthig werdenden Pferde, Gespanne, Geräthschaften und Materialien ohne Rückgriff auf die Verpflichtung der Einwohner zu gestellen.

§ 11. Die Freistellung vom regelmäßigen Wasserwehrdienst (§ 9) und die Entbindung einzelner Städte von der Organisation und dem allgemeinen Aufgebot der Wasserwehr (§ 10) hebt die allgemeine Verpflichtung zur Leistung der Hand- und Spanndienste und zur Hergabe von Geräthen und Materialien (§ 3) in den Fällen besonderer Gefahr, welche das Aufgebot verstärkter Hülfe erforderlich macht, nicht auf.

§ 12. Zur Vermeidung von Verwirrung im Falle der Noth sind in jeder Gemeinde, in welcher die Wasserwehr organisirt ist (§ 4), von Zeit zu Zeit — mindestens aber alle 5 Jahre — Uebungen abzuhalten. Diese Uebungen erfolgen auf Veranlassung des Wasserbauinspektors unter Leitung der Dammmeister und unter Zuziehung der zur Dammstrecke gehörigen Rheinbauwärter und Obmänner.

Der Tag der Uebung ist in eine für die dienstpflichtige Mannschaft möglichst arbeitsfreie Zeit zu legen und vorher mit dem Bürgermeister zu vereinbaren. Kommt eine Vereinbarung nicht zu Stande, so setzt der Kreisdirektor auf Antrag des Wasserbauinspektors die Zeit der Uebung fest.

Bei diesen Uebungen ist besonders darauf zu achten, daß die Mannschaft der einzelnen Abtheilungen mit den Grenzen der Dammstrecke, deren Bewachung ihr obliegt, bekannt wird. Die einzelnen Dammstrecken sind daher in jedem Falle zu begehen. Dabei machen die Führer (Dammmeister, Rheinbauwärter, Obmänner) die Mannschaft auf alle Punkte aufmerksam, welche für den Dammschutz von Bedeutung sind.

Soweit die Zeit es erlaubt und es angängig und zweckmäßig erscheint, ist der Mannschaft von den hauptsächlichsten Sätzen der „Dienstanweisung für die Obmänner der Wachen zum Schutze der Hauptrheindämme bei Hochwasser“ Kenntniß zu geben.

Den Spanndienste leistenden Ortseinwohnern sind die Punkte genau zu bezeichnen, wo die von der Wasserbauverwaltung bereit gehaltenen Geräthe und Materialien aufbewahrt werden oder lagern, und an welche Personen sie sich wegen Herausgabe der ersteren zu wenden haben.

§ 13. Die Vergütung der Dienstleistungen der Obmänner (§ 5) wird bei deren Ernennung mit dem Wasserbauinspektor vereinbart. Sie erfolgt aus Staatsmitteln und wird vom Wasserbauinspektor angewiesen.

Wegen Vergütung für die Hand- und Spanndienste der Einwohner ist die Gemeindeverfassung maßgebend. Gegebenen Falles erfolgt ihre Festsetzung durch den Gemeinderath.

Treten Beschädigungen an den von den Einwohnern gestellten Gespannen, Geräthschaften und Materialien in Folge ihrer Benutzung zum Wasserwehrdienst ein, oder kommen derartige Gegenstände während oder in Folge dieser Benutzung in Verlust, so hat die Gemeinde dem Eigenthümer volle Entschädigung zu leisten. Die Festsetzung derselben erfolgt, vorbehaltlich des Rechtswegs, durch den Gemeinderath.

§ 14. Verfehlungen gegen die Vorschriften dieser Verordnung und die gemäß derselben erlassenen besonderen Anordnungen der zuständigen Behörden und Beamten werden nach § 360 Ziffer 10 des Strafgesetzbuchs und nach § 44 Ziffer 4 des Gesetzes, betreffend Wasserbenutzung und Wasserschutz, vom 2. Juli 1891 bestraft.

Straßburg, den 14. Februar 1892.

Ministerium für Elsaß-Lothringen.
Abtheilung des Innern.
Der Unterstaatssekretär
von Köller.

Wasserwehrordnung. **Anlage I.**

Verzeichniß der Gemeinden,

welche zum Wasserwehrdienst bei Rheinhochwasser verpflichtet sind.

Kreis Mülhausen.

*Hüningen, *Neudorf, Blotzheim, *Rosenau, *Kembs, *Niffer, *Klein-Landau, *Homburg, *Ottmarsheim, *Banzenheim, *Eichwald.

Kreis Gebweiler.

*Rumersheim, *Blodelsheim, *Fessenheim.

Kreis Colmar.

*Balgau, *Nambsheim, *Heitern, *Geiswasser, *Obersaasheim, *Algolsheim, *Vogelgrün, *Volgelsheim, *Biesheim, *Kuenheim, *Balzenheim, *Arzenheim.

* In diesen Gemeinden ist die zu leistende Hülfe im Voraus zu organisiren. Vgl. § 4 der Verordnung.

Kreis Schlettstadt.

*Markolsheim, *Mackenheim, *Boozheim, *Artolsheim, *Richtolsheim, *Schönau, *Saasenheim, *Sundhausen, *Diebolsheim, *Friesenheim.

Kreis Erstein.

*Rheinau, *Boofzheim, *Daubensand, *Obenheim, *Gerstheim, *Erstein mit Kraft, *Nordhausen mit Au, *Plobsheim, *Eschau, Illkirch-Grafenstaden.

Stadtkreis Straßburg.

*Straßburg.

Landkreis Straßburg.

*Wanzenau mit Wörth, *Killstett, *Gambsheim mit Bettenhofen.

Kreis Hagenau.

*Offendorf, *Herlisheim, *Drusenheim, *Dalhunden, *Sesenheim mit Dengelsheim, *Stattmatten, *Auenheim, *Fort-Louis, *Röschwoog, *Neuhäusel, Roppenheim.

Kreis Weißenburg.

*Beinheim, *Selz mit Neu-Beinheim, *Münchhausen, Winzenbach, *Mothern, *Lauterburg, Neeweiler.

* In diesen Gemeinden ist die zu leistende Hülfe im Voraus zu organisiren. Vgl. § 4 der Verordnung.

Wasserwehrordnung. **Anlage II.**

Bezeichnung der zu den Schutzarbeiten hauptsächlich nöthigen Geräthe und Materialien.

1. *Laternen,
2. *Pechfakeln,
3. *Pechkränze mit zugehörigen Pfannen,
4. *Aexte,
5. *Beile,
6. *Faschinenmesser,
7. *Schaufeln,
8. *Spaten,
9. *Vorschlageisen,
10. *Schlegel,
11. *Körbe,
12. *Schubkarren,
13. *Nachen,
14. Pfähle,
15. Faschinen,
16. Steine,
17. Bretter,
18. Diehlen,
19. Strohe,
20. *Säcke,
21. *Seilwerk,
22. *Ketten,
23. *Segeltücher.

* Auf diese Geräthschaften erstreckt sich die vom Bürgermeister nach § 7 der Wasserwehrordnung jährlich aufzustellende Uebersicht.

Wasserwehrordnung. **Anlage III.**

Abgrenzung der Dammstrecken für den Wasserwehrdienst.

Nummer.	Gemeinde.	Nummer d. Abtheilg. u. d. Obmannspostens.	Dammstrecke. Gruppe.	Kilometer von	Kilometer bis	Länge m	Bemerkungen.
	Kreis Mülhausen.						
1	Hüningen . . .	1	Eisenbahn-Leitdamm.	0,000	1,025	1 025	
			I	0,000	1,100	1 100	
2	Neudorf	1	I	1,100	2,400	1 300	
		2	I	2,400	3,600	1 200	
		3	I	3,600	4,700	1 100	
		4	I	4,700	5,800	1 100	
		5	I	5,800	6,900	1 100	
3	Rosenau	1	I	6,900	8,300	1 400	
		2	I	8,300	9,767	1 467	
4	Kembs	1	II	— 0,542	+ 0,500	1 042	
		2	II	+ 0,500	1,700	1 200	
		3	II	1,700	III 0,800	1 417	
		4	III	0,800	2,200	1 400	
5	Niffer	1	III	2,200	3,400	1 200	
		2	III	3,400	4,800	1 400	
6	Klein-Landau .	1	III	4,800	6,100	1 300	
		2	III	6,100	7,465	1 565	
			IV	0,300	0,500		
		3	IV	0,500	1,800	1 300	
7	Homburg . . .	1	IV	1,800	2,800	1 000	
		2	IV	2,800	3,800	1 000	

Nummer.	Gemeinde.	Nummer d. Abtheilg. u. d. Obmannspostens.	Dammstrecke.				Bemerkungen.
			Gruppe.	Kilometer		Länge	
				von	bis	m	
8	Ottmarsheim .	1	IV	3,800	4,900	1 100	
		2	IV	4,900	5,900	1 000	
		3	IV	5,900	6,900	1 000	
9	Banzenheim . .	1	IV	6,900	7,432	1 005	
			V	0,527	1,000		
		2	V	1,000	2,000	1 900	
			Eisenbahn-Leitdamm.	0,000	0,900		
		3	V	2,000	3,000	2 114	
			Eisenbahn-Leitdamm.	0,900	2,014		
10	Eichwald . . .	1	V	3,000	4,000	1 000	
		2	V	4,000	5,000	1 000	
		3	V	5,000	6,000	1 000	
	Kreis Gebweiler.						
11	Rumersheim .	1	V	6,000	7,000	1 000	
		2	V	7,000	8,000	1 000	
12	Blodelsheim .	1	V	8,000	9,400	1 400	
		2	V	9,400	9,419	1 427	
			VI	0,792	2,200		
		3	VI	2,200	3,500	1 300	
13	Fessenheim . .	1	VI	3,500	4,700	1 200	
		2	VI	4,700	6,000	1 300	
	Kreis Colmar.						
14	Balgau	1	VI	6,000	7,000	1 000	
		2	VI	7,000	7,698	885	
			VII	0,813	1,000		
15	Nambsheim . .	1	VII	1,000	2,300	1 300	
		2	VII	2,300	3,600	1,300	

Nummer.	Gemeinde.	Nummer d. Abtheilg. u. d. Obmannspostens.	Dammstrecke.				Bemerkungen.
			Gruppe.	Kilometer		Länge	
				von	bis	m	
16	Heitern	1	VII	3,600	4,800	1 200	
		2	VII	4,800	6,000	1 200	
17	Geiswasser . .	1	VII	6,000	7,200	1 200	
		2	VII	7,200	8,100	900	
18	Obersaasheim .	1	VII	8,100	8,900	800	
		2	VII	8,900	9,700	800	
19	Algolsheim . .	1	VII	9,700	10,500	800	
		2	VII	10,500	11,400	900	
20	Vogelgrün . .	1	VII	11,400	12,200	800	
21	Volgelsheim .	1	VII	12,200	12,900	700	
		2	VII	12,900	13,500	600	
22	Biesheim . . .	1	VII	13,500	14,500	1 000	
		2	VII	14,500	15,500	1 000	
		3	VII	15,500	16,500	1 000	
		4	VII	16,500	17,500	1 000	
23	Kuenheim . . .	1	VII	17,500	18,500	1 000	
		2	VII	18,500	19,500	1 000	
		3	VII	19,500	20,500	1 000	
24	Balzenheim . .	1	VII	20,500	21,500	1 000	
		2	VII	21,500	22,600	1 100	
25	Arzenheim . .	1	VII	22,600	23,400	800	
		2	VII	23,400	24,250	850	
		3	VIII	— 0,080	1,200	1 280	
		4	VIII	1,200	2,200	1 000	
		5	II	0,000	0,800	800	

Nummer.	Gemeinde.	Nummer d. Abtheilg. u. d. Obmannspostens.	Dammstrecke.				Bemerkungen.
			Gruppe.	Kilometer		Länge	
				von	bis	m	
			Kreis Schlettstadt.				
26	Markolsheim .	1	I.	2,200	3,200	1 000	
		2	I.	3,200	4,300	1 100	
		3	II.	0,800	2,000	1 200	
		4	II.	2,000	3,400	1 400	
		5	II.	3,400	4,800	1 400	
		6	II.	4,800	6,000	1 200	
		7	II.	6,000	7,100	1 100	
27	Mackenheim . .	1	II.	7,100	8,500	1 400	
28	Boozheim . . .	1	II.	8,500	9,600	1 100	
		2	II.	9,600	10,700	1 100	
29	Artolsheim . .	1	II.	10,700	11,600	900	
		2	II.	11,600	12,500	900	
30	Richtolsheim .	1	II.	12,500	13,300	800	
		2	II.	13,300	14,000	700	
31	Schönau . . .	1	II.	14,000	14,700	700	
		2	II.	14,700	15,200	500	
		3	II.	15,200	16,000	800	
32	Saasenheim . .	1	II.	16,000	17,000	1 000	
		2	II.	17,000	17,900	900	
33	Sundhausen .	1	II.	17,900	19,000	1 100	
		2	II.	19,000	19,800	800	
		3	II.	19,800	20,600	800	
34	Diebolsheim .	1	II.	21,000	23,800	2 800	
		2	Neuer Hochwasser-damm.	20,600	22,000	1 400	
		3		22,000	23,848	1 848	
35	Friesenheim . .	1	II.	23,800	25,000	1 200	
		2	II.	25,000	25,700	700	

Nummer.	Gemeinde.	Nummer d. Abtheilg. u. d. Obmannspostens.	Dammstrecke. Gruppe.	Kilometer von	Kilometer bis	Länge m	Bemerkungen.
			Kreis Erstein.				
36	Rheinau . . .	1	II	25,700	26,600	900	
		2	II	26,600	27,400	800	
		3	II	27,400	28,100	700	
		4	II	28,200	28,356	1 156	
			Leitdamm	0,000	1,000		
		5	Leitdamm	1,000	2,000	1 000	
37	Boofzheim . .	1	Leitdamm	2,000	4,000	2 000	
38	Daubensand. .	1	Leitdamm	4,000	6,000	2 000	
39	Obenheim . . .	1	II	31,987	33,400	1 413	
		2	II	33,400	34,123	723	
40	Gerstheim . . .	1	II	34,123	35,447	1 324	
		2	II	35,447	37,180	1 324	
		3	II	37,180	38,325	1 145	
		4	II	38,325	39,470	1 145	
41	Erstein mit Kraft . .	1	II	39,470	40,490	1 020	
		2	II	40,490	41,510	1 020	
		3	II	41,510	42,575	1 065	
		4	II	42,575	43,640	1 065	
42	Nordhausen mit Au. . .	1	II	43,640	44,769	1 289	
			Leitdamm	0,000	0,160		
		2	Damm längs des Jllhochwasserkanals	3,500	4,500	1 000	
		3		4,500	5,500	1 000	
		4		5,500	6,500	1 000	
		5	III	0,955	1,911	956	
43	Plobsheim . .	1	II	44,769	44,850	1 170	
			III	1,911	3,000		
		2	Leitdamm	0,160	1,020	860	
		3	Leitdamm	1,020	1,880	860	
		4	Leitdamm	1,880	2,740	860	
		5	Leitdamm	2,740	3,600	860	

Nummer.	Gemeinde.	Nummer d. Abtheilg. u. d. Obmannspostens.	Dammstrecke. Gruppe.	Kilometer von	Kilometer bis	Länge m	Bemerkungen.
44	Eschau	1	III	5,000	6,000	1 000	
		2	III	6,000	7,088	1 088	
		3	III	7,088	8,528	1 440	

Stadtkreis Straßburg.

Nummer.	Gemeinde.	Nummer d. Abtheilg. u. d. Obmannspostens.	Dammstrecke. Gruppe.	Kilometer von	Kilometer bis	Länge m	Bemerkungen.
45	Straßburg . .	1	III	8,528	9,594	1 066	
		2	III	9,594	10,660	1 066	
		3	III	10,660	11,727	1 067	
		4	III	11,727	12,800	1 073	
		5	III	12,800	14,000	1 200	
		6	III	14,000	15,500	1 500	
		7	III	15,500	17,000	1 500	
		8	IV	0,000	1,165	1 165	
		9	IV	1,165	2,330	1 165	
		10	IV	2,330	3,500	1 170	
		11	IV	3,500	4,660	1 160	
		12	IV	4,660	5,880	1 220	
		13	IV	5,880	7,000	1 120	
		14	IV	7,000	8,100	1 100	
		15	IV	8,100	9,000	1 200*	* Mit der Ill-Rhein-Kanalstraße.
		16	IV	9,000	10,000	1 000	
		17	IV	10,000	11,000	1 000	
		18	IV	11,000	12,000	1 000	
		19	IV	12,000	13,300	1 185	
		20	IV	13,300	14,374	1 074	

Landkreis Straßburg.

Nummer.	Gemeinde.	Nummer d. Abtheilg. u. d. Obmannspostens.	Dammstrecke. Gruppe.	Kilometer von	Kilometer bis	Länge m	Bemerkungen.
46	Wanzenau mit Wörth .	1	IV	14,374	15,500	1 126	
		2	IV	15,500	16,700	1 200	
		3	IV	16,700	18,000	1 300	
		4	IV	18,000	19,640	1 640	
		5	V	0,000	2,160	2 160	
		6	V	2,160	4,000	1 840	
		7	V	4,000	5,000	1 000	

Nummer.	Gemeinde.	Nummer d. Abtheilg. u. d. Obmannspostens.	Dammstrecke. Gruppe.	Kilometer von	Kilometer bis	Länge m	Bemerkungen.
47	Kilstett	1	V	5,000	6,000	1 000	
48	Gambsheim m. Bettenhofen	1	V	6,000	7,000	1 000	
		2	V	7,000	8,250	1 250	
		3	V	8,250	9,500	1 250	
		4	V	9,500	10,775	1 275	
	Kreis Hagenau.						
49	Offendorf . . .	1	V	10,775	11,810	1 035	
		2	V	11,810	13,000	1 190	
		3	V	13,000	14,100	1 100	
		4	V	14,100	15,200	1 100	
		5	V	15,200	16,300	1 100	
50	Herlisheim . .	1	V	16,300	17,100	800	
		2	V	17,100	17,925	825	
51	Drusenheim . .	1	V	17,925	18,925	1 000	
		2	V	18,925	19,710	785	
		3	V	19,710	20,736	1 026	
52	Dalhunden . .	1	V	20,736	21,700	964	
		2	V	21,700	23,000	860	
		3	V	23,000	24,000	1 000	
53	Sesenheim mit Dengelsheim	1	V	24,000	25,000	1 000	
54	Stattmatten . .	1	V	25,000	26,000	1 000	
55	Auenheim . . .	1	V	26,000	27,000	1 000	
		2	V	27,000	27,970	970	
56	Fort-Louis . .	1	V	27,970	29,041	1 071	Neuer Damm.
		2	V	29,041 neu = 29,832 alt	30,750	918	Alter Damm.

Nummer.	Gemeinde.	Nummer d. Abtheilg. u. d. Obmannspostens.	Dammstrecke. Gruppe.	Kilometer von	Kilometer bis	Länge m	Bemerkungen.
57	Röschwoog . . .	1	VI	0,000	1,590	1 590	
		2	VI	1,590	3,000	1 410	
		3	VI	3,000	3,750	750	
		4	VI	3,750	4,500	750	
58	Neuhäusel . . .	1	VI	4,500	5,790	1 290	

Kreis Weißenburg.

Nummer.	Gemeinde.	Nummer d. Abtheilg. u. d. Obmannspostens.	Dammstrecke. Gruppe.	Kilometer von	Kilometer bis	Länge m	Bemerkungen.
59	Beinheim . . .	1	VI	5,790	7,000	1 210	
		2	VI	7,000	8,200	1 200	
		3	VI	8,200	9,500	1 300	
		4	VI	9,500	10,911	1 411	
60	Selz mit Neubeinheim . .	1	VI	10,911	12,000	1 089	
		2	VI	12,000	13,000	1 000	
		3	VI	13,000	14,560	1 560	
61	Münchhausen .	1	VII	0,000	1,598	1 598	
62	Mothern . . .	1	VII	1,598	2,760	1 162	
		2	VII	2,760	3,700	940	
		3	VII	3,700	4,680	980	
63	Lauterburg . .	1	VII	4,680	5,600	965	
		2	VII	5,600	6,660	1 060	
		3	VII	6,660	7,700	1 040	
		4	VII	7,700	8,700	1 000	
		5	VII	8,700	9,655	955	

Wasserwehrordnung. **Anlage IV.**

Uebersicht

über die **Zahl der Obmänner und Mannschaften,** welche in den einzelnen Gemeinden für einmalige Besetzung der Wachtposten auf den Dämmen erforderlich sind.

Kreis.	Nummer.	Gemeinde.	Zahl der für einmalige Besetzung der Posten erforderlichen Obmänner.	Zahl der für einmalige Besetzung der Posten erforderlichen Mannschaften.	Bemerkungen.
Mülhausen.	1	Hüningen	1	5	Sowohl die Obmänner als die Mannschaften einer Dammbesetzung müssen abgelöst werden können. Die Zahl der bereit zu haltenden Obmänner und Mannschaften muß daher mindestens das Doppelte der nebenstehenden Zahlen betragen. Die Zahl der Mannschaften ist nach Bedürfniß zu verstärken.
	2	Neudorf	5	25	
	3	Rosenau	2	10	
	4	Kembs	4	20	
	5	Niffer	2	10	
	6	Klein-Landau	3	15	
	7	Homburg	2	10	
	8	Ottmarsheim	3	18	
	9	Banzenheim	3	18	
	10	Eichwald	3	18	
Gebweiler.	11	Rumersheim	2	12	
	12	Blodelsheim	3	22	
	13	Fessenheim	2	14	
Colmar.	14	Balgau	2	11	
	15	Nambsheim	2	18	
	16	Heitern	2	18	
	17	Geiswasser	2	18	
	18	Obersaasheim	2	18	
	19	Algolsheim	2	18	
	20	Vogelgrün	1	10	
	21	Volgelsheim	2	16	
	22	Biesheim	4	34	
	23	Kuenheim	3	26	
	24	Balzenheim	2	16	
	25	Arzenheim	5	29	

Kreis.	Nummer.	Gemeinde.	Zahl der für einmalige Besetzung der Posten erforderlichen Obmänner.	Mannschaften.	Bemerkungen.
Schlettstadt.	26	Markolsheim	7	39	
	27	Mackenheim	1	9	
	28	Boozheim	2	16	
	29	Artolsheim	2	16	
	30	Richtolsheim	2	16	
	31	Schönau	3	25	
	32	Saasenheim	2	16	
	33	Sundhausen	3	25	
	34	Diebolsheim	3	27	
	35	Friesenheim	2	18	
Erstein.	36	Rheinau	5	48	
	37	Boofzheim	1	12	
	38	Daubensand	1	8	
	39	Obenheim	2	16	
	40	Gerstheim	4	32	
	41	Erstein mit Kraft	4	40	
	42	Nordhausen mit Au	5	40	
	43	Plobsheim	5	48	
	44	Eschau	3	30	
Straßburg (Stadt)	45	Straßburg	20	170	
Straßburg (Land).	46	Wanzenau mit Wörth	7	58	
	47	Kilstett	1	15	
	48	Gambsheim m. Bettenhofen	4	40	
Hagenau.	49	Offendorf	5	50	
	50	Herlisheim	2	20	
	51	Drusenheim	3	26	
	52	Dalhunden	3	24	
	53	Sesenheim m. Dengelsheim	1	16	
	54	Stattmatten	1	8	
	55	Auenheim	2	16	
	56	Fort Louis	2	8	
	57	Röschwoog	4	35	
	58	Neuhäusel	1	10	

Kreis.	Nummer.	Gemeinde.	Zahl der für einmalige Besetzung der Posten erforderlichen Obmänner.	Zahl der für einmalige Besetzung der Posten erforderlichen Mannschaften.	Bemerkungen.
Weißenburg.	59	Beinheim	4	32	
	60	Selz mit Neu-Beinheim .	3	36	
	61	Münchhausen	1	15	
	62	Mothern	3	28	
	63	Lauterburg.	5	40	

3. Ausführungsbestimmungen

zu den §§ 39 und 41 des Gesetzes, betreffend Wasserbenutzung und Wasserschutz, vom 2. Juli 1891.

Vom 14. Februar 1892.

Centr.- und Bez.-A.-Bl. S. 110.

Zur Ausführung der §§ 39 und 41 des Gesetzes, betreffend Wasserbenutzung und Wasserschutz, vom 2. Juli 1891 (Gesetzbl. S. 82) bestimme ich, was folgt:

A. Zu § 39, betreffend Bauten und andere Vorrichtungen im Ueberschwemmungsgebiete des Rheins, welche geeignet sind, auf den natürlichen Abfluß des Wassers einzuwirken.

§ 1. Zu Bauten und Veranstaltungen im Ueberschwemmungsgebiete des Rheins (§ 39 Abs. 2 des Gesetzes), welche geeignet sind, auf den natürlichen Ablauf des Wassers einzuwirken, und daher der Genehmigung der zuständigen Behörde bedürfen, sind insbesondere zu rechnen:

1. Dammbauten jeder Art, welche Lage und Richtung zum Strome die Dämme auch erhalten sollen;
2. Wegeanlagen, sofern Erhöhung der Geländeoberfläche, Ueberbrückung oder Auffüllung von Altwassern (Nebenarmen des Rheines) oder Abtragung des Geländes in der Nähe von Korrektionsbauten des Stromes oder von Hochwasserdämmen damit verbunden ist;
3. Gebäude jeder Art und jeden Umfangs;
4. Einfriedigungen;
5. Pflanzungen, welche eine wesentliche Beeinträchtigung des Abflußquerschnitts des Stromes verursachen;
6. Ablagerungen und Anhäufungen von Stein- und Erdmassen;
7. Veranstaltungen, welche Verlandung oder sonstige Aenderungen des natürlichen Zustandes der Altwasser bezwecken.

§ 2. Anträge auf Genehmigung zu den in § 1 bezeichneten Bauten und Veranstaltungen sind an den Wasserbauinspektor zu richten.

Handelt es sich um Anlagen und Veranstaltungen größeren Umfanges, welche voraussichtlich einen erheblichen Einfluß auf die Abflußverhältnisse des Stromes haben werden, so sind dem Antrage außer einer näheren Beschreibung der Anlage die zur Beurtheilung ihrer Wirkung erforderlichen Pläne beizufügen. Die vorgelegten Pläne und Beschreibungen sind nach Anordnung des Wasserbauinspektors zu vervollständigen, wenn sie für die Beurtheilung der maßgebenden Verhältnisse nicht ausreichen.

Ist anzunehmen, daß die geplanten Anlagen und Veranstaltungen nicht geeignet sind, eine nennenswerthe Einwirkung auf die Abflußverhältnisse auszuüben, so genügt eine Beschreibung derselben. Der Wasserbauinspektor hat die Vervollständigung von Anträgen dieser Art durch Beifügung von Plänen anzuordnen, wenn die Veranstaltung einen größeren Einfluß vermuthen läßt, als der Antragsteller angenommen hat.

§ 3. Der Wasserbauinspektor entscheidet über die eingehenden Anträge unter Beobachtung der in dem nachfolgenden Paragraphen getroffenen Bestimmungen.

Die Genehmigung ist unbedingt zu versagen, wenn die beabsichtigte Anlage auf die Abflußverhältnisse des Stromes einen wesentlich ungünstigen Einfluß auszuüben geeignet ist.

Das Gleiche gilt, selbst wenn die von der Anlage zu erwartende Verschlechterung der Abflußverhältnisse für eine minder erhebliche zu erachten ist,

1. für den Fall, daß der natürliche Zustand des Fluthprofiles an der in Betracht kommenden Stromstrecke bereits in Folge von Eisenbahn- und Straßenübergängen oder sonstigen Anlagen eine beträchtliche Ermäßigung erlitten hat,
2. für den Fall, daß die betreffenden Profile auf Vereinbarung mit anderen Regierungen oder Behörden beruhen.

Glaubt der Wasserbauinspektor, daß die erhebliche Einwirkung auf die Abflußverhältnisse (Abs. 1) durch geeignete Vorkehrungen gemindert oder beseitigt werden kann, so hat er die Entscheidung des Ministeriums einzuholen.

Das Gleiche gilt, wenn in den Fällen dieses Paragraphen der Antrag von einer Behörde ausgeht.

§ 5. Vor Ertheilung der Genehmigung hat der Wasserbauinspektor die Anträge und Verhandlungen dem Ministerium vorzulegen:

1. wenn an den in Betracht kommenden Stellen die Breite des Geländes zwischen dem Korrektionswerke und dem Hochwasserdamme weniger als 150 Meter beträgt,
2. wenn es sich um Anlagen handelt, deren Genehmigung nach den bestehenden Vereinbarungen ein vorgängiges Benehmen mit der Großherzoglich Badischen Regierung erfordert.

§ 6. Gegen die Entscheidungen des Wasserbauinspektors ist Beschwerde an das Ministerium zulässig.

B. Zu § 41 Absatz 1, betreffend Verpflichtungen, welche den Grundeigenthümern im Ueberschwemmungsgebiete des Rheins in Folge der Anlage und Verstärkung von Hochwasserdämmen obliegen.

§ 7. Sind im Ueberschwemmungsgebiete des Rheins neue Hochwasserdämme anzulegen oder bestehende Dämme zu erhöhen und zu verstärken, so stellt der Wasserbauinspektor die hierfür erforderlichen Entwürfe auf und legt sie zunächst unter Beifügung der etwa erforderlichen Erläuterung dem Ministerium vor.

Die vom Ministerium genehmigten Entwürfe werden dem Bezirkspräsidenten übermittelt, welcher sie zur Kenntniß der betheiligten Grundbesitzer zu bringen hat.

§ 8. Handelt es sich um Neubauten oder um Dammverlegungen, welche einen wesentlichen Einfluß auf die Abflußverhältnisse des Stromes oder die Ueberfluthung der durch Hochwasserdeiche geschützten Gebiete und deren Druckwasser- und Entwässerungsverhältnisse bei Hochfluthen haben, so sind die Entwürfe einem Voruntersuchungsverfahren zu unterwerfen, dessen Dauer je nach der Wichtigkeit und dem Umfange der Anlage im einzelnen Falle vom Bezirkspräsidenten festzustellen ist, aber nicht unter 8 Tage betragen darf.

Sollen nur bestehende Dämme erhöht und verstärkt werden, und sind deshalb lediglich Entschädigungen an Grundeigenthümer für stärkere Inanspruchnahme ihrer Grundstücke infolge der Dammerbreiterung oder für Bodenentnahmen u. s. w. zu regeln, so genügt es, die Entwürfe dem Bürgermeister der betreffenden Gemeinde mit dem Auftrage zu übermitteln, die in Betracht kommenden Grundbesitzer von den geplanten Bauausführungen in Kenntniß zu setzen.

§ 9. Werden von irgend einer Seite Bedenken gegen die Anlage erhoben, oder haben die dadurch berührten Grundeigenthümer besondere hierauf bezügliche Wünsche vorzubringen, so sind dieselben, sofern ein Voruntersuchungsverfahren stattfindet, bei dem mit der Leitung desselben betrauten Beamten vor Schluß des Verfahrens, andernfalls bei dem Wasserbauinspektor innerhalb einer Woche nach erfolgter Kenntnißgabe schriftlich einzureichen oder zu Protokoll zu erklären.

§ 10. Die erhobenen Einwendungen (§ 9) werden dem Ministerium zur Prüfung und Entscheidung vorgelegt.

Eine Verhinderung der angeordneten Bauausführungen ist nicht zuläßig. Ebenso wenig können die betheiligten Grundbesitzer die Entnahme der zur Ausführung, Verbesserung und Unterhaltung der Dammbauten erforderlichen Materialien aus ihren Grundstücken verweigern oder die Benutzung ihrer Grundstücke zur Lagerung und Durchführung der Baumaterialien und zum Durchgang der bei den Dammbauten beschäftigten Personen untersagen.

§ 11. Bei der Wahl der Grundstücke zu Bodenentnahmen kommt in erster Linie in Betracht, ob der Boden für die Dammbauten geeignet ist. Außerdem sind die mit der Bodenentnahme verbundenen Kosten zu berücksichtigen.

Hat der Bauinspektor die Wahl des Grundstückes getroffen, so setzt er den Grundbesitzer hiervon in Kenntniß und theilt ihm gleichzeitig den Betrag der zu gewährenden Entschädigung mit.

Gegen die Anordnungen des Wasserbauinspektors ist Beschwerde an das Ministerium zuläßig.

§ 12. Für den Fall, daß über die in Folge von Dammbauten zu gewährenden Entschädigungen eine Verständigung zwischen dem Wasserbauinspektor und den Grundbesitzern nicht zu erzielen ist, befindet das Ministerium in der Sache. Der ergehende Beschluß ist mit Gründen zu versehen und den Betheiligten schriftlich gegen Behändigungsschein zu eröffnen. Gegen die Entscheidung des Ministeriums steht nach Maßgabe der Bestimmungen in § 6 des Gesetzes der Rechtsweg offen.

C. Zu § 41 Absatz 2, betreffend den Schutz der Korrektionswerke und Hochwasserdämme.

§ 13. Die Grundbesitzer, auf deren Eigenthum Hochwasserdämme errichtet werden, bleiben Eigenthümer der betreffenden Geländeflächen.

Ergibt sich die Nothwendigkeit, einen bestehenden Hochwasserdamm zu beseitigen, so ist die Grundfläche desselben wieder gehörig einzuebnen und entsprechend dem Zustande der angrenzenden Geländeflächen mit Mutterboden zu bekleiden. Ist dem Grundbesitzer in Folge der Dammbeseitigung ein Ernteverlust erwachsen, so ist er dafür angemessen zu entschädigen.

§ 14. Die Flächen der Hochwasserdämme dürfen nur zur Grasnutzung dienen. Zur Besäung der Flächen darf nur Grassamen verwendet werden, welcher einen festen und dichten Rasen gibt. Gesträuch und Stauden dürfen auf den Dammflächen nicht gepflanzt und nicht geduldet werden. Ausnahmen bezüglich dieser Behandlung der Dammflächen bedürfen der Genehmigung des Ministeriums.

§ 15. Am Fuße der Böschungen der Hochwasserdämme ist ein Schutzstreifen anzulegen, dessen Breite auf der Wasserseite mindestens ein Meter und auf der Landseite zwei Meter betragen muß.

Diese Schutzstreifen sind in jeder Beziehung wie die Dämme zu behandeln.

§ 16. Weder auf den Schutzstreifen noch auf den Dämmen dürfen Bäume gepflanzt werden. Die vorhandenen Bäume sind nach und nach — zutreffenden Falls gegen entsprechende Entschädigung der Besitzer — zu beseitigen. Diese Beseitigung muß unter allen Umständen dann erfolgen, wenn in Folge zu großer Ausdehnung oder in Folge Absterbens der Bäume die Sicherheit des Dammes bedroht ist.

Bei der Beseitigung von Bäumen, welche auf den Dämmen und den Schutzstreifen stehen, sind auch die Stöcke und Wurzeln auszugraben; die entstehenden Löcher müssen gut eingestampft und eingeebnet werden. Will ein Eigenthümer ohne vorgängige Anordnung des Wasserbauinspektors aus freien Stücken zur Entfernung solcher Bäume schreiten, so hat er von seiner Absicht rechtzeitig den Wasserbauinspektor in Kenntniß zu setzen.

Wo die Hochwasserdämme durch Waldungen ziehen, sind die Schutzstreifen stets frei zu halten, nöthigen Falls gehörig auszuästen und von Wurzelausschlag zu säubern.

§ 17. Die Flächen der Dämme und Schutzstreifen dürfen nicht umgebrochen oder auf irgend eine andere Art angebaut werden; auch ist verboten, auf den Grasflächen Vieh zu weiden.

§ 18. Das Betreten der Hochwasserdämme und ihrer Schutzstreifen ist allen andern Personen als den Eigenthümern und den von diesen zur Bewirthschaftung des Bodens verwendeten Personen untersagt.

§ 19. Zum Fahren, Reiten und Gehen auf der Krone dieser Dämme, sowie zum Fahren und Reiten auf der Krone der Korrektionswerke ist die Genehmigung des Wasserbauinspektors erforderlich. Diese Genehmigung erfolgt, was die Hochwasserdämme anlangt, dritten Personen gegenüber unter dem Vorbehalte, daß die betreffenden Grundeigenthümer in diese Benutzung der Dammkrone einwilligen.

§ 20. Die regelmäßige Benutzung der Korrektionswerke und Hochwasserdämme zu Fahr- oder Reitwegen ist nur unter der Bedingung zu ertheilen, daß die Gesuchsteller sich verpflichten, die Kosten der durch diesen Gebrauch erforderlich werdenden Instandsetzung und Unterhaltung der Dammkrone zu tragen.

Die betreffenden Instandsetzungs- und Unterhaltungsarbeiten werden durch die Verwaltung auf Rechnung der Erlaubnißinhaber ausgeführt. Letztere können sich jedoch an diesen Arbeiten durch Lieferung von Materialien sowie durch Handarbeiten und Fuhren betheiligen, wenn sie den bezüglichen Aufforderungen des Wasserbauinspektors ohne Verzug nachkommen.

Wird die Uebernahme der gedachten Kosten verweigert, so verbietet der Wasserbauinspektor die Benutzung der Dämme zu Verkehrszwecken und läßt die betreffenden Strecken nöthigenfalls absperren.

§ 21. Zuwiderhandlungen gegen die den Schutz der Korrektionswerke und der Hochwasserdämme bezweckenden Vorschriften dieser Verordnung werden nach § 44 des Gesetzes, betreffend Wasserbenutzung und Wasserschutz, vom 2. Juli 1891 bestraft.

Straßburg, den 14. Februar 1892.

Ministerium für Elsaß-Lothringen.
Abtheilung des Innern.
Der Unterstaatssekretär:
von Köller.

4. Vorschriften,

betreffend die Leinpfade.

Vom 1. März 1892.

Centr.- u. Bez.-A.-Bl. S. 112.

Auf Grund des § 52 des Gesetzes, betreffend Wasserbenutzung und Wasserschutz, vom 2. Juli 1891 (Gesetzbl. Seite 82) wird zur Ausführung der §§ 18, 19 des bezeichneten Gesetzes hiermit bestimmt:

Art. 1. Die zur Zeit des Inkrafttretens des Gesetzes vom 2. Juli 1891 thatsächlich bestehenden Leinpfade sind bis auf Weiteres in der bisherigen Breite für den Verkehr frei zu halteu.

Sofern auf dem Ufer ein Schiffszug stattfindet, ist bis zur Gesammtbreite von 9,75 m die Errichtung von Gebäuden, Einfriedigungen oder Gräben untersagt.

Art. 2. Die Wasserbauinspektoren und Meliorationsbauinspektoren sind befugt, insoweit als die bestehende Breite des Leinpfades das Bedürfniß übersteigt, Erleichterungen in jederzeit widerruflicher Weise zu gestatten.

Art. 3. Wenn sich das Bedürfniß zur Freilegung eines bisher nicht oder nicht genügend freigehaltenen Leinpfades ergibt, hat die Freilegung auf Anordnung des Bauinspektors und innerhalb der von demselben gestellten Frist zu erfolgen. Die Breite ist innerhalb der in § 18 des Gesetzes vom 2. Juli 1891 bezeichneten Grenzen nach Maßgabe des Bedürfnisses festzusetzen.

Die Anordnung des Bauinspektors erfolgt durch Mittheilung an den Bürgermeister, welche in ortsüblicher Weise bekannt zu machen ist; bezieht sich die Anordnung nur auf einzelne Grundstücke einer Gemeinde, so genügt die schriftliche Benachrichtigung des Eigenthümers.

Gegen die Anordnung des Bauinspektors ist Beschwerde an das Ministerium zulässig; dieselbe hat, wenn sie innerhalb 14 Tagen nach der Bekanntmachung beziehungsweise der Benachrichtigung erfolgt, aufschiebende Wirkung.

Art. 4. In den Fällen, in welchen dem Eigenthümer des Grundstückes Anspruch auf Entschädigung zusteht, wenn nämlich in Folge künftiger Schiffbar= oder Flößbarerklärung eines Wasserlaufs die Herstellung, oder in Folge Neueinführung eines Schiffzugs die Erbreiterung eines Leinpfades stattfindet, erfolgt die Festsetzung der Entschädigung vorbehaltlich des Rechtswegs durch das Ministerium.

Die Entscheidung ist mit Gründen zu versehen und den Betheiligten schriftlich gegen Behändigungsschein zu eröffnen.

Straßburg, den 1. März 1892.

Ministerium für Elsaß=Lothringen.

Abtheilung für Finanzen, Landwirthschaft und Domänen.
Der Unterstaatssekretär
von Schraut.

Abtheilung des Innern.
Der Unterstaatssekretär:
von Köller.

5. Vorschriften
über das Untersuchungsverfahren zur Vorprüfung der Verordnungen über Wasservertheilung, Unterhaltung von Wasserläufen und Bildung von Flußbauverbänden.

Vom 2. März 1892.

Centr.= und Bez.=A.=Bl. S. 113.

Auf Grund des § 9 Absatz 3, § 24 Absatz 4, § 27 Absatz 2 und § 32 Absatz 2, ferner gemäß § 52 Absatz 2 des Gesetzes, betreffend Wasserbenutzung und Wasserschutz, vom 2. Juli 1891 (Gesetzbl. S. 82) wird hiermit bestimmt, was folgt:

I. Verordnungen über Wasservertheilung.

Art. 1. Die Entwürfe zu Verordnungen über Vertheilung des Wassers zwischen den an den verschiedenen Strecken eines Wasserlaufs belegenen Wässerungsberechtigten oder zwischen Wässerungsberechtigten und Triebwerkbesitzern oder anderen Nutzungsberechtigten (§ 9 des Gesetzes vom 2. Juli 1891) sind in sämmtlichen betheiligten Gemeinden während eines Monats auf dem Bürgermeisteramte offen zu legen.

Als betheiligt gelten alle Gemeinden, deren Gemarkung die in Frage kommende Strecke des Wasserlaufs berührt; ob in weiteren Gemeinden die Offenlegung zu erfolgen hat, bestimmt das Ministerium.

Art. 2. Der Beginn der Offenlegung ist in jeder Gemeinde durch Anschlag am Gemeindehause und in etwa sonst ortsüblicher Weise bekannt zu machen.

In gleicher Weise sind die betheiligten Personen aufzufordern, von dem Entwurfe Kenntniß zu nehmen und ihre etwaigen Bemerkungen in das während der Dauer der Vorprüfung auf dem Bürgermeisteramte aufzulegende Verzeichniß einzutragen.

Art. 3. Außer durch Eintrag in das Verzeichniß können Bemerkungen schriftlich bei dem Bürgermeisteramte eingereicht werden.

Art. 4. Bemerkungen im Interesse einer autorisirten Genossenschaft können nur durch den Genossenschaftsvorstand geltend gemacht werden. Dasselbe gilt von Bemerkungen im Interesse einzelner zum Bezirk einer solchen Genossenschaft gehörigen Grundstücke, soweit sie sich auf Angelegenheiten beziehen, welche zum Gegenstand der Genossenschaft gehören.

Art. 5. Betheiligte, welche auf Grund von Privatrechtsansprüchen Einsprache gegen die beabsichtigte Verordnung erheben oder Abänderung des Entwurfs beantragen, haben ihren Erklärungen eine beglaubigte Abschrift der etwa in ihren Händen befindlichen, auf ihre Rechtsansprüche bezüglichen Schriftstücke beizufügen.

Art. 6. In jeder betheiligten Gemeinde hat sich der Gemeinderath innerhalb der Offenlegungsfrist über den Entwurf zu äußern. Hierbei ist besonders festzustellen, ob auf der Gemarkung Ortsgebräuche oder alte Verordnungen in Geltung sind, welche sich auf die Regelung der Wassernutzung beziehen. Zutreffendenfalls sind beglaubigte Abschriften der Verordnungen den Vorprüfungsakten beizufügen.

Art. 7. Nach Ablauf der Offenlegungsfrist hat der Bürgermeister das Bemerkungsverzeichniß abzuschließen und die erwachsenen Akten einschließlich der schriftlich eingereichten Bemerkungen und der Aeußerung des Gemeinderaths mit einer Bescheinigung über die stattgehabte Offenlegung und die vorherige ortsübliche Bekanntmachung einem vom Bezirkspräsidenten zu bezeichnenden Kommissar zu übersenden.

Art. 8. Der Kommissar hat nach Beendigung der Offenlegung in einer gleichfalls vom Bezirkspräsidenten zu bezeichnenden Gemeinde in der Regel an 3 auf einander folgenden Tagen mündliche Erklärungen der Betheiligten zu Protokoll entgegenzunehmen. Die hierzu bestimmten Tage und Stunden sind vorher in allen Gemeinden ortsüblich bekannt zu machen. Die Bekanntmachung kann mit derjenigen über die Offenlegung verbunden werden.

Von dem Termin ist der zuständige Meliorationsbauinspektor oder Wasserbauinspektor zu benachrichtigen. Derselbe ist befugt, den Verhandlungen beizuwohnen und sachdienliche Bemerkungen zu machen.

Art. 9. Nach Abschluß der Verhandlungen übersendet der Kommissar sämmtliche erwachsenen Akten mit gutachtlicher Aeußerung dem Bauinspektor.

Dieser prüft auf Grund des Ergebnisses der bisherigen Verhandlungen die einzelnen Bestimmungen des Entwurfs, nimmt die zur Klarstellung des Sachverhalts oder zur Begründung von Abänderungsvorschlägen etwa nothwendigen technischen Erhebungen vor und reicht dann die Akten mit seinen Vorschlägen dem Bezirkspräsidenten ein.

Dieser legt dieselben dann mit sachdienlichem Bericht dem Ministerium vor.

Art. 10. Wenn in Folge der geltend gemachten Einwendungen und Anträge wesentliche Aenderungen des Entwurfes vorgenommen werden, kann das Ministerium eine nochmalige Offenlegung anordnen. Für dieselbe können abgekürzte Fristen und ein vereinfachtes Verfahren vorgeschrieben werden. Im übrigen finden die vorhergehenden Bestimmungen entsprechende Anwendung.

Art. 11. Der alsdann vom Ministerium festgestellte Entwurf ist einer Kommission zur Begutachtung zu unterbreiten.

Die Kommission wird vom Bezirkspräsidenten berufen. Sie besteht aus mindestens 9 Mitgliedern, welche in erster Linie aus der Zahl der Betheiligten unter Berücksichtigung der verschiedenen Gruppen mit entgegenstehenden Interessen zu entnehmen sind.

Diese Kommission hat unter dem Vorsitz des Bezirkspräsidenten oder seines Vertreters das Ergebniß der Vorverhandlungen zu prüfen und sich über die Zweckmäßigkeit des Entwurfs, gegebenenfalls unter Vorschlag von Abänderungen zu äußern. Von dem für die Verhandlungen der Kommission bestimmten Tage und dem Ort des Zusammentritts derselben ist dem Ministerium behufs etwaiger Absendung eines Vertreters rechtzeitig Mittheilung zu machen. Ebenso sind die Kreisdirektoren der betheiligten Kreise, sowie der zuständige Bauinspektor zur Theilnahme an den Verhandlungen einzuladen. Das Protokoll über die Verhandlungen der Kommission ist durch den Bezirkspräsidenten dem Ministerium einzureichen.

II. Verordnungen wegen Unterhaltung von Wasserläufen.

a. Nicht schiff- oder flößbare Wasserläufe.

Art. 12. Die Entwürfe zu den vom Ministerium zu erlassenden Verordnungen über die Vertheilung der Unterhaltungspflicht an nicht schiff- oder flößbaren Wasserläufen (§ 24 des Gesetzes vom 2. Juli 1891) sind in den betheiligten Gemeinden, gegebenenfalls in einzelnen Gemeinden unter Beifügung von Plänen, offen zu legen. Die Vorschriften der Art. 1—10 finden entsprechende Anwendung.

Das Ministerium kann für einzelne Fälle untergeordneter Bedeutung die Offenlegungsfristen abkürzen und ein vereinfachtes Verfahren vorschreiben.

b. Schiff- oder flößbare Wasserläufe.

Art. 13. Die Entwürfe zu Verordnungen über die Vertheilung der Kosten der Unterhaltung schiff- oder flößbaren Wasserläufe (§ 27 des Gesetzes vom 2. Juli 1891) sind in den betheiligten Gemeinden offen zu legen. In einer vom Bezirkspräsidenten zu bezeichnenden Gemeinde ist außerdem ein den beitragspflichtigen Bezirk darstellender Plan beizufügen. Die Vorschriften der Art. 1—11 finden entsprechende Anwendung.

Das Ministerium kann im einzelnen Falle bestimmen, daß von der Berufung einer Kommission (Art. 11) abgesehen wird.

III. Verordnungen über Bildung von Flußbauverbänden.

Art. 14. Die Entwürfe zu Verordnungen über Bildung von Flußbauverbänden (§§ 30 ff. des Gesetzes vom 2. Juli 1891) sind in sämmtlichen Gemeinden, zu deren Gemarkungen Theile des in Aussicht genommenen Verbandsgebietes gehören, während eines Monats auf dem Bürgermeisteramte offen zu legen.

In einer vom Bezirkspräsidenten zu bezeichnenden Gemeinde sind den Entwürfen Pläne, welche die Grenze des Verbandsgebietes darstellen, und gegebenenfalls nach Anordnung des Ministeriums auch einzelne Bauentwürfe mit Kostenanschlägen beizufügen. Die Vorschriften der Art. 2—11 finden entsprechende Anwendung.

Das Verfahren kann zutreffendenfalls mit dem Vorverfahren vor Erlaß einer Verordnung über die Gemeinnützigkeit des Unternehmens im Sinne der Art. 2 und 3 des Zwangsenteignungsgesetzes vom 3. Mai 1841 verbunden werden.

Straßburg, den 2. März 1892.

Ministerium für Elsaß-Lothringen.

Abtheilung für Finanzen, Landwirthschaft u. Domänen. Der Unterstaatssekretär, von Schraut.

Abtheilung des Innern. Der Unterstaatssekretär, von Köller.

6. Vorschriften,

betreffend das Verfahren bei Ertheilung der wasserpolizeilichen Genehmigung und Erlaubniß für Bauten und Vorrichtungen an den Wasserläufen in Elsaß-Lothringen.

Vom 12. März 1892.

Centr.- u. Bez.-A.-Bl. S. 115.

Auf Grund der §§ 1 bis 3 und 37 des Gesetzes vom 2. Juli 1891, betreffend Wasserbenutzung und Wasserschutz (Gesetzbl. S. 82), sowie des § 8 der Allerhöchsten Verordnung vom 1. Februar 1892, betreffend die Genehmigung von Veranstaltungen zur Wasserbenutzung (Gesetzblatt S. 9), wird bestimmt, was folgt:

I. Errichtung, Beseitigung oder Abänderung von Stauanlagen.

Art. 1. Die Anträge auf wasserpolizeiliche Regelung einer bestehenden, einer neu zu errichtenden oder einer abzuändernden Stauanlage sind auf Stempelpapier an den Kreisdirektor (Polizeidirektor) einzureichen.

Der Kreisdirektor übersendet diese Anträge mit den vom Antragsteller gelieferten Nachweisen und Aktenstücken oder Plänen, welche sich auf die Klarstellung der wasserpolizeilichen Verhältnisse beziehen, dem zuständigen Meliorationsbauinspektor oder Wasserbauinspektor zur Prüfung und Aeußerung.

Art. 2. Der Bauinspektor prüft von Amtswegen, wenn erforderlich, nach vorheriger Ortsbesichtigung, die bei dem Antrage in Frage kommenden hydraulischen Verhältnisse. Sofern er hierbei die Ueberzeugung gewinnt, daß die beantragten Anlagen im öffentlichen Interesse unzulässig sind oder erhebliche Nachtheile für benachbarte oder sonst von der Anlage berührte Grundstücke zur Folge haben würden, gibt er das Gesuch dem Kreisdirektor mit seinem Bericht und entsprechendem Entwurf des dem Bezirkspräsidenten vorzulegenden Abweisungsbeschlusses zurück.

Art. 3. Wenn die Prüfung ergibt, daß die Stau- und Abflußverhältnisse des Wasserlaufs durch die im Antrage bezeichneten baulichen Ausführungen nicht geändert werden, und daß dieselben weder öffentliche Interessen verletzen, noch die Rechte Dritter berühren, so reicht er den Antrag dem Kreisdirektor mit dem Bemerken zurück, daß die Durchführung eines weiteren Verfahrens in dem vorliegenden Falle nicht erforderlich sei, und fügt seinem Schreiben zugleich den Entwurf des durch den Bezirkspräsidenten zur Genehmignng der Anlage zu erlassenden Beschlusses bei.

Art. 4. Liegen die in den beiden vorstehenden Paragraphen genannten Voraussetzungen nicht vor, so ordnet der Bauinspektor die zur Klarstellung der wasserpolizeilichen Verhältnisse nöthigen Erhebungen und Aufnahmen oder die etwa erforderlichen Ergänzungen der vom Antragsteller gelieferten Aktenstücke, Nachweise und Planzeichnungen an.

Art. 5. Der Bauinspektor oder dessen Vertreter (Beauftragter) ladet zu den entscheidenden örtlichen Erhebungen und Messungen jeweils den Antragsteller ein. Sofern die Erhebungen zur Ermittelung von Verhältnissen dienen, welche auch die Interessen Dritter berühren, benachrichtigt er außerdem die Bürgermeister der betheiligten Gemeinden von der Zeit seines Eintreffens mit dem Anheimgeben, diese sowie den Zweck der örtlichen Erhebungen öffentlich bekannt zu machen, damit die Betheiligten denselben beiwohnen können.

Art. 6. Auf Grund der getroffenen Aufnahmen und Erhebungen ermittelt der Bauinspektor die zulässige Stauhöhe sowie die Weite und Lage der Ablaßvorrichtungen und entwirft hiernach die Verordnung für die wasserpolizeiliche Regelung der Anlage.

Art. 7. Den Entwurf der Verordnung sendet der Bauinspektor mit einem Erläuterungsbericht und den vorschriftsmäßig fertig gestellten Plänen und Zeichnungen dem Kreisdirektor zur weiteren Veranlassung zu.

Art. 8. Der Erläuterungsbericht muß kurz diejenigen Angaben enthalten, welche zur Begründung der vorgeschlagenen Anordnungen, namentlich der festgesetzten Stauhöhe und der vorgeschriebenen Lage und Abmessungen der Ablässe erforderlich sind. Gegebenenfalls sind die zur Begründung nothwendigen hydraulischen Berechnungen beizufügen.

Ferner muß der Erläuterungsbericht enthalten:

a) die Bezeichnung der unmittelbar ober- und unterhalb der zu errichtenden Anlage befindlichen Triebwerke und die Namen der Besitzer derselben;
b) die Angabe ob und welche Wasserentnahmen zu Wässerungszwecken innerhalb des Rückstaus des Werkes zur Zeit bestehen, sowie überhaupt eine Darlegung der in Frage kommenden Interessen dritter Betheiligter, unter Angabe der etwa mündlich von denselben gelegentlich der Aufnahme geltend gemachten Wünsche oder Bedenken;
c) eine Erörterung dieser Wünsche und Bedenken;
d) die Begründung der vorgeschlagenen Entscheidung.

Sind im Verordnungsentwurf noch besondere Festsetzungen aufgenommen, so sind auch diese im Erläuterungsbericht zu erörtern. Namentlich gilt dies von zeitlichen Festsetzungen bezüglich der Wassernutzung und von sonstigen, eine Wasservertheilung mit dritten Betheiligten enthaltenden Bestimmungen.

Art. 9. Dem Berichte ist beizufügen:

a) ein Lageplan,
b) ein Längenprofil,
c) die erforderlichen Querprofile,
d) die nöthigen Einzelzeichnungen der Bauwerke.

Hierfür gelten folgende Vorschriften:

Zu a: Der Lageplan kann hergestellt werden unter Benutzung der Katasterpläne, sofern dieselben brauchbar sind; andernfalls ist der Lageplan neu aufzunehmen und im Maßstab von 1 : 1000 bis 1 : 2000 aufzuzeichnen.

Der Lageplan muß alle Grundstücke enthalten, für welche die projektirten Anlagen von Bedeutung sind, mit Angabe der Katasternummern und Bezeichnung der Eigenthümer. Außerdem sind auf demselben einzutragen, alle in Betracht kommenden Wasserläufe, sowie die bestehenden Straßen, Wege, Stauwerke, Ablässe, Wasserentnahmen u. s. w.

Die Richtung der Wasserläufe ist durch einen Pfeil anzugeben und die Lage und Länge der Querprofile durch gestrichelte Linien ersichtlich zu machen. Die Querprofile sind auf dem Lageplan zu numeriren. Die Lage der für die Höhenaufnahmen gewählten unveränderlichen Festpunkte ist auf dem Plan zu bezeichnen.

Zu b und c: Die Längen- und Querprofile sind in der Regel auf den gleichen Plan zu zeichnen und sollen den gestauten Mittelwasserstand enthalten. Beim Längenprofil sind die Höhen im 10fachen Maßstabe der Längen aufzutragen und alle Coten auf einen Horizont zu beziehen, welcher mit einem oder mehreren unveränderlichen Festpunkten zu verbinden ist. Finden sich in der Nähe Festpunkte des Landesnivellements vor, so sind die Coten auf Normal-Null (Amsterdamer Pegel) zu beziehen.

Die Geländecoten sind in ganzen Centimetern, die Coten der Festpunkte des gestauten Wasserspiegels und der Stauvorrichtungen in Centimetern und Millimetern anzugeben.

Längenprofil und Querprofile müssen sich sowohl auf den Wasserlauf selbst als auf den Betriebskanal erstrecken und sind so weit auszudehnen, als die Wirkung der anzulegenden Stauwerke reichen wird. Für das Längenprofil ist stets ein Kontrolnivellement auszuführen.

In dem Längenprofil ist der mittlere Wasserstand im ungestauten Zustande anzugeben. Wo die höchsten und niedersten Wasserstände bekannt sind, sind auch diese einzutragen.

Die Querprofile sind namentlich an solchen Stellen aufzunehmen, an welchen in Folge der tiefen Lage des Geländes der Rückstau sich am meisten fühlbar macht. Bei großer Ausdehnung der Querprofile ist für ihre Aufzeichnung ein verzerrter Maßstab (die Höhen in zehnfachem Maßstab der Längen) zulässig.

Zu d: Die Einzelzeichnungen der Stauvorrichtungen (Ablässe, Ueberfälle u. s. f.) sind entweder auf einem getrennten Plan oder auf dem Längenprofil im Maßstab 1 : 200 aufzutragen.

Sie müssen die bestehenden und die geplanten Stau- und Ablaßvorrichtungen in Ansicht, Schnitt und Grundriß enthalten; auch sind die Hauptabmessungen, besonders die Durchflußweiten und Höhen sowie die wichtigeren Höhenzahlen des Längenprofils einzuschreiben.

Art. 10. Ist die Vorlage vollständig, so verfügt der Kreisdirektor (Polizeidirektor) die Bekanntmachung des Unternehmens im Central- und Bezirks-Amtsblatt nach Maßgabe des § 17 der Gewerbeordnung, sowie gegebenenfalls in örtlichen Blättern.

Die Bekanntmachung hat zu enthalten:

a) Name, Stand und Wohnort des Unternehmers, Gegenstand der Anlage und Bezeichnung des Grundstücks, auf welchem dieselbe ausgeführt werden soll;

b) die Aufforderung, etwaige Einwendungen beim Kreisdirektor (Polizeidirektor) oder beim Bürgermeister binnen 14tägiger Frist vorzubringen;

c) den Hinweis auf die Stelle, an welcher die Beschreibungen, Zeichnungen und Pläne aufliegen.

Art. 11. Die Beschreibungen, Zeichnungen und Pläne sind auf dem Gemeindehause der Gemeinde, in deren Gemarkung die Anlage hergestellt werden soll, offen zu legen.

Die Einwendungen können bei der Kreisdirektion (Polizeidirektion) oder bei dem Bürgermeisteramte mündlich oder schriftlich vorgebracht werden. Bezüglich solcher Anlagen, welche in der Nähe von Straßen, Eisenbahnen, Kanälen oder Waldungen errichtet werden, hat der Kreisdirektor (Polizeidirektor) dem zuständigen Kreisbauinspektor, Eisenbahnbetriebsdirektor, Wasserbauinspektor oder Oberförster rechtzeitig Kenntniß zu geben. Eine gleiche Mittheilung ist hinsichtlich der in der Umgebung von ständigen Befestigungen zu errichtenden Anlagen der zuständigen Militärbehörde zu machen.

Nach Ablauf der Einspruchsfrist übersendet der Bürgermeister die Aktenstücke, Pläne und Verhandlungen unter Bescheinigung der erfolgten Offenlegung dem Kreisdirektor (Polizeidirektor).

Art. 12. Der Kreisdirektor beraumt im Einverständniß mit dem zuständigen Bauinspektor eine Verhandlung an Ort und Stelle an, zu welcher er den Unternehmer und die Widersprechenden schriftlich gegen Behändigungsschein unter dem Hinweis vorladet, daß bei ihrem Ausbleiben gleichwohl die Erörterung der Einwendungen stattfindet und nach dem Abschluß derselben neue thatsächliche Behauptungen zur Rechtfertigung oder Widerlegung der Einwendungen nicht mehr zugelassen werden.

Zu der Verhandlung, welche von dem Kreisdirektor (Polizeidirektor) in Gemeinschaft mit dem zuständigen Bauinspektor geleitet wird, ist auch der Bürgermeister der Gemeinde zu laden und dessen Gutachten anzuhören.

Der Bauinspektor oder dessen Vertreter hat sich namentlich über alle Einwendungen, welche sich auf den wasserpolizeilichen Theil des Gegenstandes beziehen, gutachtlich zu äußern. Ueber die Verhandlungen ist ein Protokoll aufzunehmen.

Art. 13. Nach Abschluß der Verhandlungen übersendet der Kreisdirektor, soweit erforderlich, unter Beifügung eines schriftlichen Gutachtens des Bauinspektors über die erhobenen Einwendungen, die sämmtlichen Schriftstücke dem Bezirkspräsidenten.

Art. 14. Nachdem die Genehmigungsurkunde durch den Bezirkspräsidenten ertheilt ist, hat der Bauinspektor nach Eintritt des für die Vollendung der Arbeiten vorgeschriebenen Zeitpunktes die Abnahme derselben vorzunehmen. Zu diesem Zwecke begibt er sich, nach vorheriger Ladung der Betheiligten an Ort und Stelle und prüft, ob die ausgeführten Anlagen den Vorschriften der Genehmigungsurkunde entsprechen. Er erörtert zutreffendenfalls mit dem Unternehmer die etwa vorgekommenen Abweichungen in Beziehung auf ihre Zulässigkeit und nimmt über den Befund eine Verhandlung auf.

Bei allen Theilen der Anlage, welche nicht vorschriftsmäßig ausgeführt worden sind, ist unter Anführung der bezüglichen Bestimmungen der Verordnung des Bezirkspräsidenten eine Beschreibung der festgestellten Abweichungen zu geben.

Art. 15. Sind die Arbeiten vorschriftsmäßig ausgeführt, so beantragt der Bauinspektor die Abnahme derselben und stellt das Abnahmeprotokoll in drei- oder vierfacher Ausfertigung auf. Eine der Ausfertigungen wird beim Bezirkspräsidenten, die zweite beim Bauinspektor und die dritte auf dem Bürgermeisteramt der betheiligten oder hauptsächlich betheiligten Gemeinde hinterlegt und im Falle des Art. 17 die vierte dem Ministerium eingereicht. Der Bauinspektor übersendet die Abnahmeprotokolle dem Bezirkspräsidenten zur Genehmigung. Nach erfolgter Genehmigung werden dieselben den oben bezeichneten Stellen überwiesen.

Art. 16. Haben bei der Ausführung Abweichungen gegen die Vorschriften der Verordnung stattgefunden, so hat der Bauinspektor am Schlusse des Protokolls diese Abweichungen zu erläutern und, wenn nöthig, neue Zeichnungen zur Klarstellung der Sache beizufügen.

Sofern die Abweichungen unbedenklich erscheinen, legt der Bezirkspräsident das Abnahmeprotokoll mit den Akten und dem Berichte des Bauinspektors dem Ministerium zur Genehmigung vor.

Sind die Abweichungen aber derart, daß sie die hydraulischen Verhältnisse des Wasserlaufs berühren oder Schädigungen Dritter veranlassen können, so hat der Bezirkspräsident den Unternehmer zur vorschriftsmäßigen Herstellung der Anlagen aufzufordern und im Weigerungsfalle gemäß § 47 des Gesetzes vom 2. Juli 1891 gegen denselben zu verfahren.

Art. 17. Handelt es sich um Abänderung einer bereits genehmigten Stauanlage oder um Neuanlagen auf den der Wasserbauverwaltung unterstellten Wasserläufen, so ist jeweils zur Einleitung des oben beschriebenen Verfahrens die Genehmigung des Ministeriums einzuholen.

Art 18. Die vorstehenden Bestimmungen finden auch Anwendung auf die Errichtung, Beseitigung oder Abänderung von Stauanlagen für Triebwerke. Die Verordnung vom 12. Februar 1891 (Central- und Bezirks-Amtsblatt S. 35) ist aufgehoben.

II. Errichtung, Beseitigung oder Abänderung sonstiger in § 1 des Gesetzes vom 2. Juli 1891 bezeichneten Veranstaltungen.

Art. 19. Anträge, betreffend sonstige Veranstaltungen, welche geeignet sind, die Abflußverhältnisse des Wasserlaufes oder die Eigenschaften des Wassers zu verändern, namentlich:

die Anlage von Wasserableitungen und Wasserentnahmen,

die Anlage von Wassereinführungen in einem Wasserlauf,

die Beseitigung oder Abänderung der vorbezeichneten Anlagen,

Veranstaltungen, welche geeignet sind, die Eigenschaften des Wassers durch Zuleitung fremder Stoffe zu verändern, in sonstiger Weise die Benutzung des Wassers zu verhindern oder zu erschweren oder den Lauf des Wassers zu verändern, zu hemmen oder zu beschleunigen,

sind auf Stempelpapier an den Kreisdirektor einzureichen.

Der Kreisdirektor übersendet die bei ihm eingegangenen Anträge nebst den vom Antragsteller etwa beigefügten Nachweisen oder Aktenstücken dem zuständigen Bauinspektor, welcher die Prüfung vornimmt und je nach dem Ergebniß derselben in gleicher Weise verfährt, wie oben in Art. 2, 3 und 4 angegeben.

Art. 20. Wenn eine öffentliche Bekanntmachung des Antrags angezeigt erscheint, so übersendet der Bauinspektor die erwachsenen Aktenstücke dem Bürgermeister der Gemeinde zur Offenlegung nach vorhergegangener ortsüblicher Bekanntmachung. Die Offenlegung erfolgt auf dem Gemeindehause und dauert 14 Tage. In welchem Umfange hierbei Zeichnungen offen zu legen sind, bleibt dem Ermessen des Bauinspektors überlassen.

Art 21. Nach Ablauf der Einspruchsfrist übersendet der Bürgermeister die Verhandlungen unter Bescheinigung der erfolgten Offenlegung dem Bauinspektor.

Dieser prüft die eingegangenen Einwendungen, wenn erforderlich, nach mündlicher Verhandlung mit dem Widersprechenden an Ort und Stelle, stellt hierauf den Entwurf des durch den Bezirkspräsidenten zu erlassenden Beschlusses auf und übersendet denselben mit sämmtlichen Akten und Plänen dem Kreisdirektor zur weiteren Vorlage.

Art. 22. Bei den der Wasserbauverwaltung unterstellten Wasserläufen sind die Aktenstücke vor der Erwirkung der Genehmigung und im Falle des Art. 20 auch schon vor der Offenlegung dem Wasserbaudirektor vorzulegen.

III. Nutzungen am Wasser oder Bette der schiff- und flößbaren Wasserläufe (§ 3 des Gesetzes vom 2. Juli 1891).

Art. 23. Die Erlaubniß

1. zu jeder Benutzung des Wassers oder des Bettes, mit welcher eine besondere Vorrichtung verbunden ist,
2. zum Betriebe von Fähren,
3. zum Abführen von Steinen, Sand, Schlamm, Pflanzen oder sonstigen Stoffen aus dem Flußbett sowie zur Eisnutzung

wird durch den Bauinspektor ertheilt.

Die betreffenden Anträge sind an denselben auf Stempelpapier einzureichen.

Art. 24. Der Bauinspektor veranlaßt die zur Klarstellung des Gesuchs noch erforderlichen Erhebungen.

Soweit es sich um die in Art. 23 Ziffer 1 und 2 genannten Anlagen handelt, hat der Bauinspektor die Pläne vorher dem Ministerium zur Kenntnißnahme vorzulegen.

Art. 25. Gegen die Entscheidung des Bauinspektors ist Beschwerde an das Ministerium zuläßig.

IV. Errichtung, Beseitigung oder Abänderung von sonstigen Wasserbauten (§ 37 des Gesetzes vom 2. Juli 1891).

Art. 26. Anträge auf Genehmigung

a) zur Vornahme von Uferbauten und sonstigen Bauten am Ufer eines Wasserlaufs, von Einbauten in das Bett eines Wasserlaufs, von Ueberbauungen oder Ueberbrückungen eines Wasserlaufs,

b) zur Abänderung bestehender Veranstaltungen dieser Art,

c) zum Ablagern von Steinen, Schutt, Erde sowie zur Anpflanzung vom Bäumen und Gesträuchen in einem Wasserlauf

sind an den zuständigen Bauinspektor auf Stempelpapier zu richten.

Der Bauinspektor prüft die Anträge und nimmt die zur Klarstellung der Sache noch erforderlichen Aufnahmen und Planzeichnungen vor.

Art. 27. Die Genehmigung ertheilt

a) bei den der Wasserbauverwaltung unterstellten Wasserläufen das Ministerium,

b) bei den übrigen Wasserläufen der Bauinspektor.

Gegen die Bescheidung des Bauinspektors ist Beschwerde an das Ministerinm zulässig.

V. Kosten.

Art. 28. Die Genehmigungsurkunde, sowie die Erlaubnißertheilungen sind auf Stempelpapier auszufertigen. Der Betrag des Stempels sowie die durch die erforderlichen Bekanntmachungen und Aehnliches erwachsenen baaren Auslagen, ferner die durch die auswärtige Thätigkeit des technischen Personals bei Prüfung und Instruktion der Anträge sowie durch die Abnahme der betreffenden Arbeiten erwachsenden Kosten sind von dem Antragsteller nach den bestehenden Bestimmungen einzuziehen.

Straßburg, den 12. März 1892.

Ministerium für Elsaß-Lothringen.

Abtheilung für Finanzen, Landwirthschaft und Domänen.
Der Unterstaatssekretär,
von Schraut.

Abtheilung des Innern.
Der Unterstaatssekretär,
von Köller.

7. Vorschriften,

betreffend die Zuständigkeit und das Verfahren in Bezug auf die Wasserbenutzung und den Wasserschutz.

Vom 14. März 1892.

(Centr.- u. Bez.-A.-Bl. S. 119).

Auf Grund der §§ 48 und 52 des Gesetzes, betreffend Wasserbenutzung und Wasserschutz, vom 2. Juli 1891 (Gesetzbl. S. 82) wird bezüglich der Zuständigkeit und des Verfahrens in den durch dieses Gesetz geregelten Angelegenheiten, insoweit nicht für einzelne Gegenstände besondere Vorschriften ergangen sind, bestimmt, was folgt:

Art. 1. Der Widerruf und die Beschränkung der Genehmigung sowie der Erlaubniß zu Wasserbenutzungen (§ 5 des Gesetzes vom 2. Juli 1891) erfolgt durch diejenige Behörde, welche zur Ertheilung der Genehmigung oder der Erlaubniß zuständig ist.

Die Anordnung ist mit Gründen zu versehen und den Betheiligten schriftlich gegen Behändigungsschein zu eröffnen.

Gegen die Anordnung ist Beschwerde an das Ministerium zulässig; dieselbe hat aufschiebende Wirkung, sofern sie innerhalb 14 Tagen, vom Tage der Eröffnung der Anordnung an gerechnet, eingereicht worden ist.

Die vorstehenden Bestimmungen finden auch Anwendung auf den Widerruf und die Beschränkung von Veranstaltungen, welche vor Inkrafttreten des Gesetzes vom 2. Juli 1891 errichtet worden sind.*

Art. 2. Die vorläufige Entscheidung über Entschädigungsansprüche wegen Widerruf oder Beschränkung einer Genehmigung an nicht schiff- oder flößbaren Wasserläufen (§ 6 des Gesetzes vom 2. Juli 1891) erfolgt durch das Ministerium.

Die Entscheidung ist mit Gründen zu versehen und den Betheiligten schriftlich gegen Behändigungsschein zu eröffnen.

Art. 3. Wenn die Anbringung eines den Bestimmungen des § 7 des Gesetzes vom 2. Juli 1891 entsprechenden Aichzeichens an — mit oder ohne Genehmigung — bestehenden Stauanlagen erforderlich wird, erfolgt die Anordnung durch den zuständigen Wasserbauinspektor oder Meliorationsbauinspektor. Derselbe entscheidet auch über die etwaige Anbringung eines Zeichens zur Bezeichnung der größten zulässigen Unterstauung sowie eines zweiten Aichzeichens. Er erläßt in jedem einzelnen Falle die näheren Ausführungsvorschriften.

Bei künftig zu genehmigenden Anlagen wird über die Anbringung des Aichzeichens durch die Genehmigungsurkunde Bestimmung getroffen. Der Bauinspektor ist befugt, auch bei solchen Anlagen die nachträglich für nothwendig erkannte Anbringung von Zeichen über Unterstauung und zweiter Aichzeichen anzuordnen.

Gegen die Anordnungen des Bauinspektors ist Beschwerde an das Ministerium zulässig; dieselbe hat aufschiebende Wirkung, sofern sie innerhalb 14 Tagen, vom Tage der Eröffnung der Anordnung an gerechnet, eingereicht worden ist.

Aenderungen, Erneuerungen, Ausbesserungen und Neubefestigungen der Aichzeichen (§ 8 des Gesetzes vom 2. Juli 1891) bedürfen der Genehmigung des Bauinspektors. An denselben Beamten sind die Anzeigen über Beschädigung von Aichzeichen zu erstatten.

Art. 4. Die Entscheidung darüber, ob die gesetzlichen Voraussetzungen zur Herstellung von Anlagen behufs Wasser-Zu- oder Ableitung auf fremden Liegenschaften, zur Anlehnung eines

* Unter Art. 1 Abs. 4 fällt die sog. Neureglementirung älterer bestehender Anlagen, wenn dieselbe von Amtswegen erfolgt. Ueber die Nothwendigkeit eines Vorverfahrens in solchen Fällen s. Bem. 4 zu § 5 W. G. Die Neureglementirung auf Antrag des Besitzers der Anlage fällt unter § 1 W. G.

Stauwerks auf fremde Ufergrundstücke oder zur Mitbenutzung einer fremden Stauanlage gegeben, sowie in welcher Weise die Anlagen auszuführen sind (§§ 15, 17 des Gesetzes vom 2. Juli 1891), erfolgt im Falle der Meinungsverschiedenheit unter den Betheiligten durch den Meliorationsbauinspektor. Gegen die Entscheidung ist Beschwerde bei dem Ministerium zulässig.

Art. 5. Die vorläufige Entscheidung über Entschädigungsansprüche wegen Ablagerung der zur Unterhaltung der Ufer erforderlichen Materialien (§ 29 Abs. 2 des Gesetzes vom 2. Juli 1891) erfolgt durch den Wasserbauinspektor bezw. Meliorationsbauinspektor.

Auf die Bekanntgabe der Entscheidung an den Antragsteller findet Art. 2 Abs. 2 Anwendung.

Art. 6. Wenn bei Triebwerken die Herstellung einer Einrichtung zum ungehinderten Durchfluß des bei bordvollem Zustande des ungestauten Wasserlaufs zufließenden Wassers nothwendig wird (§ 36 des Gesetzes vom 2. Juli 1891), erfolgt die Anordnung durch den Bezirkspräsidenten.

Die Anordnung ist mit Gründen zu versehen und den Betheiligten schriftlich gegen Behändigungsschein zu eröffnen.

Gegen die Anordnung ist Beschwerde an das Ministerium zulässig; dieselbe hat aufschiebende Wirkung, sofern sie innerhalb 14 Tagen, vom Tage der Eröffnung der Anordnung an gerechnet, eingereicht worden ist.

Zur Beseitigung von Gefahren für öffentliche oder erhebliche private Interessen kann der zuständige Wasserbauinspektor oder Meliorationsbauinspektor jederzeit einstweilen Anordnungen treffen.

Art. 7. Die Bestimmung der Ufergrenze im Falle des § 37 des Gesetzes vom 2. Juli 1891 erfolgt durch den Bezirkspräsidenten; gegen die Entscheidung ist Beschwerde an das Ministerium zulässig.

Art. 8. Die Anordnung der Beseitigung von Veranstaltungen, welche entgegen den Vorschriften des Gesetzes vom 2. Juli 1891 vorgenommen oder nach Widerruf oder Beschränkung der Genehmigung oder Erlaubniß belassen worden sind (§ 47 des bezeichneten Gesetzes), erfolgt durch diejenige Behörde, welche zur Ertheilung der Genehmigung oder der Erlaubniß zuständig wäre, beziehungsweise welche den Widerruf oder die Beschränkung verfügt hat.

Die Anordnung ist mit Gründen zu versehen und den Betheiligten schriftlich gegen Behändigungsschein zu eröffnen.

Gegen die Anordnung ist, unbeschadet des im § 47 Abs. 2 des Gesetzes vom 2. Juli 1891 vorgesehenen Rechtsmittels, Beschwerde an das Ministerium zulässig.

Dieselbe hat aufschiebende Wirkung, sofern sie innerhalb 14 Tagen, vom Tage der Eröffnung der Anordnung an gerechnet, eingereicht worden ist.

Zur Ergreifung einstweiliger Maßnahmen nach Maßgabe des § 47 Abs. 3 ist der Wasserbauinspektor oder Meliorationsbauinspektor zuständig.

Das Verzeichniß der durch die Beseitigung und die einstweiligen Maßnahmen erwachsenen Kosten wird von der Behörde, welche zum Erlaß der Anordnung zuständig war, aufgestellt und vollstreckbar erklärt

Art. 9. Die vorläufige Entscheidung über Entschädigungsansprüche der Eigenthümer von Triebwerken, deren Nutzung nicht auf Widerruf verliehen ist*, bei Aufhebung oder Beschränkung ihrer Anlage erfolgt durch das Ministerium.

Auf die Bekanntgabe der Entscheidung an den Antragsteller findet Art. 2 Abs. 2 Anwendung.

Straßburg, den 14. März 1892.

Ministerium für Elsaß-Lothringen.

Abtheilung für Finanzen, Landwirthschaft und Domänen. Der Unterstaatssekretär, von Schraut.

Abtheilung des Innern. Der Unterstaatssekretär, von Köller.

* § 49 W. G.

Anhang III.

Einrichtung der Wasser- und Meliorations-Bauverwaltung.

A. Wasserbauverwaltung.

Die Wasserbauverwaltung gehört zum Geschäftsbereich der Abtheilung des Innern des Ministeriums.

In § 6 des Gesetzes vom 30. Dezember 1871, betr. die Einrichtung der Verwaltung (Gesetzbl. 1872, S. 49) war bestimmt:

„Zur unmittelbaren Verwaltung werden dem Oberpräsidenten überwiesen:

3) die Strombauten des Rheines und der Mosel, sowie der Schifffahrtskanäle, soweit letztere nicht durch den Reichskanzler den Bezirksbehörden zugewiesen werden."

In § 16 ebendaselbst:

„Zur Leitung und Ausführung der Strom- und Kanalbauten, deren unmittelbare Verwaltung dem Oberpräsidenten nach § 6 übertragen ist, wird demselben ein Bauverständiger beigegeben, welcher den Amtscharakter „Wasserbaudirektor" führt und welchem die erforderliche Anzahl von Hülfsarbeitern zur Seite steht. Für die örtliche Kontrole und Ausführung werden Bezirke gebildet, deren Abgrenzung dem Oberpräsidenten zusteht und deren je einer einem Bezirks-Ingenieur* übertragen wird."

Nachdem durch § 3 des Gesetzes, betr. Verfassung und Verwaltung Elsaß-Lothringens, vom. 4. Juli 1879 (R.-G.-Bl. S. 165) die von dem Oberpräsidenten geübten Obliegenheiten dem Ministerium für Elsaß-Lothringen übertragen worden waren, fielen gemäß § 5 der Verordnung, betr. die Einrichtung des Ministeriums für Elsaß-Lothringen, vom 23. Juli 1879 (G.-Bl. S. 81) u. A.

die Angelegenheiten der Schifffahrt und Flößerei,
das gesammte Wasserbauwesen

der IV. Abtheilung des Ministeriums (Abtheilung für Gewerbe, Landwirthschaft und öffentliche Arbeiten) zu.

---

*) Jetzt Wasserbauinspektor.

Durch Verordnung, betreffend die Abänderung der Verordnung vom 23. Juli 1879 über die Einrichtung des Ministeriums für Elsaß-Lothringen, vom 25. April 1887 (G.-Bl. S. 43) wurde die IV. Abtheilung aufgehoben; die landwirthschaftlichen Angelegenheiten wurden der III. Abtheilung zugewiesen, welche danach die Bezeichnung „Abtheilung für Finanzen, Landwirthschaft und Domänen" annahm. Im Uebrigen ging der Geschäftsbereich der bisherigen IV. Abtheilung auf die I. Abtheilung als „Abtheilung des Innern" über.

Der Wasserbauverwaltung, welche nach dem Obengesagten von dem Ministerium, Abtheilung des Innern, unmittelbar und zwar mit den Wasserbauinspektoren als Organen für die örtliche Kontrole und Ausführung geführt wird, sind die nachbezeichneten Wasserläufe und Schifffahrtskanäle unterstellt:

Verzeichniß
der der Wasserbauverwaltung unterstellten Wasserläufe und Schifffahrtskanäle.

a) Wasserläufe (Flüsse).

1. Der Rhein.
2. Die Ill von der Einmündung des Rhein-Rhonekanals bei Straßburg bis zu ihrer Einmündung in den Rhein, einschließlich des Stadtgrabenkanals in Straßburg.
3. Die Rothe Saar von Alberschweiler bis zur Vereinigung mit der Weißen Saar.
4. Die Weiße Saar von 2900 Meter oberhalb Hermelingen bis zur Vereinigung mit der Rothen Saar
5. Die Saar von dem Vereinigungspunkt der Rothen und der Weißen Saar abwärts.
6. Die Mosel.

b) Schifffahrtskanäle.*

1. Der Rhein-Rhone-Kanal.
2. Der Hüninger Zweigkanal.
3. Der Breisacher Zweigkanal.
4. Der Colmarer Zweigkanal.
5. Der Ill-Rhein-Kanal in Straßburg.
6. Der Umleitungskanal in Straßburg mit seinen Armen.
7. Der Breuschkanal.

* Auf die Schifffahrtskanäle findet das Gesetz vom 2. Juli 1891, betr. Wasserbenutzung und Wasserschutz, nicht Anwendung. Ihre Benutzung richtet sich nach besonderen Ordnungen: Polizei-Verordnungen für Unter-Elsaß vom 25. Januar 1876 (A.-Bl. f. U.-E. S. 17) mit dem Nachtrag vom 30. Mai 1883 (ebendas. S. 169); für Ober-Elsaß vom 18. Februar 1876 (A.-Bl. f. O.-E. S. 28); für Lothringen vom 22. Februar 1876 (A.-Bl. f. L. S. 33) mit Nachtrag vom 12. November 1881, betr. den Mittersheim-Lauterfingener Kanal. Außerdem sind bezüglich der Schifffahrtskanäle die im einzelnen Falle getroffenen Anordnungen maßgebend.

8. Der Rhein-Marne-Kanal.
9. Der Saar-Kanal.
10. Der Mittersheim-Lauterfingener Kanal.
11. Der Mosel-Kanal.

Uebersicht
über die Bezirke der Wasserbauinspektoren.

I. Wasserbaubezirk Colmar (Rhein).

Rhein von der Schweizer Grenze bis zur Rheinauer Schiffbrücke mit der entsprechenden Dammstrecke — Parallel-Werke von Kilometer 0 bis 93 und Dämme bis Gruppe II Kil. 28,200 (Kreuzung der Zufuhrstraße zur Rheinauer Schiffbrücke und des Hauptrheindammes).

II. Wasserbaubezirk Straßburg.

Rhein von der Rheinauer Schiffbrücke bis zur bayerischen Grenze nebst der entsprechenden Dammstrecke — Parallel-Werke von Kil. 93 bis Kil. 184 —, dem Kleinen Rhein bei Straßburg und der Ill unterhalb des Nadelwehres in der Ruprechtsau bis zu ihrer Ausmündung in den Rhein. Franzosenkanal.

III. Wasserbaubezirk Mülhausen.

Rhein-Rhone-Kanal mit sämmtlichen Seitenkanälen. Kanalisirte Ill von der Mündung des Rhein-Rhone-Kanals bis zum Rhein-Marne-Kanal mit dem Straßburger Stadtgraben-Kanal, dem Umleitungskanal und dem Zufahrts-Kanal bei Straßburg, der Illschleuse und dem Nadelwehr in der Ruprechtsau, dem Ill-Rhein-Kanal. Breusch-Kanal. Ferner das Aarwehr.

IV. Wasserbaubezirk Saarburg.

Rhein-Marne-Kanal nebst den dazu gehörigen Speise-Seen von Gondrexange nach Rixingen und die Abzweigung zum Saarkohlen-Kanal im See von Gondrexange. Rothe Saar von Alberschweiler bis zur Vereinigung mit der Weißen Saar. Weiße Saar von 2900 Meter oberhalb Hermelingen bis zur Vereinigung mit der Rothen Saar. Saar von der Vereinigung der beiden Saaren bis zur Grenze des Wasserbaubezirks Saargemünd. Anmerkung: Das Aarwehr gehört zum Wasserbaubezirk Mülhausen.

V. Wasserbaubezirk Saargemünd.

Saarkohlenkanal nebst der Speiseanlage bei Mittersheim, der mit Preußen gemeinschaftlichen Strecke der kanalisirten Saar und dem Mittersheim-Lauterfingener Kanal. Schiffbare Saar von der Grenze der Gemarkung Keskastel bis zur Schleuse Nr. 27.

VI. Wasserbaubezirk Metz.

Mosel von der französischen bis zur preußischen Grenze. Moselkanal von der französischen Grenze bis Metz nebst den Seitenkanälen.

B. Meliorationsbauverwaltung.

Die Meliorationsbauverwaltung gehört zum Geschäftsbereich der Abtheilung für Finanzen, Landwirthschaft und Domänen des Ministeriums.

Dieselbe umfaßt:

1. Den Wasserbau an allen Wasserläufen des Landes mit Ausnahme des Rheines, der Mosel, der Saar und des Theiles der Ill von der Einmündung des Rhein-Rhonekanals bis zum Rhein, sowie die regelmäßige Unterhaltung dieser Wasserläufe;
2. Die Ausführung von Ent- und Bewässerungsanlagen für Verbände, Genossenschaften oder Gemeinden;
3. Die Ausführung von Wasserleitungen für Gemeinden, bei welchen ein landwirthschaftliches Interesse in Frage kommt;
4. Die Anlage von Sammelweihern zum Zweck der Verstärkung der Niederwasser in den zu landwirthschaftlichen und industriellen Zwecken ausgenutzten Flüssen;
5. Den wasserpolizeilichen Dienst an den unter 1 genannten Wasserläufen einschließlich der Vorbereitung und Durchführung aller Verordnungen über die Wassernutzung für Triebwerke und Wässerungen, über die Wasservertheilung zwischen Industrie und Landwirthschaft und über die Instandhaltung der Wasserläufe;
6. Die Ausführung von Feldwegeanlagen und Flurbereinigungen für autorisirte Genossenschaften.

Die Organe der Meliorationsbauverwaltung sind die Meliorationsbauinspektoren, denen jedem mehrere Wiesenbaumeister als ständige Lokalbeamte beigegeben sind.

Die Meliorationsbauinspektoren sind in der Regel den Bezirkspräsidenten dienstlich unterstellt. Die technische Leitung des gesammten Dienstes erfolgt durch das Ministerium, soweit erforderlich in unmittelbarem Verkehr mit den technischen Beamten. Dem Ministerium ist zu diesem Zweck ein technischer Referent mit mehreren Hülfsarbeitern beigegeben.

Der Genehmigung im Ministerium unterliegen folgende Entwürfe bezw. Ausführungen:

1. Alle Entwürfe, welche durch den Staat als Bauherrn oder mit einem Zuschuß aus Landesmitteln ausgeführt werden;
2. Alle Entwürfe, welche einen Kostenaufwand von mehr als 8000 M. erfordern;
3. Alle Entwürfe, mit welchen Bauten an einem der auf Seite 75 und 76 genannten größeren Wasserläufe verbunden sind.
4. Die Entwürfe zu genossenschaftlichen Flurbereinigungsanlagen und Feldwegebauten, welche eine Fläche von mehr als 100 ha umfassen.

Uebersicht

über die Bezirke der Meliorationsbauinspektoren.

I. Meliorationsbaubezirk Colmar-Ill.*

Nicht schiffbare Ill von Mülhausen bis Colmar; schiffbare Ill von da bis zur Einmündung des Rhein-Rhonekanals oberhalb Straßburg; Illhochwasserkanal bei Erstein; Krummer Rhein.

II. Meliorationsbaubezirk Mülhausen.

Kreise Altkirch, Mülhausen, Thann; Kanton Ensisheim des Kreises Gebweiler; Quatelbach**; Baubankanal** mit den Ableitungsvorrichtungen in den Rhein-Rhone-Kanal, in den Widensolerkanal und den Zuleitungskanal zur Festung Neubreisach; Zwölfmühlenkanal bis zur Einmündung in die Lauch.

III. Meliorationsbaubezirk Colmar.

Kreise Colmar und Rappoltsweiler, sowie Kantone Gebweiler, Rufach und Sulz des Kreises Gebweiler.

IV. Meliorationsbaubezirk Straßburg.

Kreise Straßburg-Stadt, Erstein, Molsheim und Schlettstadt.

V. Meliorationsbaubezirk Hagenau.

Kreise Straßburg-Land, Hagenau, Weißenburg, sowie Kantone Buchsweiler, Lützelstein, Maursmünster und Zabern des Kreises Zabern.

VI. Meliorationsbaubezirk Saargemünd.

Kreise Forbach, Saargemünd, Saarburg und Chateau-Salins, sowie Kantone Drulingen und Saarunion des Kreises Zabern.

VII. Meliorationsbaubezirk Metz.

Kreise Metz-Stadt, Metz-Land, Bolchen und Diedenhofen.

---

* Der gegenwärtige Bauinspektor führt den Amtstitel Wasserbauinspektor.

** Der Quatelbach dient zur Speisung des Baubankanals, eines zum öffentlichen Staatsgut gehörigen künstlichen Wasserlaufs, welcher zwar nicht mehr zur Schifffahrt, aber doch zu öffentlichen Zwecken benutzt wird und daneben für die Landwirthschaft von Bedeutung ist. Wegen dieser seiner Eigenschaft als Zubehör zum Baubankanal bildet auch der Quatelbach einen Bestandtheil des öffentlichen Staatsguts und ist als solcher durch O. v. 2. April 1817 (B. d. L. VII Ser. Nr. 1996) anerkannt worden.

Sachregister.

(Die Ziffern bedeuten die Seitenzahlen.)

Gesetzgebung von Elsaß-Lothringen,

politische und staatswissenschaftliche Werke.

Sammlung der in Elsaß-Lothringen geltenden Gesetze. Auf Anregung des Wirkl. Geheimen Rats Dr. von Möller bearbeitet und herausgegeben in Verbindung mit anderen reichsländischen Juristen von F. Althoff, ordentlichem Professor, R. Förtsch, Landgerichtsdirector, A. Harseim, Justizrat und Gouvernementsauditeur, A. Keller, Oberlandesgerichtsrat und A. Leoni, Landgerichtsrat. 5 Bde. und Register. XXX. 761; VI. 1007; 1183; XXXII. 815; XXXVIII. 981; 181 S. 1880—1892.

Herabgesetzter Preis: brosch. M. 58.–, geb. in eleg. Halbfrzbd. M. 68.50.

Daraus einzeln:

IV. Band, die Gesetze von 1881—1885 mit Register enthaltend.
Preis: brosch. M. 14.—, gebunden M. 16.—.

V. „ die Gesetze von 1886—1890 mit Gesamtregister für alle Bände enthaltend.
Preis brosch. M. 18.—, gebunden M. 20.—.

Ausführungsgesetze.

Die Elsaß-Lothringischen Ausführungsgesetze und Verordnungen zu den Reichs-Justizgesetzen nebst einigen weiteren Gesetzen über Gewerbegerichte, Forststrafrecht, Erbbescheinigungen, Feld- und Fährpolizei-Uebertretungen, Vormundschaften und Zwangsenteignung. Textausgabe mit französischer Uebersetzung und Anmerkungen. Zweite verbesserte und vermehrte Auflage. — **Les lois et ordonnances d'exécution** des lois de justice de l'Empire d'Allemagne et les lois concernant les Prud'hommes, le Droit pénal forestier, les Certificats de Qualité d'héritier, les Contraventions en matière de police rurale et des bacs et bâteaux, les Tutelles et l'Expropriation pour cause d'utilité publique. Texte allemand et français avec annotations. 2e édit. revue et augmentée, 8°. 445 S. 1887. broschirt M. 5.—, gebunden M. 6.30

Baurecht.

Das Elsaß-Lothringische Baurecht, enthaltend eine systematische Darstellung der auf Bauten bezügl. Vorschriften des öffentlichen und Privatrechts, sowie eine Zusammenstellung der zugehörigen Gesetze und Verordnungen in deutscher Uebersetzung. Herausgegeben von R. Förtsch, Kammerpräsident in Metz, und M. Caspar, Abtheilungsbaumeister in Straßburg. 8°. XII. 394 S. 1879.
(früherer Preis M. 8.—) herabgesetzt auf M. 5.—.

Enregistrementsgesetze.

Die Gesetze über Enregistrements-, Stempel- und Hypothekengebühren und ähnliche Abgaben in Elsaß-Lothringen. Der Zeitfolge nach zusammengestellt, übersetzt und herausgegeben von Karl Jacob, kaiserl. Regierungsrat. 8°. V u. 459 S. 1878. M. 6.—.

Erbbescheinigungen.

Gesetz, betreffend die Ausstellung gerichtlicher Erbbescheinigungen und die Zuständigkeit der Amtsgerichte vom 10. Mai 1886. — **Loi sur la délivrance de certificats judiciaires constatant la qualité d'héritier et la compétence des tribunaux cantonaux** du 10 mai 1886. Texte allemand et français. 8°. 11 S. 1886. kart. M. 0.50

Das Elsaß-Lothringische Jagdpolizeigesetz nebst der darauf bezüglichen Verordnung. Textausgabe mit französischer Uebersetzung und Anmerkungen von einem Mitgliede des Landesausschusses. 2. Aufl. — **Loi et ordonnance ministérielle sur la police de la chasse.** Text allmand et français avec annotations par un membre de la Délégation. 2e edit. 8°. 41 S. 1883. kart. M. 0.80

Die Gesetze und Verordnungen über Jagd und Vogelschutz in Elsaß-Lothringen. Zusammengestellt und erläutert von A. Halley, k. Ministerialrath. 8° IV u. 103 S. 1890. geb. M. 1.50

Katastergesetz.

Das Elsaß-Lothringische Katastergesetz vom 31. März 1884 und das Gesetz vom 6. April 1892 betreffend Abänderung des Katastergesetzes sowie Ausgleichung der Grundsteuer. Text mit französischer Uebersetzung und Anmerkungen von Dr. Wilhelm Gunzert, Mitglied des Landesausschusses. — **Loi sur le renouvellement du cadastre en Alsace-Lorraine** du 31 mars 1884 et sur la Péréquation des impots fonciers du 6 avril 1892. Text allemand et français avec annotations par Guill. Gunzert, député à la Délégation. 8°. 102 S. 1892. kart. M. 1.—

Kirchenrecht.

Das Staatskirchenrecht in Elsaß-Lothringen. Zusammenstellung der betr. Gesetze, Verordnungen, Staatsratsgutachten und Ministerialverfügungen. Im Auftrage des Oberpräsidenten übersetzt und herausgegeben von E. Dursy, kaiserl. Ministerialrat.

I. Katholischer Cultus. 8°. 1876. (Vergriffen)

II. Protestantischer Cultus. 8°. XXII u. 624 S. 1879. M. 8.—

Das französische und reichsländische Staatskirchenrecht. (Christl. Kirchen und Israeliten). Systematisch bearbeitet und verglichen mit den neuesten Gesetzen und der Rechtsprechung der deutschen Staaten, von F. Geigel, kaiserl. Regierungsrat a. D. zu Colmar. 8°. XX u. 504 S. 1884. M. 8.—

Strafgesetze.

Sammlung der in Elsaß-Lothringen in Geltung gebliebenen französischen Strafgesetze, mit Erläuterungen und Sachregistern herausgegeben von R. Förtsch u. A. Leoni. 2 Teile. 8°. 1875, 1876.

I. Teil: Presse, Fischerei, Feldpolizei, Vereins- und Versammlungsrecht. (Vergriffen.)

II. Teil: Die übrigen Materien enthaltend. XI u. 432 S. M. 6.—

Schöffenbüchlein für Elsaß-Lothringen. Ein Hilfsbuch für Schöffen, Amtsrichter, Amtsanwälte, Rechtsanwälte, Bürgermeister und Polizeikommissare, von R. Förtsch, Landgerichtsdirektor in Metz. — **Manuel des échevins d'Alsace-Lorraine.** Guide pour Messieurs les échevins, juges et procureurs cantonaux, avocats, maires et commissaires de police. Traduction française par G. Gunzert, président de Chambre à Strasbourg 8° 432 S. 1881. kart. M. 2.40.

Teilungsverfahren.

Gesetz, betreffend das Teilungsverfahren, vom 14. Juni 1888. Deutscher Text mit französischer Uebersetzung und Anmerkungen nach amtlichen Quellen bearbeitet. — Loi sur les partages judiciaires du 14 juin 1888. Text allemand avec traduction française et annotations. 8°. 63 S. kart. M. 1.—

Verordnungen und amtliche Nachrichten.

Amtliche Nachrichten für Elsaß-Lothringen. Verordnungen und Bekanntmachungen des General-Gouverneurs, des Civil-Commissars und des Oberpräsidenten. Aug. 1870 b. Ende März 1879. 4° XXIV u. 198 S. 1879. M. 6.—

Verordnungen und amtliche Nachrichten für Elsaß-Lothringen aus der Zeit vom Beginn der deutschen Occupation bis Ende März 1872. Herausgegeben vom Oberpräsidial-Bureau. 8°. XLIII u. 592 S. 1872. M. 4.—

— über die Erfordernisse zur Anstellung im Pfarramte der Kirche Augsburgischer Confession in Elsaß-Lothringen. Nach amtlichen Quellen herausgegeben. 8°. 20 S. 1873. M. 0.40

— über die Prüfung der Kandidaten des höheren Schulamts in Elsaß-Lothringen. Nach amtlichen Quellen bearbeitet. 8°. 44 S. 1873. M. 0.60

Druckerei d. „Straßb. Neuesten Nachrichten" vorm. H. L. Kayser.

Kolibri 360 GmbH
Ferdinand-Jühlke-Straße 7
99095 Erfurt, Deutschland
produktsicherheit@kolibri360.de